JN068011

出版権をめぐる攻防

二〇一四年
著作権法改正
と
出版の危機

高須次郎
TAKASU Jiro

論創社

出版権をめぐる攻防——二〇一四年著作権法改正と出版の危機　目次

序　章　グーグルブック検索和解の教訓　1
グーグル図書館プロジェクトとはなにか　全米作家協会などの提訴と和解　和解案が世界に波及　和解案参加で出版社が失うもの　日本の市販書籍がほとんど絶版書籍に　和解案参加を表明した書協と文藝家協会
第1章　グーグル問題と脆弱な著作権法上の出版者の権利　13
出版権設定契約　出版権者は著作物の複製を自ら許諾できない　流対協のオプトアウト呼びかけと全米作家協会法律顧問団の来日　英語圏四カ国の書籍に限定した和解修正案の仮承認　デジタル化時代に対応した出版契約書　書協も新しい契約書ヒナ型を発表　問題の行方
第2章　出版者の権利と三省デジタル懇談会　33
三省デジタル懇談会の開催と結論　出版者への権利付与について
第3章　「電子書籍の流通と利用の円滑化に関する検討会議」での議論　41
「電子書籍の流通と利用の円滑化に関する検討会議」　書協「出版者への権利付与に関して」　諸外国の「出版者への権利付与」の実態報告
第4章　書協提出の「出版者への権利付与」をめぐる論争　61
書協が検討会議に「出版者への権利付与に関して」を提出　流対協の要望書　書協が出版契約と無許諾配信の実態を報告

第5章　「出版者への権利付与」が見送りに　85
出版者への権利付与　内外の権利侵害対策として書協案は有効か　第十三回検討会議の「まとめ」

第6章　中川勉強会の発足と勉強会骨子案の問題点　105
検討会議最終報告案が了承　「印刷文化・電子文化の基盤整備に関する勉強会」（中川勉強会）の発足　中川勉強会案公表とその問題点

第7章　方針転換への模索　127
中川勉強会骨子案の驚きと失望　中川勉強会案における著作隣接権の問題点
吉田氏の電子出版権の提案

第8章　漂流する議論と出版界の方針転換　137
出版協が中川勉強会に参加　文化庁のヒアリング　経団連案の衝撃と出版協の紙の設定出版権の再許諾提案　設定出版権と電子出版権の論点整理　書協も中川勉強会も方針転換

第9章　中山提言と文化審議会著作権分科会出版関連小委の発足　157
「出版者の権利のあり方に関する提言」　著作権分科会出版関連小委員会　文化審議会著作権分科会出版関連小委員会での議論　次々に関係団体が意見表明　出版協の考え

第10章　出版関連小委の「中間まとめ」　175
出版関連小委「中間まとめ（案）」の内容　中間まとめ案をどう評価するか　第八回中川勉強会の議論　出版協、議連・書協と意見交換

第11章　紙の再許諾をめぐる攻防　209
再許諾可をデフォルトとする中山提言　書協は紙の再許諾反対の意見をパブコメで多数組織的に投稿　書協が議連の紙の再許諾方針を追認　小委の議論をどう読むか　議連も特定版面権を引っ込める

第12章　文化審議会著作権分科会出版関連小委員会報告書　229
「中間まとめ」通りの結論　再許諾は「中間まとめ」通りだが海賊版対策はどうなる？

第13章　著作権法改正法案をめぐる攻防　237
「著作権法の一部を改正する法律案の概要」が明らかに　書協が改正案に全面賛成へ

第14章　著作権法改正案の国会審議　251
著作権法改正案が国会上程　国会審議　著作権法の改正の目的　「第七十九条　出版権の設定」の質疑　「引き受ける者」とは？　「第八十条　出版権の内容」の質疑　「権利の全部又は一部を専有する」と海賊版対策　複製権と海賊版対策　第二号出版契約で海賊版対策ができる　今回の改正で何が変わるのか

第15章　衆参議院での参考人質疑　285
衆議院参考人質疑　参議院参考人質疑
第16章　改正著作権法の成立　303
著作権法の一部を改正する法律に対する声明　改正法付帯決議
第17章　改正著作権法施行までに出版社がすべきこと　309
第18章　改正法に対応した出版契約書の作成　325
出版協ひな型と書協ひな型の問題点　電子書籍の価格拘束の要望
第19章　改正著作権法の再許諾の意義　339
第20章　出版社はどう生き残るのか　347
最低限何をしなければならないか　出版義務をどうするか　第二号出版権の問題
海賊版被害の拡大と対策　どう生き残るのか
本文注および章の引用文献　367
参考文献　374

あとがき　376

【巻末資料】379

改正著作権法の出版権に関する主な条文　旧著作権法の出版権に関する主な条文　出版契約書　二次出版契約書　著作権法改正に伴う覚書　電子書籍販売委託契約書

出版権をめぐる攻防――二〇一四年著作権法改正と出版の危機

序章　グーグルブック検索和解の教訓

1　グーグル図書館プロジェクトとはなにか

二〇〇九年に、いわゆるグーグル（Google）ブック検索和解案問題が日本の出版界を吹き荒れた。電子出版権を認めた二〇一四年の著作権法改正は、このグーグルブック検索和解案問題に端を発している。

当時、アメリカのＧＡＦＡの一角を占め、ネット検索最大手の巨大ＩＴ企業グーグル（本社アメリカ合衆国カリフォルニア州マウンテンビュー）は、書籍の全文検索サービスを目指して、書籍のデジタル化を進めていた。

これに対し、米国の出版社・作家協会側が無断スキャニングは著作権法違反であるとして訴えていた裁判で、和解[1]が成立、その和解案を認めて参加するか否かで、日本を含め全世界の国々が対応を迫られることになったからである。[2]

グーグルは二〇〇四年、書籍の全文検索サービスを目指して、主要な大学図書館との間でこれらの大学が所蔵する世界中の書籍をデジタル化する契約を結んだと発表。このグーグル図書館プロジェクト（Google Books Library Project）は、スタンフォード大学図書館、ハーバード大学図書館など米英の図書館、日本では慶應義塾大学図書館などと契約し、たとえばスタンフォード大学図書館の所蔵する約八〇〇万冊の世界中の蔵書その他の著作物を著作権者に無断・無償でデジタルスキャンし、書籍のデジタル化を推進、同社は、これらのデータを基に作った画像にグーグルのコピーライトを貼ってネット上に公開、書籍の情報や内容などを検索できるサービスを行うというものである。

そのサービスであるグーグルブック検索（Google Book Search。現在はGoogleブックス）では、本のタイトルやキーワードをいれて検索すれば書籍がヒットする。著作権保護期間が終了しているものや、著作権者によって許可された書籍であれば、内容を全て参照することができる。この面ではグーグルブック検索は電子図書館としての機能を果たしている。そうでないものは、書誌情報や検索キーワードを含む文章の数行が表示（スニペット表示）される。同時に書籍販売サイトへのリンクが表示される。この面では広告・販売促進サイトとして機能する。グーグルはこのサービスによって、ウェブ広告収入をあげるとともに、大学、企業、公共機関、図書館、個人などにサービスを有料で提供していく。ウェブ検索サービスの書籍版をめざすものである。

グーグルのホームページによれば、二〇〇九年二月には、「グーグルブック検索は七〇〇〇万冊以上の書籍の全文が検索できる」ようになっており、関係国は二〇〇カ国以上に及んでいた。

2　全米作家協会などの提訴と和解

グーグルブック検索では、主にグーグル図書館プロジェクトによって、著作権者に無断・無償でデジタルスキャンして、そのデータを元に作った画像にグーグル（Google）のコピーライトを貼ってネット上に公開していた。これに対し、著作権者や出版社からは、商業利用を目的とした書籍の全ページ無断スキャニング行為で、著作権法違反との反発が強まった。

二〇〇五年九月に全米作家協会（ＡＧ）らが、グーグルブックスを運営するグーグル社に対し著作権侵害の集団訴訟をニューヨーク南部地区連邦地方裁判所に申し立てた。また十月には米国出版社協会（ＡＡＰ）も著作権侵害でグーグル社を提訴した。主な争点は次の通りであった。

1　全米作家協会らはグーグルブックスの行為は商業利用を目的とした書籍の全ページ無断スキャニング行為で、第三者による著作物の無断使用・複製・頒布が著作財産権の侵害とする米国著作権法に違反すると主張。一方、グーグル側は、無断で使用しても一定の基準を満たしていれば権利侵害には当たらないとする、米国著作権法の定めるフェアユース（fair use、公正利用）の範疇であると反論した。

2　著作権保護による排他性の付与と、著作物利用の観点から独占を禁じる反トラスト法（米国の独占禁止法）の間でいかにバランスをとるべきか。

3　米国内での裁判結果が、他国におけるグーグルブックスの合法性にまで影響を及ぼすのではないか。

当初、グーグルは、このグーグル図書館プロジェクトが、「世界中の情報を整理し、世界中の人がアクセスし、利用できるようにする」という同社の理念に基づくもので、フェアユース（著作権法内の公正使用）であると主張していたが、〇八年十月、補償金や収益の一部を還元することで和解した。米国の出版社・作家協会側も、グーグルがフェアユースを主張したため、訴訟に負けた場合のリスクを考えて和解に応じたという。

和解案は「1　グーグル（Google）は書籍をデジタル化し、それを商業的に利用できる、2　グーグルは、許可なく既にデジタル化した書籍について一作品あたり六〇ドル以上、総額四五〇〇万ドル以上の補償金を支払う。加えて、ネットで公開する書籍へのアクセス権料や広告収入など収益の六三％を著作権者に支払う」などというものであった。(3)

3　和解案が世界に波及

二〇〇九年二月二十五日号の『ニューズウィーク日本版』にグーグルブック検索和解に関する公告が掲載され、全国紙でも掲載告知された。またグーグル（Google）社サイトに「グーグルブック検索和解契約」ページをアップした。クラスアクション（米国の集団訴訟）による和解の効力は米国内だけでなく、著作権の国際条約である「ベルヌ条約」（文学的及び美術的著作物の保護に関するベルヌ条約）の加盟国にも及ぶため、日本を含む世界一六〇カ国以上が適用を受ける。

例えば「絶版」と見なされた日本の出版物なども、全文公開や商業的利用が可能になる。ただし、和解によるこうした閲覧は、あくまで米国内のグーグル検索サービスに限られる。和解案は〇九年夏に発効する見込みだった。

和解案は、和解案からのオプトアウト（離脱）を表明しないと自動的にこれを承認し自動的に参加することになる。これは方法としてもグーグルに圧倒的に有利である。また、著作権保護期間中で著作権者が不明の書籍、いわゆる孤児本（オーファンブック）が、和解案に参加したものとされ、事実上グーグルによる独占が起きる。これについては、米国内で、アマゾンやマイクロソフト、ヤフー、Internet Archive などから強い反対がおこり、これらの社は和解案反対グループ Open Book Alliance（ＯＢＡ）を〇九年八月二十六日に結成した。

全米作家協会会長によれば、一九二三年以降出版された書籍の五〇〜七〇％が孤児作品になっており、一〇〇〇万点にのぼるという。日本も膨大な点数になるはずだ。

4　和解案参加で出版社が失うもの

和解案に参加することは、グーグルの違法行為を不問に付して、一点六〇ドルの解決金で全頁のデジタル化を許諾し、グーグルが行う利用者（大学、企業、官公庁などの法人、個人、図書館）など向けの公衆送信などを認めることになる。著作権者や出版社は、グーグルがあげた利益から、ごく一部の分配を受けるだけで、出版社などが再生産を維持できるものとは到底ならないと判断した。

こうした和解案にひとたび同意すれば、他のネット企業などが同様のことをしても、あるいは日本に上陸してきた場合、理論的にも法律的にも有効な対処がむずかしい。

日本の著作権法で、販売目的、商業目的で書籍・雑誌、映画や音楽、放送番組を無断でコピーしたらどうなるか？　商業目的ではない利用でも著作権法上様々な制限と、著作権者や著作隣接権者の許諾が必要であり、違反行為は、著作権法違反となる（著作権などの侵害＝著作権法第一一九条は一〇年以下の懲役若しくは一〇〇〇万円以下の罰金。法人の場合は三億円以下の罰金などを定めている）。また民事上の損害賠償を求められる。

グーグル訴訟の和解案に参加することは、こうした違法行為を認めることになるし、同様の行為を訴えることもできなくなる。

5　日本の市販書籍がほとんど絶版書籍に

問題は他にもあった。和解案では、二〇〇九年一月五日時点で米国内の一つ以上の伝統的な販売経路（具体的には書店やネットで販売されている）で売り出しているものが「市販されている本」、そうでないものは「市販されていない本」としてグーグルの判断で分類されることになっていた。しかも「市販されていない本」は自動的に絶版書籍に分類される。日本の本は米国内でほとんど販売されていないので「市販されていない本」に分類され、自動的に「絶版書籍」ということになってしまう。日本の市販書籍のほとんどが絶版書籍に組み込まれていたことが判明して、日本の出版社は驚愕した。

絶版書籍には経済保障はないため、絶版書籍＝「市販されていない本」から「市販されている本」に変更するには、和解案に参加して手続きをしなければならない。こんなことなら和解案からオプトアウト（離脱）したほうが安全ではないか。グーグルブック検索和解案という平成の黒船の到来に、日本の出版界もその判断は揺れに揺れた。

6　和解案参加を表明した書協と文藝家協会

日本文藝家協会（坂上弘理事長）は、三月二日に和解案が「使い放題の状態に一定の歯止めがかかったわけで」和解参加は妥当との方針を確認する。日本書籍出版協会（小峰紀雄理事長、以下書協）は「書協　日本書籍出版協会会報」二〇〇九年二月号で、「当協会では会員社にこの旨（引用者注＝和解案のこと）を周知し、各社での対応を依頼することとした」として、早くも各社に対応を丸投げしてしまった。

和解対応をめぐり出版社の混乱が続く中、書協は三月十九日に「和解拒否は現実的ではない」

「和解への参加が妥当」との見解を出し、三十一日にそうした趣旨の会員説明会[4]を開く。和解案にどう対処するかということではなく、和解を前提に「出版社にとってどの選択肢が最も有利か」という観点から出されたと説明された。

書協や日本文藝家協会が和解案参加を妥当と判断した根拠は何だったのだろうか。〇九年四月に書協が発行した「Google Book Search　クラスアクションの和解に関する解説～その手続と法的効果及び出版文化に与えるインパクト～」（松田政行・増田雅史著）という文書[5]がある。書協の顧問弁護士が書いたもので書協の方針決定の根拠になったものである。

「第3　3オプトアウトした場合の効果

和解集団の構成員は、和解からオプトアウトした場合には、権利保持者とはならず、和解の諸条件に拘束されないことになる。これは、和解に伴う失権（Googleに一定の利用を許諾したものとみなされる等）がない一方、和解によりもたらされる権利（使用制限の権利、各種の金銭の支払いを受ける権利等）を逸失することを意味する。

ここで、和解に伴う失権がないとは、Googleによる書籍の利用行為が行われないという意味ではなく、その利用行為に対して訴訟を提起する権利が残存するのみであることに注意しなければならない」

「第5　1和解からオプトアウトするべきか

（前略）和解からオプトアウトしても、既にデータベースに収録されてしまった書籍等の『除去』を求めることもできないし、今後データベースに収録されることを阻止することもできない。Googleによる行為に対しては、訴訟を提起する権利が留保されるが、ほとんどのわが国の著者や出版社にとっては、その選択肢は現実的ではない。

　これに対し、和解からオプトアウトせずに権利保持者となった場合には、Googleによる書籍等の利用行為の大半を阻止できる権利を保持することになる。これは、権利保持者が、Googleによる利用を許すか否かについてオプションを持つことを意味する。

　したがって、一般論としては、本件和解からオプトアウトしないほうが得策であるものと考えられる」

「わが国の著者及び出版社の場合は、米国内において書籍等の利用行為がなされたとしても、実質的な損失を蒙ることはほとんど無いものと考えられる」

「これはあくまで米国内で行われるサービスの話であり、わが国の権利者にとってはほとんど実害が生じない可能性が高い」

①オプトアウトは訴訟を提起する権利が残存するのみで、グーグルがデータベースにスキャンし続けることを阻止できないばかりか、一冊六〇ドルなどの「和解金」や今後の収益を失うことになるだけである。反対に和解案に参加しても、②実質的被害はない、書籍の表示使用から排除

したり、データベースから除去したりすれば問題ないという考えである。

こうした判断から、書協は三月三十一日「Google 和解の件についての情報交換会」を開催し、知的財産権委員会・京極迪宏委員長が「『なぜわれわれが巻き込まれなければならないのかという思いはある。現実的な対応としてやむを得ず受け入れているに過ぎない』と率直な心情を代弁」（『新文化』二〇〇九年四月九日号）、「『委員会では和解に参加した上で表示の可否などを各出版社が判断することが望ましいとの意見が大勢を占めたと報告した」（『文化通信』二〇〇九年四月六日号）。また金原優書協副理事長は、和解に参加しない場合について「『和解に参加すれば合意にしたがって利用されるが、合意しないものについては何の保証もないことになる』と説明した」（前掲新文化記事）。

そのうえで、「和解」への対応を、①和解不参加（オプトアウト）の著者以外から参加の一任を取り付ける、②著者から参加の一任をとりつけ和解に参加して表示使用から排除したり（Exclusion）、特定の書籍をデータベースから除去（Remove）する、③出版社は著作権者でないので著作権者に判断を一任する、などとし、判断と対応を会員各社に丸投げしてしまった。

さらに具体的な対応のために、「今回の件を出版社が著者などへ通知する文章が資料で配られた。資料は『出版社一任型』、『著者一任型』、『書籍データの削除型』の三種類。ただしこれらの文章は〝雛形〟ではなく、各社対応を求めた」（『新文化』二〇〇九年四月九日号）。

同じ『新文化』二〇〇九年四月九日号に金原優書協副理事長が寄稿、そこで同氏は「基本的には日本の出版社や著作者としても利用範囲が米国内に限定されるのであれば、立場は米国内の出版社や著作者と同じであり、和解内容に参加したうえで利用に対する利用料の配分を受けるなり、特定の書籍について除外・削除を申し出ることが得策ではないかと考える」と「和解参加が得策」との方向性を改めて示した。

かくして出版界全体が和解参加へ雪崩を打って動き出した。

第1章　グーグル問題と脆弱な著作権法上の出版者の権利

1　出版権設定契約

グーグル・ブック検索和解案問題で、書協が説明会で配布した「資料7　出版社から著者（著作権者）への通知文例3」が大きな波紋を投げ掛けた[1]。

「どの選択肢をお選びになるかは、著作権者である皆様しか決めることはできません（出版社は著作権者ではありません）」

出版社は著作権者ではないので、この問題の当事者になれないとして、著作権者に丸投げをした講談社の対応例である。しかしこれでは、出版社が自らの発意で資金を投下し刊行した自社出版物の利用を、グーグルにやりたい放題させることに等しい。どうしてこのような判断が出てきてしまうのか。当時の著作権法第三章出版権第七十九条出版権の設定は次のように定めていた（二〇一四年改正までの著作権法。以下旧法）。

第七十九条（出版権の設定）　第二十一条に規定する権利を有する者（以下の章において「複製権者」という［引用注＝著作権者のこと］）は、その著作物を文書又は図画として出版することを引き受ける者［引用注＝出版社のこと］に対し、出版権を設定することができる。

第八十条（出版権の内容）　出版権者は、設定行為で定めるところにより、頒布の目的をもって、その出版権の目的である著作物を原作のまま印刷その他の機械的又は化学的方法により文書又は図画として複製する権利を有する。

3 出版権者は、他人に対し、その出版権の目的である著作物の複製を許諾することができない。

著作権者の有する出版権は、原稿（著作物）を紙に印刷（複製）し、公衆に頒布することを専有できる権利、つまり、出版社は紙の本を出版することを著作権者から許諾されているだけなのである。

出版権設定契約を結ぶと、著作権者は他の出版者をして複製させることができなくなる[2]（三山裕三『著作権法詳説第8版』レクシスネクシス・ジャパン刊、三七一頁）。例えば著者がA社で単行本を出版し、同じものをB社から勝手に文庫本を出版することはできない。つまり「出版社は複製権を期限付きで譲り受けたのと同じ結果となる」（著作権者の複製権を冬眠させる）。文化庁の『著作権テキスト平成二十一年度版』（五四頁）は次のように解説している[3]。

出版社などが著作権者と契約して「本」を「出版」（「コピー」して「販売（公衆に譲渡）」すること）するときには「出版権の設定」という契約をすることがあります。著作権者は「複製権（無断でコピーされない権利）を持っていますので、出版社が本を出版するためには、著作権者からそのための了解を得る（「契約」をする）必要がありますが、例えば、著作物の出版について「契約」する場合に、他の出版社から別途出版されては困るという事情があるときに「独占的な出版」（他の出版社には出版の許諾をしないという条件）について契約することがあります。

しかし、そのような契約をしても、著作権者が別の出版社と出版の契約をしてしまった場合には、著作権者に契約違反の責任を追及できるだけで、別途出版の契約をした出版社に対しては何ら責任を追及することはできません。

このような場合「出版権の設定」を行っておけば「著作物を出版することに関する排他的権利」を持つことになりますので、別途出版を行った他の出版社に対して自分の出版権を侵害するものであるとして出版をやめさせることができます。

設定出版権は、「文書又は図画として複製する」権利であり、「紙媒体に再製する場合に限っての権利であるのに対し、複製権は紙媒体に再製する場合に限られない」（前掲『著作権法詳説第8版』、三八三頁）。

著作権には、著者が他人に無断で複製をされない権利である複製権の他、無断で公衆に送信されない権利である公衆送信権などさまざまな権利がある。複製権は、「手書、印刷、写真撮影、複写、録音、録画、パソコンのハードディスクやサーバーへの蓄積など、どのような方法であれ、著作物を『形ある物に再製する』(コピーする)ことに関する権利」(文化庁『著作権テキスト平成二十一年度版』一四頁)である。出版社は出版権設定契約によっては、このうちの「文書又は図画として複製する」権利を許されているにすぎない。

しかし、この出版権の設定も文化庁の出版権登録原簿に「登録しなければ、第三者に対抗できない」のである(著作権法第八十八条)。第三者に対抗とは、出版権者が、契約期間中に他の出版者から同一の著作物を出版する行為を差し止めることができることを意味する。

ところが実際には、出版権の登録制度は、「出版権の成立要件ではなく、第三者対抗要件である」(『詳解著作権法[第5版]』、作花文雄著、ぎょうせい、四六九頁)ので、「出版権を侵害した者に対しては、出版権者はその設定登録等がなくても対抗することができる」(『著作権法逐条講義 七訂新版』加戸守行著、著作権情報センター、六二三頁)ことや、登録免許税一件が三万円と高く、利用もし難いため年間数十件と少なく、あまり利用登録されていないのが現状であった。

2 出版権者は著作物の複製を自ら許諾できない

著作権法第八十条第三項(旧法)は「出版権者は、他人に対し、その出版権の目的である著作物の複製を許諾することができない」と定めている。

先の三山裕三氏の著書によると、例えば「ある人がある本をコピーしたいと思った場合に、それが第三十条（著作権法）に規定する私的使用目的の複製である場合は別にして、そうでない場合に出版権者にコピーの許諾を求めてきたとしても出版権者にはこれを許諾する権利はない。日本複写権センター（現・日本複製権センター）。二〇一二年四月に改称。コピーの許諾を行う著作権等管理事業者）設立当初において出版者に対し版面権もしくは出版者の権利を認めよとの意見が主張されたのは本項により出版権者が複製権を許諾できないことから生じたものである」（『著作権法詳説第8版』、三七三頁）とのことである。

現状では、本の複写は、著作権者が直接許諾するか、出版者に委託し、著作権等管理事業者である日本複写権センターなりＪＰＣＡ（日本出版著作権協会＝中小出版社の業界団体である出版流通対策協議会の有志で設立した著作権等管理事業者＝代表理事高須次郎）に再委託することで許諾することができるのである。

したがって、書協の出版契約書ひな型（二〇〇五年版）でも、複写と電子的利用については、次のようになっていた。

［書協契約書］

第十九条（複写）甲（注＝著作権者のこと）は、本出版物の版面を利用する本著作物の複写（コピー）に係る権利（公衆送信権および複写により生じた複製物の譲渡権を含む）の管理を乙（注＝出版者のこと）に委託する。乙はかかる権利の管理を乙が指定する者に委託することができる。甲は、乙が指定した者が、かかる権利の管理をその規定において定めるところに従い再委託することについても承諾する。

第二十条（電子的使用）甲は、乙に対し、本著作物の全部または相当の部分を、あらゆる電子媒体により発行し、もしくは公衆へ送信することに関し、乙が優先的に使用することを承諾する。具体的条件については、甲乙協議のうえ決定する。

出版社は、現行の著作権法上、紙のみでの印刷による複製を許されているに過ぎない。それ以外の複製などについて出版社自らが許諾をできないとなると、それは著作権者自らが行うか、著作権者から委託された複写（コピー）や電子的使用についての著作権処理を、出版社が著作権等管理事業法に基づく著作権等管理事業者に再委託することによって、許諾を行っていくしかない。

書協のひな型は、出版社が著作権等管理事業者に再委託するという方法を定めているが、当時もっぱら書協系の再委託先であった、日本複写権センターは、複写（コピー）のみを許諾する事業者であり、出版物貸与権管理センターは、貸与（レンタル）のみを許諾する団体に過ぎない。電子的利用の許諾を行うことはできない。出版社は民法に基づく任意の特約で電子的利用を著作権者から委任されて行う、つまり窓口業務を行うに過ぎなかった。当時唯一、流対協（出版流通対策協議会）の有志で設立されたＪＰＣＡが、そうした包括的な著作権処理を目指して設立された著作権等管理事業者であった。

電子的利用についてのグーグルブック検索和解案において、その法律上の当事者になれるのかという問題は、このことに由来している。通知文例3の「出版社は著作権者ではありません」から著作権者に判断を一任するという講談社の対応は、著作権法上の解釈として法律的には決して間違った対応ではなかった。しかし、日本で一、二を争う出版社としての経営的対応として妥当であったかというと、決してそうとはいえまい。現に自社の市販している出版物が無断で複製され、絶版扱いにされて、多大な経済的被害を被る可能性のある事態を眼前にして、自分は当事者ではないからと手をこまぬいているのはどういうことなのか。仮に著作権法でだめでも他の方法での対抗は考えられたはずだ。

3　流対協のオプトアウト呼びかけと全米作家協会法律顧問団の来日

二〇〇九年三月末、流対協（出版流通対策協議会、九八社）の有志で組織する日本出版著作権協会（ＪＰＣＡ）はグーグルの和解管理者宛に質問状を送付、①和解に関与する書籍（原書及び日本語版）リストの送付、②日本で発行された書籍の担当者、和解管理の代理人及びＪＰＣＡとの交渉の担当者の氏名の開示、③関与する書籍に関し、ＪＰＣＡに説明を提供することができる担当者の氏名の開示を求めた。

四月十日　グーグルブック検索和解管理人出版社サブクラス担当弁護士ジェフリー・クナード（その後来日した弁護士）から、日本出版著作権協会（ＪＰＣＡ）に回答。「(1)　現在、七〇〇万冊を上回る書籍をデジタル化済みで、今後も数年間にわたり何百万冊もの書籍をデジタル化し続ける。(2)　書籍リストの送付については、今年（二〇〇九年）一月五日以前に出版された米国内で著作権を有する書籍全点を対象とするため、膨大な数となり不可能である」、などと回答。さらに「集団訴訟」の当該集団には、全世界の著作者及び出版社が含まれることから、五月五日までにオプトアウトしない著作者及び出版社は和解に拘束されることを伝えてきた。

四月十五日、流対協会長の筆者、上浦英俊経営委員長、事務局の木下郁が書協樋口清一事務局長と会談。書協は内部で意見がまとまらず、参加は妥当ないしやむを得ないと判断、和解案に反対していく意志がないことが伝えられた。

四月二十日に、流対協と日本出版著作権協会（ＪＰＣＡ）が「グーグル和解問題緊急・著作権セミナー」を開催、そこで「出版物（自分の本）は自分で守っていこう――Google 和解案にとるべき道」を発表、初めて直接、オプトアウト（和解不参加）を出版社に呼びかける。

五月二十六日から訴訟の原告である全米作家協会（ＡＧ）と全米出版社協会（ＡＡＰ）の法律顧問らが来日し、和解案の説明を行う。日本文藝家協会は二十六、二十七の両日、両協会の担当者らと意見交換。「日本のオンライン書店や日本書籍出版協会などから情報提供を受けた刊行中の書籍は除外する」といった詳細な説明があったという。彼らは、市販中の書籍が絶版扱いにされている問題について、Amazon.co.jpと紀伊國屋書店Book Webなどで販売中のもの、つまりこうしたネット通販を利用してアメリカで購入できるものについては、米国内の一般的販売経路（伝統的な販売経路は翻訳が悪く、一般的という意味で、書店のことではないと二十八日の流対協との会談でも釈明）で入手可能と見なすと、態度を変えた。そして、グーグルのリストで絶版表示になっているものについては、書協のBooks.or.jpのデータをもとに、数週間以内に「市販されている本」に直すと表明した。和解案を修正するのではなく、解釈を拡大したのである。

法律顧問らは、日本の反発を前に日本側の要望に配慮した対応をとった。日本書籍出版協会（書協）はこれを歓迎し、また三田誠広・日本文藝家協会副理事長はこの法律顧問の説明を歓迎、「絶版の定義が明確になった」「和解案を高く評価したい」と述べた。(4)

一方、詩人の谷川俊太郎さんらが加盟する日本ビジュアル著作権協会（曽我陽三理事長）は四月三十日、和解案への参加を拒否する通知をグーグル側に送ったほか、日本ペンクラブ（阿刀田高会長）は四月二十四日、「安易に容認できない」とする声明を出した。(5)

4　英語圏四カ国の書籍に限定した和解修正案の仮承認

グーグルブック検索和解案問題は、三度の期限延長（二〇〇九年五月五日＝オプトアウト期限〔和解案からの離脱期限〕、九月四日の延長されたオプトアウト期限、十一月九日＝和解案の修正案提出期限）の末、二〇〇九年十一月十三日に内容が修正された和解修正案がニューヨーク南部地区連邦地方裁判所に提出された。和解修正案は、和解対象範囲を米国著作権局に登録された書籍、英国、カナダ、オーストラリアで出版された書籍、すなわち英語圏四カ国の書籍に限定されることになった。この結果、独仏や日本など、それ以外の国は和解対象から除外され、当面影響を受けなくなった。

同年十一月十九日、ニューヨーク南部地区連邦地裁は修正案に仮承認を与えた。

これは、政府レベルで反対をしていたドイツ、フランスなどのEU諸国、中国、また日本では出版流通対策協議会（流対協）をはじめとした反対運動など国際的な反対運動の成果といえた。「和解案に参加することが得策」（金原優・日本書籍出版協会副理事長『新文化』二〇〇九年四月九日号）として参加を推進していた書協などは大いに〈落胆〉したのだろうが、その書協会員社の多くも和解案参加に批判的で反対の声が出ており、この結果に救われ、一様に胸をなでおろしたのも事実であった。

しかしグーグルブック検索和解案問題が日本の出版社に与えたショックは大きかった。巨大IT企業が紙の書籍を無断・無償で電子化し商売にしようという企てが知らない間に海の向こうで行われていて、日本の大半の書籍も無断でスキャンされていたからだ。また日本の出版社と欧米の出版社との出版者としての立場の違い、出版者の権利の違いが明らかとなり、日本の出版社が紙に限定された権利しか有しない脆弱な存在であることが白日の下に晒されたからである（グーグルブック検索和解案問題については拙著『グーグル日本上陸撃退記――出版社の権利と流対協』〔論創社刊〕に詳しい)。

5　デジタル化時代に対応した出版契約書

デジタル化時代が到来するなかで、日本出版著作権協会(JPCA)は、伝達者の権利である著作隣接権といった出版者の権利獲得までは、当面、出版社の出版契約書は出版権設定契約によらず、著作物の伝達・普及者として、出版社に著作物を紙媒体のみならずオンライン頒布も含み複製する権利を与える独占出版の許諾という契約に切り替えることとした。このことによって、出版社が著作者の著作物の伝達・普及者として、さまざまな複製の許諾を行っていくことにした。その場合、許諾の処理を、文化庁登録の著作等管理事業者として公正な価格が設定されているJPCAに再委託することによって行っていこうとした。こうした観点から二〇〇四年七月、JPCAは新しい出版契約書を作成した。

JPCA出版契約書

【基本事項】

第1条(独占出版の許諾)　甲(筆者注=著作権者)は、乙(筆者注=出版者)に対して表記の著作物（以下、「本著作物」という）を独占的に複製・譲渡（以下「頒布」という）することを許諾する。甲は、第三者に対して本著作物の全部あるいは一部の複製を許諾しない。

(2) 前項の甲の許諾には、オンデマンド出版*、あるいはオンライン**で頒布する許諾を含む。

(3) 前2項の規程にかかわらず、甲乙同意して、本著作物を第三者に二次使用（複製）、その他オンラインによる利用をさせる場合は、甲はその運用を乙に委任し、乙は具体的条件について甲と協議して決定する。

* オンデマンド出版の方法による頒布とは、読者の求めに応じて随時、本著作物を印刷・製本し、読者に引き渡す出版をいう。

** オンラインによる頒布とは、インターネットなどの情報配信網を用い、読者の求めに応じて随時、本著作物のデータを配信することをいう。

(4) 甲は自ら、本著作物の全部または相当の部分を公衆へ送信する場合は、あらかじめ乙に通知し、甲乙協議のうえ取り扱いを決定する。

第11条（第三者による使用）（略）本契約の有効期間中に、乙の発意と責任に基づいて出版される本著作物が第三者によって複製、二次的使用、オンラインの方法を含む電子的利用に使用される場合、甲は乙にその運用を委任する。乙は、有限責任中間法人日本出版著作権協会（ＪＰＣＡ）にその運用を再委託する。

日本ユニ著作権センターの協力を得て作成されたＪＰＣＡ版出版契約書は、出版権設定契約を手放しているため、出版者が第三者に対する出版の差し止めなどができない弱点はあるものの、出版者に「独占的に複製・譲渡（以下「頒布」という）することを許諾する」内容になっているので、出版者は紙と電子出版を含むすべての複製・譲渡ができるとともに、コピーや二次的使用を含む第三者による著作物の使用についても許諾ができる。ＪＰＣＡの会員社は二〇〇四年の発足以来、この契約書を使用するようにしてきた。

グーグルブック検索和解案問題においても、ＪＰＣＡは、和解案離脱を呼びかける一方で、和解参加希望の会員社がある場合にはその窓口になれるように、和解管理者とコンタクトをとった。その結果、和解管理者側弁護士で来日したクナード氏から、ＪＰＣＡを全国規模の著作権処理機関（ＲＲＯ）として認め、著作者及び出版社の代理人として交渉に参加できること、その上で、会員の書籍について請求を行う権利を有することを認めるとの、メールを受領していた。

6　書協も新しい契約書ヒナ型を発表

二〇一〇年十月、書協は電子出版対応契約書ヒナ型を発表した。書協の解説によると、次のような目的である。

当協会では新たに、デジタル化時代において出版社が積極的・主体的に電子出版に関わるための契約条項を盛り込んだ出版契約書ヒナ型を三種類作成いたしました。

従来の『出版契約書ヒナ型（一般用、二〇〇六年）』、『著作物利用許諾契約書ヒナ型（二〇〇五年）』では、電子出版に関し優先権取得を規定してありますが、今回作成の下記ヒナ型は優先権ではなく独占的許諾権を取得する内容となっています。契約時点で電子出版の予定が具体的にある場合にご活用ください。

デジタルネットワーク環境の普及により、出版社の果たす役割も拡大していますが、下記ヒナ型は、出版社が単なる書籍の出版にとどまらず広い範囲で著作物の流通・利用に携わることを前提として作成しています。そのため、契約により出版社が取得する権利も広範囲にわたるものとなっていますので、著者に十分趣旨をご理解いただいた上で、事業内容に応じて適宜条項を取捨選択して利用していただくようお願いいたします。

そして、その電子出版対応契約書ヒナ型は、次のようなものであった。

第1条（出版権の設定）

(1) 甲は、本著作物の出版権を乙に対して設定する。

(2) 乙は、本著作物を、日本を含むすべての国と地域において、印刷媒体を用いた出版物

（オンデマンド出版を含む）として複製し、頒布する（以下この一連の行為を「出版」といい、発行された出版物を以下「本出版物」という）権利を専有する。

(3) 甲は、乙が本著作物の出版権の設定を登録することを承諾する。

第2条（電子出版の利用許諾および第三者への許諾）

(1) 甲は、乙に対し、乙が本著作物を、日本を含むすべての国と地域において、以下の各号に掲げる方法のいずれかまたはすべてにより、本著作物の全部または一部を電子的に利用すること（以下「電子出版」という）を独占的に許諾する。

① DVD-ROM、メモリーカード等の電子媒体（将来開発されるいかなる技術によるものをも含む）に記録したパッケージ出版物として複製し、頒布すること

② インターネット等を利用し公衆に送信すること（本著作物のデータをダウンロード配信することおよびホームページ等に掲載し閲覧させることを含む）

③ データベースに格納し検索・閲覧に供すること

なお上記電子出版においては、電子化にあたって必要となる加工、改変等を行うこと、および自動音声読み上げ機能による音声化利用を含むものとする。

(2) 甲は、乙による前項の利用に関し、乙が第三者に対し、再許諾することを承諾する。

この新しい書協出版契約書ヒナ型は、「日本を含むすべての国と地域において」出版社が印刷

媒体を用いた出版物を複製・頒布する権利を専有し、著作物の全部または一部の電子出版を独占的に許諾する権利を与えた。書協のこの契約書はグーグル問題を踏まえたものといえる。

紙の出版については、第一条で著作権法に基づく出版権設定契約によって、電子出版については第二条で民法による独占許諾契約によって出版社の独占的な権利をカバーしたのである。また、二次的利用についての委託と、複写と貸与に付いての再委託を定めている。

ＪＰＣＡ版は、設定出版権を手放すことで、紙と電子書籍を含む複製全般について出版者に独占的に複製・譲渡する権利を与えるとともに、第三者による複製、二次的使用についての委任と著作権等管理事業者への再委託をできることとした。どちらを使うかは、著者と出版社が決めることはいうまでもない。

二〇一〇年十一月四日、作家の村上龍などが、電子書籍専門会社を立ち上げることを発表した。こうした動きが今後、活発化することが予想された。著作物の伝達者、普及者としての出版社になんの権利もないままにデジタル・ネットワーク社会に投げ込まれたら、出版活動は衰退し、知の生産そのものが危うくなろう。

出版社は、現行法で許されかつ著作権者に理解の得られるような出版契約書で自らを防衛しつつ、出版者の権利の確立に向けて努力する必要があった。

7　問題の行方

グーグルブック検索和解案問題は、和解対象が英語圏四カ国に絞られ、日本も対象外になって、黒船が去ったかのように出版社もほっとしたようにみられた。しかし、それは一時的なことで、グーグルはじめアマゾンその他による電子書籍ビジネスの対日攻勢が本格化するのは必至であった。

グーグルブック検索和解案問題では、無断スキャニングによるデジタルデータの削除要請と無断スキャニングに対する損害賠償などの問題が依然残っていた。

和解修正案が提出された直後の二〇〇九年十一月十八日、フランスで、全国出版組合（SNE）と文学者協会（SGDL）がグーグル社を訴えていた裁判で、パリ大審裁判所（筆者注＝地裁民事部に相当）は無断スキャニングと抜粋表示を有罪と判決し、原告が勝訴した。

十二月十八日に出された共同コミュニケは次のように指摘している（抜粋）。

――「著作者と出版社を有利にするこの判決の要点は、権利者の事前の許諾なしに著作物のすべてを複写すること、ならびに抜粋してアクセス可能にすることによって、グーグル社は、スイユ、デラショー、ニエスレ、ハリー・N・アブラムの各出版社の意に反して著作権に対する海賊行為を犯し」、同様に、全国出版組合（SNE）と文学者協会（SGDL）の意に反して著作権に対する海賊行為を犯したことを認定した。

その上で、これらの行為の継続を、遅延一日あたり一万ユーロの科料を課してグーグルに禁止した。

さらに、著作者の倫理的な権利とされる著作物の完全性への侵害が認められ、「手当たり次第に切り取り、引きちぎられた紙片の形で著作物を抜粋表示する」グーグルの行為は禁止された。

その上で、グーグルは、マルティニエール・グループに三〇万ユーロの損害賠償を、全国出版組合（SNE）と文学者協会（SGDL）に対し象徴的に一ユーロの損害賠償を支払わねばならない。（筆者訳）

彼らの訴訟の正当性が裏付けられたこの裁判の結末は、出版社と著作者に新たな展望を開くものである。とりわけヨーロッパで大変期待されていたこの判決は、実際、グーグルによって、許諾なくデジタル化され、グーグルブックサーチ上に抜粋表示された書籍のすべての著作者ならびに出版社に対しても適用できるものである。

アメリカの出版社と著作者が、資金的に訴訟を継続できなくなったことから、グーグルに対する訴訟を二〇〇八年に中断を余儀なくされて以来、巨大インターネット企業から著作者の権利を守るため、フランスの出版社と著作者による訴訟が、唯一闘いの場に踏み留まっていた。今後、グーグルは著作権についてフランス法を考慮に入れなければならない。

日本でも、アマゾンの「なか見！検索」やグーグルのパートナーズプログラムに参加している出版社は、出版コンテンツをすでにおおかた彼らにコピーされ抜き取られている。つまり著作権者や出版社の許諾なく送信準備行為がすでに行われているのである。これは明らかに違法行為である。しかも無償でだ。そして、アマゾンなどから自動公衆送信であれ、配信が行われた場合、どのような価格設定が行われるのか。ここにおける出版社の販売価格と卸価格への支配力は貫徹できるのか。これはきわめて危うい問題であった。「なか見！検索」は読者のために必要だなどと甘いことを言っていると、気がつけばしっかり絡めとられてしまう畏れがあった。出版社主導のデジタル化が急務といえた。

第2章　出版者の権利と三省デジタル懇談会

二〇〇八年に日本でスマートフォンが発売され、二〇一〇年には、五月にアップル社のiPadが発売されたほか、Smartis（NEC）、SonyReader、GALAPAGOS（ソフトバンク）などの電子書籍リーダーとして利用可能な端末が多数発売された。電子書籍ストアもビューン、BOOK WALKER、TSUTAYA、GALAPAGOSなどが開設された。そうした市場の変化を端的に表す表現として、電子書籍元年という言葉が流行り、二〇一〇年は「電子書籍元年」といわれた。

1　三省デジタル懇談会の開催と結論

グーグルブック検索和解案問題を受けて、政府も本のデジタル化問題への対応を遅まきながら着手した。二〇一〇年三月十日、総務省、文部科学省、経済産業省の三省が、「デジタル・ネットワーク社会における出版物の利活用の推進に関する懇談会」を開催することを発表した。報道発表によると背景と目的は次のようなものであった。

「我が国の豊かな出版文化を次代へ着実に継承するとともに、デジタル・ネットワーク社会に対応して広く国民が出版物にアクセスできる環境を整備することは、国民の知る権利の保障をより確かなものとし、ひいては、知の拡大再生産につながるものです」

具体的な検討内容としては、

1　デジタル・ネットワーク社会における出版物の収集・保存の在り方
2　デジタル・ネットワーク社会における出版物の円滑な利活用の在り方
3　国民の誰もが出版物にアクセスできる環境の整備

が掲げられ、検討体制は総務省、文部科学省、経済産業省の副大臣・大臣政務官及び別紙の関係者・有識者から構成する。

検討体制は、日本文藝家協会・日本ペンクラブなどの著作者団体や日本書籍出版協会・日本雑誌協会といった出版社団体、日本書店商業組合連合会、日本新聞協会のほかヤフー、グーグルといったIT企業、凸版印刷、大日本印刷といった印刷会社、国立国会図書館、学識経験者が加わって二六名で組織された。三省の政務主導で各省庁に関係する諸団体が幅広く集められたともいえよう。

第一回懇談会を三月十七日に開催し、「六月を目途に一定の取りまとめを行う予定」という急ピッチなものだった。

その第三回懇談会が、六月二十二日、港区にある三田共用会議所で開かれた。懇談会では、懇談会報告書案が報告され、討議の上で了承された。

報告書は、具体的施策とアクションプランとして、次のことを提言している。

(1) 電子出版における日本語基本表現に係る国内ファイルフォーマット(中間(交換)フォーマット)の共通化をはかるため、「電子出版日本語フォーマット統一規格会議(仮称)」を設置すること。

(2) 電子出版物など、出版物の権利処理の円滑化による取引コストの削減と利害関係者に対する適正な利益還元をはかるため、著作者や出版者等で構成する「著作物・出版物の権利処理の円滑化推進に関する検討会議(仮称)」を設置すること。

(3) あらゆる出版物を簡単に探し出して利用できるよう、紙の出版物と電子出版の双方を扱う書誌情報(ＭＡＲＣ等)フォーマットの確立のため、「電子出版書誌情報データフォーマット標準化会議(仮称)」を設置すること。具体的には、国立国会図書館のＭＡＲＣ(いわゆるジャパンマーク)の仕様変更等と連携して具体的な検討と実証が行われる。

(4) デジタルネットワーク社会における図書館(国立国会図書館、公立図書館等)の公共サービスの在り方を検討する「デジタルネットワーク社会における図書館の在り方検討協議会(仮称)」を設置すること。著作者や出版者、書店等の関係者との合意を前提としているが、合意が得られたものから逐次実現に向けた取り組みを実施する。具体的には、国立国会図書館の蔵書の全文検索、図書館における電子出版物の貸与サービス、電子出版物の家族や友人など特定のコミュニティ内での貸与サービスなどが検討される。

当時、筆者はこの報告書について『出版ニュース』二〇一一年三月下旬号の「出版の危機と出版流通対策協議会」で問題点を指摘した。また拙著『グーグル日本上陸撃退記——出版社の権利と流対協』(論創社刊)でも詳しく論じているので、ここでは本書に関係する出版者への権利付与のみ触れることにしたい。

2 出版者への権利付与について

「出版者への権利付与について」懇談会報告書は、「デジタル・ネットワーク社会における出版物の円滑かつ安定的な生産と流通による知の拡大再生産の実現」という具体的論点で次のように結論している。

我が国の豊かな出版文化を支え続けてきた出版者の機能の維持・発展は、デジタル・ネットワーク社会においても、引き続き重要であるとの認識は、本懇談会においても広く共有されている。

また、デジタル化・ネットワーク化の進展は、出版物の多様な利用、国境を越えるグローバルな利用を可能とすることから、著作者と出版者との契約関係を明確にしておく必要性が高まる。

こうした中、出版者側からは、①出版者の権利内容を明確にすることにより、出版契約が促進される可能性があること、②デジタル化・ネットワーク化に伴い、今後増加することが想定される出版物の違法複製に対しても、出版者が物権的請求権である差止請求を行い得るようにすることで、より効果的な違法複製物対策が可能となることなどを理由に、出版者に著作隣接権を付与するべきであるとの主張がなされている。

こうした主張に対しては、現状では出版者に権利が付与されておらず、違法利用に対して法的措置を講ずることができないことから、何らかの権利を付与することに一定の理解を示しつつ、具体的な権利の内容については更なる検討が必要であるとする意見があった。

また、①米国のように、出版者に権利がなくとも、著作者と出版者との間で独占的な許諾契約を結ぶなど明確な出版契約を結ぶことによって、種々の課題に対応可能であること、②創作活動における著作者と出版者・編集者との関与の度合いは様々であり、一律に出版者に新たな権利を付与することは、権利関係を更に複雑にし、権利処理に支障が生じることを理由に、出版者に対する権利付与そのものに反対であるとする意見があった。

このように、出版者に何らかの権利を付与することについては、著作者・出版者間における明確な出版契約の促進が必要であるとともに、出版契約や流通過程に与える影響や各国の動向についての分析等を行うとともにその可否を含めて様々な見解が示されているところであり、今後、出版契約や流通過程に与える影響や各国の動向についての調査・分析等の実施や議論の場を設けることなどを通じて、更に検討する必要がある。国としても、こうした取組を側面から支援することが適当である。

これ以外の項目も報告書にあるようにいろいろと議論されたが、出版社が要求していた出版者への権利の付与は、デジタル・ネットワーク社会で出版社が生き延びていくためには不可欠であるにもかかわらず、「可否を含めて様々な見解が示されている」ので「さらに検討」ということになった。他の施策の検討がやや前のめりで実現性が危ぶまれるものもある中で、「出版者の権利の付与」については前途多難を思わせるものがあった。

また報告書で(4)デジタルネットワーク社会における図書館（国立国会図書館、公立図書館等）の公共サービスの在り方を検討する「デジタルネットワーク社会における図書館の在り方検討協議会（仮称）」を設置することが、アクション・プランに盛り込まれることになった。このことは、国立国会図書館を中心に図書館のデジタルネットワークを推進するいわゆる長尾構想[注1]が一歩踏み出したといえた。そしてこれらの検討課題について向こう一年以内に結論をだし、具体的に動いていくという。

三省デジタル懇談会の報告に基づいたアクション・プランによって組織された各会議のうち「著作物・出版物の権利処理の円滑化推進に関する検討会議（仮称）」と「デジタルネットワーク社会における図書館の在り方検討協議会（仮称）」の二つ（共に文部科学省担当）は、合体されて二〇一〇年（平成二十二年）十一月十一日「電子書籍の流通と利用の円滑化に関する検討会議」（文部科学省担当）として再編設置されることになった。

〔注1〕「『長尾構想』とは、二〇〇八年四月の日本出版学会の講演で国立国会図書館（以下、NDL）の長尾真館長が私案として発表した電子図書館構想。NDLが収集・電子化した蔵書を公開し、最寄りの図書館へ行く交通費（バス賃）程度で借りられるようにして、その料金を出版社や著者に支払うというもの。料金の徴収および著者と出版社への還元は、電子出版物流通センター（仮称）と名付けたNPO法人が行うことで、図書館の無料原則にも反せず、出版社の利益も損なわないという趣旨だったが、『バス賃程度』といった言葉が独り歩きするなど、大きな反響を呼んだ」（日本電子出版協会HP）。グーグル図書館プロジェクトに対抗した構想であるが、一方で出版社からは民業圧迫との批判もある。

第3章　「電子書籍の流通と利用の円滑化に関する検討会議」での議論

1 「電子書籍の流通と利用の円滑化に関する検討会議」

検討会議では、主に以下の事項について検討することとなった。

（1）デジタル・ネットワーク社会における図書館と公共サービスの在り方に関する事項
（2）出版物の権利処理の円滑化に関する事項
（3）出版者への権利付与に関する事項

第一回検討会議は二〇一〇年（平成二十二年）十二月二日に開催された。検討会議メンバーは一五名。出版界からは金原優・日本書籍出版協会副理事長（医学書院代表取締役社長）、片寄聰小学館取締役が参加、学識経験者の他、日本文藝家協会など著作者団体、国立国会図書館の他ヤフーなども参加した。座長には渋谷達紀早稲田大学法学部教授が就任した。

事務局から提出された「今後の進め方等について」（案）では、出版者の権利付与に関する事項については次のように提案された。

（3）出版者の権利付与に関する事項

【懇談会の基本的考え方】

デジタル・ネットワーク社会における出版者の機能の維持・発展の観点から、その可否を含めて検討。

【検討課題】

出版者への権利付与の必要性及びその在り方について

【検討の進め方】

検討にあたっては、諸外国の著作権法等における出版者の権利等や、内外の出版契約に係る実態について調査・分析を行い、各国の実情等の実態を把握することが必要。

前述の調査・分析や我が国の特別な事情を踏まえた上で検討してはどうか。

（2）の「出版物の権利処理の円滑化に関する事項」では、「懇談会の基本的考え方」が「出版物の権利処理の円滑化についていては、その実現にあたって、権利処理を集中的に処理する仕組みが必要」というように仕組みを作ることが結論されていた。（1）も同様であった。これとは対照的に、出版者への権利付与はいかなる内容で付与するかではなく、あくまで権利付与の「可否を含めて検討」というもので、著作者団体などからの反対を考慮した消極的な方針提起であった。

検討会議における出版者の権利の議論は、二〇一一年（平成二十三年）六月十七日の第九回検討会議から始まった。

2　書協「出版者への権利付与に関して」

第九回検討会議では、次の資料3「検討事項③『出版者への権利付与に関する事項』について」が提出された

1．三省懇談会で示された方向性について

【出版者への権利付与を必要とする意見】

○出版者の権利内容を明確にすることにより、出版契約が促進される可能性がある。

○デジタル化・ネットワーク化に伴い、今後増加することが想定される出版物の違法複製に対しても、出版者が物権的請求権である差止請求を行い得るようにすることで、より効果的な違法複製物対策が可能となる。

【出版者への権利付与に反対する意見】

○米国のように、出版者に権利がなくとも、著作者と出版者との間で独占的な許諾契約を結ぶなど明確な出版契約を結ぶことによって、種々の課題に対応可能。

○創作活動における著作者と出版者・編集者との関与の度合いは様々であり、一律に出版

者に新たな権利を付与することは、権利関係を更に複雑にし、権利処理に支障が生じる。

このように三省懇談会での賛成論反対論をまとめ、懇談会の結論を次の通り要約している。

○出版者への権利付与が、出版契約や流通過程に与える影響や各国の動向についての調査・分析を実施するとともに、その可否を含め検討することが必要。

そのうえで検討会議の進め方について次のように提起している。

2. 検討の進め方について

○まずは、出版者への権利付与に係る出版者の具体的な見解や「諸外国の著作権法等における出版者の権利及び出版契約に関連した契約規定に関する調査研究」の結果などを含めて、当該権利をめぐる現状を適切に把握する事が必要ではないか。

○デジタル化・ネットワーク化の進展に伴い、電子書籍化などの出版物の多様な利用が想定される中、その円滑な流通の促進を図るという視点が重要ではないか。

○したがって、検討にあたっては、「出版者への権利付与」に係る可否を含めて多角的に検討することが重要ではないか。

検討会議は、出版者への権利付与については、他の検討課題とは違って、権利付与をどのような内容にするのかではなく、あくまで付与するかどうかの検討であった。そして「出版者への権利付与」の必要性についての論点を次のようにまとめ、「出版者への権利付与」の具体的在り方について提案した。

3. 検討が必要とされる論点について

（1）「出版者への権利付与」の必要性等について

「出版者への権利付与」の必要性の検討にあたっては、例えば以下の論点に対する検討が必要であると考えられる。

①「出版者への権利付与」の意義

②「出版者への権利付与」が出版物の流通等に与える影響

▽出版者の機能の維持、発展に対する影響

▽出版契約の促進に与える影響

▽出版物の流通に与える影響

▽違法複製物の流通防止に対する影響

③国際的な動向との関係性

▽ 諸外国における「出版者への権利付与」の状況

▽ 諸外国の電子書籍の流通や権利処理等の実態

④ 出版者への権利付与以外の方法

▽ 出版契約の促進による対応の可能性

▽ その他（「出版者への権利付与」や出版契約の促進以外の対応）

（2）「出版者への権利付与」の具体的な在り方について

仮に、「出版者への権利付与」を認めることとした場合、権利の具体的な内容について、例えば以下の論点に対する検討が必要であると考えられる。

○ 具体的な権利の態様

▽ 出版者の定義、範囲

▽ 保護を受ける対象物の範囲

▽ 権利の内容や種類・範囲について

この第九回検討会では、電子書籍の流通促進するため、孤児作品などを含め出版物の権利処理の円滑化に関する事項の整理案が議論され、「出版者への権利付与」については、議論の進め方についてやり取りがあったが、実質的に次回以降ということになった。

そのやりとりで、写真家で日本写真著作権協会常務理事の瀬尾太一が注文をつけた。

瀬尾構成員　出版者さんがこういうふうな権利について必要であるということで、三省懇で意見が出たことをもとにしていると思われますけれども、一番初めの（1）で、いきなり必要性等についてと、ここで要るの、要らないのとぽんと聞かれるというのは、やはり、議論をしていく、何か進行できないような雰囲気が、私はしてしまうんですよね。そういった権利が欲しいという御要望があり、また、それに対しての影響や何かもあるでしょうけれども、とりあえず、まず、どういうふうな出版物、どういうふうなものに対して、どういうふうな権利を、どういうふうに御要望されていて、そして現状はどうであるのかとか、順番にちゃんと検討していかないと。

例えば、ここで出版物への権利付与って、じゃあ、出版物って電子書籍は入るんですかとか、いろいろな話が出てきてしまいますよね。それってどれですかと。じゃあ、絵、動いたら、これ、出版物じゃないんですかとか、非常にややこしい話になってくると、もう全然、まとまる話もまとまらなくなってしまうと思うし、正確な議論ができないような気がするので、私は、この現状とか、それから定義とか、そういうことをきちんと狭めて、必要なものをちゃんと明確にしていった上で、最終的に、これ、必要があるのかないのかというふうに持っていかないと。いきなり必要性があるのかと聞かれて、そこで結論出さなきゃいけないのは、何かちょっとしんどいなという感じは、正直言って、この順序立てはしましたので、これ、ひっくり返して、そういう形にした方が、議論しやすいような気がするんですが。

片寄構成員（引用者注＝片寄聡小学館取締役）　まず必要性云々（うんぬん）の前に、やはり、なぜこういうことを言っている実情、背景があるのかということを、きちっと皆さんに御理解いただくことが必要かなと思っています。

違法サイトや海賊版というものが、多分、皆さんが想像する以上の実態になっておりまして。そういう意味で、その担当者や関係者は、皆さんにきちっと伝えたいと思っています。なぜ、そういった違法行為が、いろいろな形で継続して行われているのかという背景も含めて、権利が付与される意味を訴えると思いますので、是非、海外での契約の実態だとか、アンケート調査とか、いろいろ調べておりますので、まずそれをヒアリングしていただくのがいいかなと思っております。

権利付与の可否を議論したい著作者団体側と権利付与を前提に議論を進めたい出版者側とは、最初から噛み合っていなかった。

3　諸外国の「出版者への権利付与」の実態報告

七月十一日に開催された第十回検討会議では、出版者側が提案した権利付与の必要性を立証するということで、次のような実態報告がなされた。

資料2　「諸外国の著作権法等における出版者の権利及び出版契約に関連した契約規定に関する調査研究」報告（イギリス・オーストラリア・アメリカ）（今村哲也氏提出資料）

資料3　出版者の権利および出版契約についてードイツ・フランス・イタリア・スペイン（三浦正広氏提出資料）

資料4－1　欧米における出版契約の実態について（日本書籍出版協会提出資料）

資料4－2　欧州三カ国（英・独・仏）における出版契約の概要（日本書籍出版協会提出資料）

資料5　出版者への権利付与に関して（日本書籍出版協会提出資料）

資料6　インターネット上の主に漫画についての権利侵害状況報告（日本書籍出版協会提出資料）

まず資料2「諸外国の著作権法等における出版者の権利及び出版契約に関連した契約規定に関

する調査研究」報告（イギリス・オーストラリア・アメリカ）は明治大学情報コミュニケーション学部の今村哲也准教授がおこなった。イギリスやオーストラリアでは、文芸（言語）・演劇・音楽の著作物について、発行された版の印刷配列に、いわば版面権が発行者に付与されていることが報告された。

次に国士舘大学法学部の三浦正広教授が資料3「出版者の権利および出版契約について―ドイツ・フランス・イタリア・スペイン」を報告した。EU指令に基づき、著作者の権利の保護を基本に、著作権が消滅した未発行の著作物や保護期間切れの学術的刊行物の発行者に著作隣接権が与えられていることが説明された。

いずれの国でも、著作権の譲受人や独占的許諾権を有する者には、訴権が与えられていた。英豪の版面権やEU指令に基づく著作隣接権の出版者への付与は、もっとクローズアップされるべきと思われたが、そうはならなかった。

国士舘大学三浦教授　今回の調査を通じまして強く印象を受けましたことは、出版者の権利、出版契約といいましても、基本的には著作者の権利を保護するものであるというところが強く認識されているところだというふうに思います。

二つの報告に大渕哲也東京大学大学院法学政治学研究科教授が次のように要約した。

大渕構成員　今のでちょっと確認だけお二人に。要するに、お二人とも、契約で処理されているから固有の権利は必要ないというご趣旨ではないかと思います。

次に資料4－1「欧米における出版契約の実態について（日本書籍出版協会提出資料）」を、樋口清一書協事務局長が以下の内容で説明した。

●欧米における出版契約の基本は、出版者に対する著作権の実質的な譲渡契約。
●契約期間は著作権の存続期間中が原則。
●出版物の発行だけでなく、ほとんどすべての二次利用についての権利も出版者に移転。
●出版物利用による収益は、出版者から著作権者に配分される。
●電子書籍の発行をはじめとする、電子的利用に関する権利も含めて契約されるようになっている。

糸賀構成員（糸賀雅児慶應義塾大学文学部教授）　全般を通じて二点質問させていただきたいんですけれども、一つは、今、五人の方の発表をずっと伺っていますと、基本的には海賊版対策といいますか、違法な出版に対する対抗措置としての権利付与、特に隣接権の付与ないしは出版契約のもう少し内容を充実させた契約のあり方ということが問われているのだろうと思います。そのときに、私、単純な疑問ですけれども、先ほどの書協の方の報告でも、欧米では基本的には出版契約によってこれに対応している。なぜそれを法律上の隣接権の付与ということを求めるのか、そこのロジックがもう少し明確でないと、これやはり法律にする上での説得力がやや欠けると思うんです。つまり、欧米では、先ほど、資料4－1にもありますが、出版者に対する著作権の実質的な譲渡契約である、こういうふうな慣行が日本の出版界においても行われれば、私は基本的には契約によって対応できるのではないかというふうに考えます。いずれにしましても、法律による隣接権なのか、あるいは契約なのか、それが本来の目的である海賊版対策としてほんとうに有効なのかどうかというようなところをちょっと確認させていただきたい。（略）

また資料4－1に戻りますけれども、欧米の出版契約では、ほとんどすべての二次利用についての権利も出版者に移転というふうになっております。それをやった場合に、ほかの公正利用を目指すような二次利用者が、著作者はオーケーしているんだけれども、出版者がよしとしないというふうなことで、情報の円滑な利用にとっても、また一つのハードルができてしまうのではないかということを私は単純に心配いたします。

金原構成員　（略）糸賀構成員がおっしゃるように、契約で対応できると思います。しかし、日本のこれまでの慣習と長年の著者の先生方との権利の移転問題について、そういう認識がまだ日本にはないので、それに対応するために、じゃあ、もうちょっと言いますが、先生方から権利の移転が行える、そういう状況に現在日本があるかというと、それは非常に難しいであろう。つまり、それは出版権の設定ということだけで十分お互いに満足してきてしまったから。ここで新たな慣習をつくれば、それは契約で対応はできるかもしれませんけれども、でも、それが現実の問題としては非常に難しいので、違法複製、その他に対応するための出版者としての版面にかかる権利というものをつくり上げることによって、著者の先生方から権利の移転がなくても対応できる体制ができるのではないかということではないかと思っています。

諸外国の調査報告は大渕・糸賀両教授が主張するように、海賊版対策にも電子出版にも出版者への新たな権利付与は必要なく、まして隣接権は必要なく、出版契約で十分という主張に妥当性を与えるようなものとなってしまった。しかも出版者側委員が原則的にそれを受け入れてしまうような議論となった。そして、著作者団体からは出版者への権利付与反対の意見が続いた。

瀬尾構成員（略）日本は非常に写真が豊かで、多くの写真が使われていて、文化としても定着しているし、また、産業としてもカメラ産業は非常に大きなものがあります。また、広いアマチュア層、プロ、それからファンがいて、日本の中で写真というジャンルは非常に栄えていた。これは欧米と比べてみても非常にプロの数、それから写真展の数、いろいろな意味でも非常に上質な文化を提示していると、私はそう思っています。

何で写真がそういうふうに繁栄したかの一つに、著作権譲渡がないからなんです。写真というのは、撮って、二〇年、三〇年持っていて初めて価値が出るんです。例えば、その撮ったときに驚きもあって、そこで価値が全くないとは言いません。でも、何でもない町の風景が、二〇年たったときに写真家の風景になるんです。（中略）これを譲渡契約によってすべて撮ったものを譲渡してしまうことを前提とすると、写真家は三〇年たったときに、二十歳のときに撮った写真を五十になって使おうと思っても使えないんですね。つまり、それはもうすべて埋もれたままになってしまう可能性がある。

そういうふうな中で、やはり少なくとも写真という経年によって価値が増してきたり、文化として生きていく分野としては、譲渡ということは困る。これはほんとうに職業としてのサイクルを非常に根本的に壊すことで、（中略）それは一つの写真というジャンルをほんとうにつぶすことに近いです。それをスタンダードとするのであれば。やはりそういうふうな、これはほんとうに写真という固有の事情なのかもしれないし、正直、電子書籍の流通にどこまでかかわるか、正直言って疑問です。電子書籍は関係なく、写真家は今、譲渡契約を実は迫られてきつつあるんです。そうすると、若い写真家が全く自分の写真を一〇年やっても残せない状態が来て、これを何とかして阻止して、写真という文化を日本で残していきたいということをしてきています。

ですので、全体論とか、いろいろ流れとか、そういうこともあるかもしれませんけれども、今日は写真という立場からすると、譲渡がいかに困るかということを申し上げるとともに、それを避けられる手段があれば、いろいろなことをどんな手を使ってでもと言ってはおかしいですけれども、何らかの措置を講じてでも譲渡契約が一般化することだけは避けていただきたい、これは切に思います。

里中構成員（里中満智子・マンガ家・デジタルマンガ協会副会長） 創作者の立場として、写真と漫画とで違いはありますけれども、私からも一言と思いますのは、海外において漫画というものがなぜ日本ほど発展しなかったかという理由に、この著作権を作者が持っている、すべて著作者が持っている日本のあり方というのは大きく関係していると思っております。アメリカではアメリカンコミック、出版者が著作権を持って、それによって何が起きているかといいますと、作者、元の原漫画家が亡くなった後も、その画像は自由に使えるわけですね。また、その作品を出版者の意図で自由に演出できるわけです。元ネタがいいなとなると、出版者が脚本をだれかに依頼する、あるいは相手役の女性はほかの漫画家のほうがいいだろうからそっちに頼むとか、映画による分業制作のような形で長年アメリカンコミックはつくられてきました。

その際に見事なまでに発展したのが職人芸だと思っております。作者が亡くなっても、同じキャラクターをかける絵かきとしてのすばらしい漫画家はたくさんいるわけですね。しかし、作品性ということはどうだったのかなと、過去五〇年、六〇年を振り返ったときに、我が国においては、その作者の持っている作品性そのものが作者のすべてでしたし、著作権も譲れないというか、譲らない。だからこそ生きている限り、その作者がかくわけです。亡くなったら、アニメーションは出ますけれども、作者が亡くなったら、もう作品は二度と新しくつくられないわけです。ドラえもんのアニメはつくれます。鉄腕アトムのアニメもつくります。ただし、作者個人がかこうとする作品はもう二度と出ないわけですね。それに比べまして、アメリカでは、スーパーマンならスーパーマン、バットマンならバットマン、実は何代も漫画家が入れ代わってかいております。これは出版者の意図でどのようにでも仕事の発注ができるからなんです。脚本はこの人、相手役はこの人、書き文字はこの人というふうにやってきました。

著作権者の二人から著作権の譲渡に対する強い拒否反応が語られた。著作隣接権は著作権の譲渡ではないにもかかわらずである。こうした流れを引き戻したのが、作家の三田誠広日本文藝家協会副理事長だった。

三田構成員　（略）私は一番問題なのは、出版権という言葉が著作権法に書いてあります。これはどう読んでも、紙の本を前提とした出版権でしかないんですね。ですから、これをもっと拡大する必要があるだろうと思います。出版者にもっと大きな権利を与え、権利を与えるということは、同時に責任も負ってもらうということをみんなでコンセンサスを持って法律を改正する必要があるだろうと思います。今、隣接権という言葉にこだわっているんです、それは何だかわからないから今のままでいいんじゃないかという議論に対しては、私は反対をします。（中略）今の出版者の提案を、それはだめだと門前払いするのではなくて、ほんとうに日本の出版文化を守るために何が必要なのかということをちゃんと考える必要があるのだろうというふうに思います。

前田構成員　（前田哲男・弁護士）　わかりました。

今、三田先生がおっしゃった現在の出版権を電子媒体にも広げるということと、新たに著作隣接権に相当する権利を設けるということとは全く別のことだと思います。出版者から、本日、プレゼンテーションがありましたのは、これはどちらの求めということになるのでしょうか。

社団法人日本書籍出版協会知的財産権委員会酒井副委員長　隣接権のほうを考えているということです。私どもも書協の中で、いろいろな手立てが考えられないかということを議論をしておりまして、当面、やはり隣接権で対応するということで法的な安定性が築き上げられるのではなかろうかというふうに思います。
先ほどの里中先生のお話ですと、例えば、著作権法には刑事罰も既に用意されているわけですね。刑事罰が用意されているのにもかかわらず著作権侵害が起こっている。これは一体だれが責任を負っているのかという話も一方ではあるのかなというふうに思います。出版者、我々が出版界全体として隣接権を持って違法なものに差止請求を権利を背景にしてやっていこうというのは、我々のある意味では著作者、著作権、出版物を守っていこうという決意の表明でもあるわけですので、ぜひ著作者の方々と一緒になって撲滅していきたいというふうに思っているということが基本的な考え方なんです。

このように検討会議の調査報告では、欧米諸国の出版社の権利はイギリスなどの例外や著作権保護期間切れの著作物の発行などを除いて、出版者固有の権利があるわけではなく、出版契約で違法コピー・海賊版に対抗していることが明らかになった。同時に著作権団体の代表者からは、著作権譲渡や出版者への権利付与に対する根強い拒否感が表明され、また出版社団体側からは、著作者の著作権譲渡が、書協でも対応措置が分かれていることも分かった。そして構成員の弁護士から、出版者は何を求めているのか、設定出版権の拡大を求めているのか、著作隣接権の新設を求めているのかを迫られ、著作隣接権によって違法コピー・海賊版によって差止請求できるようにしたいとの表明があった。

提出された諸報告に基づくこの議論を見る限り、三田氏の応援演説を考慮しても、出版社側の主張はおよそ反対者を説得できるものとは言えなかった。

第4章　書協提出の「出版者への権利付与」をめぐる論争

1　書協が検討会議に「出版者への権利付与に関して」を提出

出版社側に対するさまざまな意見が出たのには、書協が同じ二〇一一年七月十一日の第十回検討会議に「出版者への権利付与に関して」を以下のとおり提出したからでもある。

1．現在の状況

◯出版者は出版物の制作・流通を行うことによって、従来から著作物等の伝達者としての役割を担ってきた。

◯誰もが容易に情報発信できるようになったデジタル・ネットワーク社会においても、依然、出版者が発行した出版物が重要な位置を占めている。

2．出版者に権利がないための問題点

◯デジタル・ネットワーク社会の負の側面として、出版物の違法な複製・配信の横行がある。違法複製は紙媒体の出版物でもあることだが、デジタルでは瞬時に大量複製・配信が可能であり問題がさらに深刻になっている。これにより著作者の権利が守られなくなっているとともに、出版者のビジネスに悪影響を及ぼしている。

○出版物の利用促進のためには、個々の出版物の成り立ちを把握している出版者の関与が欠かせない。しかしながら、当該出版物にさえ法的な権利の裏付けがないため、十分な利用促進が達成できる環境にない。このことは特に出版物のデジタル配信において顕著である。

3．権利付与の必要性について

○出版者への権利付与によって、著作物の複合体である出版物の権利処理においては、著作者の意向を正確に反映した出版者に主体的な権利処理を行うインセンティブが与えられ、出版物のより円滑な流通が可能になり、著作者の利益につながる。

○個々の著作者が対応せざるを得なかった権利侵害についても、出版者が自ら迅速かつ実効性のある実質的な対応ができるようになり、結果として著作者の権利保護に寄与する。

○出版者の投資回収の保護を図ることで、より積極的な投資を誘導し、電子書籍販売の伸張等、出版コンテンツの豊富な流通が実現できる。その結果、著作者の創作基盤が安定し、知の拡大再生産が実現していく。

○契約やビジネス慣習が近代化し、著作者・出版者間の相互理解・協力関係が一層強化され、国際的競争力の強化にもつながる。デジタル・ネットワーク社会での出版文化の維持発展のために、出版者の権利は必要不可欠なものである。

4．付与されるべき権利の内容

保護の対象：発行された出版物、当該出版物の制作のために生成されたデータ及び当該出版物から派生したデータ。

保護の享受者：上記出版物を発意と責任をもって発行した者。

保護の始期：当該出版物が発行されたとき。

権利の範囲：複製権、譲渡権、貸与権、公衆送信権（送信可能化を含む）。

これは書協が出版者の権利について初めて公にした文書であった。八月二十六日の第十一回検討会議のヒヤリングで、書協の知的財産権委員会平井彰司副委員長（筑摩書房）は次のように説明している。

4、付与されるべき権利の内容、こちら、我々がざっと考えているところですが、まず、保護の対象は発行された出版物です。その発行された出版物とその出版物を作成するために、著作物じゃないですよ。出版物を作成するために生成されたデータ、それと、その発行された出版物から派生したデータ、例えばスキャンデータのようなもの、こういったものが保護の対象になるだろうということです。

保護の享受者は、上記の出版物を発意と責任を持って発行した者、出版者がというのではなくて、出版物を発行した者です。

保護の開始は当該出版物が発行されたとき、著作物の成立とか、そういうのではなくて、出版物が発行された時点です。

権利の範囲は、レコード製作者の皆さんとほぼパラレルですけれども、複製権、譲渡権、貸与権、公衆送信権を考えております。


この文書は「出版者は出版物の制作・流通を行うことによって、従来から著作物等の伝達者としての役割を担ってきた」として、出版者の役割を伝達者との役割と規定しているが、出版者の権利の権原を著作物の伝達者としての役割に必ずしも明確に求めていない。すなわち著作隣接権としての主張は必ずしも明確ではなかった。

2 流対協の要望書

同二〇一一年七月十一日、日本出版著作権協会（ＪＰＣＡ。代表理事高須次郎）も、出版者の権利を著作隣接権として付与することを内容とする要望書を提出したが、これは翌月の八月二十二日に流対協が提出した要望書と主旨が重複することが多いので、ここでは流対協の要望書を次に掲げておく。

「電子書籍の流通と利用の円滑化に関する検討会議」への要望

二〇一一年八月二十二日　出版流通対策協議会会長　高須次郎

「電子書籍の流通と利用の円滑化に関する検討会議」において、電子書籍のビジネスの普及と言う観点から、出版者に出版者の権利を付与することの可否が検討されている。

中小出版社九七社で組織する出版流通対策協議会は、出版者への権利付与について次の通り要望する。

一　出版者が著作物の公衆への伝達者としての役割を十全に担っていくためには、レコード事業者等のように、出版者の権利は著作物の伝達者の権利である著作隣接権として保護されることが必要である。

【理由】

1　出版者は、現行著作権法における設定出版権では、紙での印刷、出版を許されているが、一方で、デジタル化・ネットワーク化時代を迎えて、著作物の普及のため電子出版を含めデジタル化・ネットワーク化に応じたビジネスを要請されている。しかし法的制約から著作権者に代わってさまざまな許諾行為を行うこともできないため、著作物の普及に有効な対応ができない現状がある。

2 著作権法第八〇条三項は「出版権者は、他人に対し、その出版権の目的である著作物の複製を許諾することができない」と定めている。

例えば「ある人がある本をコピーしたいと思った場合に、それが三十条（著作権法）に規定する私的使用目的の複製である場合は別にして、そうでない場合に出版権者にコピーの許諾を求めてきたとしても出版権者にはこれを許諾する権利はない。日本複写権センター（現・日本複製権センター。コピーの許諾を行う著作権等管理事業者）設立当初において出版者に対し版面権もしくは出版者の権利を認めよとの意見が主張されたのは本項により出版権者が複製権を許諾できないことから生じたものである」（三山裕三著『著作権法詳説第8版』、三七三頁）。

出版者が本のコピーの許諾を求めてきたものに対し許諾を与えることができないということは、無断でコピーされても差し止めることができないことを意味する。電子的利用についてのグーグルブック検索和解案において、その法律上の当事者になれるのかという問題は、このことに由来していた。

「現実に不正な利用が行われた場合でも、著作権者は適切な対処を出版者に委ねる場合も多く、その場合、著作権者の権利と利益を守るために、出版者は相手方に対してアクションを取ることが必要になる。しかし、出版者に隣接権がなければ、信託譲渡を受けていない限り、出版者には訴訟当事者能力がなく著者の権利を守ることも十分にできない」（「出版者の権利について」日本書籍出版協会、二〇〇二年四月）。

デジタル化・ネットワーク化時代を迎えたなかで、電子機器を用いた国内でのさまざまな著作権侵害行為ばかりではなく、海外での海賊版の横行、著作権侵害行為の横行は、ベルヌ条約締結の時代背景にあった、十九世紀の状況以上に深刻なものがあり、これに対し有効な対策がとれず、著作権者も、また著作物の普及伝達者である出版者も甚大な被害を被る結果となっている。

3 著作権者の権利を侵害する行為が国内外で簡単に行われているにもかかわらず、その大半が個人である著作権者の力では、有効な対抗措置をとることも事実上不可能になっている。著作権者は適切な対処を出版者に委ねれば、負担も軽くなり著作活動に専念できるが、そのためにも、著作権譲渡の習慣のない日本の現状では、著作隣接権を付与する方が合理的である。

4 出版権の設定も文化庁の出版権登録原簿に「登録しなければ、第三者に対抗できない」のである（著作権法第八十八条）。第三者に対抗とは、出版権者が、契約期間中に他の出版者から同一の著作物を出版する行為を差し止めることができることを意味する。ところが実際には、出版権登録は年間数十件と少なく、あまり登録されていない。事実上、出版権設定契約は出版者によって生かされていないのである。

また、日本の出版界では、二〇〇六年三月に書協が公表した「出版契約に関する実態調査」の調査結果によると、過去一年間（二〇〇四年四月から〇五年三月）の新刊書籍について、著者と書面による出版契約書を取り交わしている割合は四五・九％であった。流対協が二〇一〇年七月二十六日に集計した「電子書籍会員アンケート」でも、回答社六三社のうち、出版契約書を取り交わすようにしている社が二三社、半数以上は取り交わしている社が一〇社で、やっと半数を上回る程度で、書協アンケート結果と五十歩百歩であった。牧歌的世界といえる現状では、国際的なデジタル時代に対応はできないであろう。

5　出版権の設定については「出版権を出版者に設定するかどうかは、複製権者の意思に係っており、すべての著作物について出版権が設定されるわけではない。特に雑誌については、複製権者が出版者に出版権を設定することはまずなく、雑誌の記事が複製された場合は、出版者は保護を受けられない」（平成二年著作権審議会第八小委員会報告）。この意味でも、デジタル化・ネットワーク化時代に対応した出版者保護の観点からも、法的安定性に欠けるものとなっている。

6　次に掲げる著作権審議会第八小委員会の結論は、デジタル化・ネットワーク化時代を迎えた今日、より重要性を帯びてきている。

「以上のとおり、本小委員会は、複写機器の著しい発達・普及という新たな状況に対応した出版者の法的保護について検討した。

本小委員会の結論として、出版者に固有の権利を著作権法上認めて保護することが必要であるとの意見が大勢を占めた。

なお、出版者に固有の権利を付与することに対しては、一部の委員から、複写の増大が出版者の経済的利益に及ぼす影響について十分な調査が行われていないこと、現行法制の下でも欧米のような著作権譲渡契約等により出版者が自己の利益を確保できる可能性があること、国際的にも十分な合意が形成されておらず、国内的にもさらにコンセンサスを得る必要があること、といった理由から反対意見が出された。

国際的にみて出版者に固有の権利を認める立法例は少なく、また、国際機関における問題の検討もその緒についたばかりのところである。そのなかで今や世界有数の複写機器生産国である我が国において、複写機器が近年著しく発達・普及している状況を考慮すれば、出版行為による著作物の伝達に出版者が果たしている重要な役割を評価し、複写を中心とした出版物の複製に対応した必要な範囲内で、出版者に独自の権利を認めることが適切であると考える。

本小委員会はかかる形で出版者の保護を認めることが、我が国における学術・文化の一層の発展に資するものであると考えるものである。」

二　出版者に付与される著作隣接権の内容は、従来の印刷等による複製など複製権、送信可能化権など、デジタル化・ネットワーク化時代にあって、その流通形態に近似の要素が増えつつあるレコード事業者に付与されている著作隣接権が、出版者に付与されることが必要である。出版物は、頒布の目的を持って出版者の発意と責任において、編集、校正、制作し、文書又は図画としての著作物を最初に版に固定し（いわゆる原版）、発行（発売）されたもので、媒体を問われない。出版者とは頒布の目的を持って発意と責任において、文書又は図画としての著作物を最初に版（いわゆる原版）に固定し、発行（発売）した者で、その権利の種類は以下のものが付与されるべきである。

権利の種類

一　許諾権

1　複製権

2　送信可能化権を含む公衆送信権

3　譲渡権

4　貸与権

保護の始まり　頒布の目的を持って文書又は図画としての著作物を最初に版に固定した時。

保護の終わり　発行（発売）後五十年。

以上の出版者への著作隣接権の付与は、そのことによってデジタル・ネットワーク時代において高度化し、複雑化し、国際化する出版物の権利許諾の一部を、出版を業として営む出版者に、著作物の普及、伝達を安定的に担わせ、もって著作物の流通と著作権者の権利と利益を擁護することを目的とするものである。

以上、要望致します。

流対協（二〇一二年から出版協に改称）の要望は、著作権審議会第八小委員会の結論として、「出版者に固有の権利を著作権法上認めて保護することが必要であるとの意見が大勢を占めた」を踏まえ、レコード事業者等のように、出版者の権利は著作物の伝達者の権利である著作隣接権として保護されることが必要との考えで、権利の種類など書協の内容とほぼ同様である。ただ、書協案は著作隣接権を明確に主張していなかった。

また流対協は、権利保護される出版物が、媒体を問わず、出版者の発意と責任において、編集、校正、制作し、文書又は図画としての著作物を最初に版に固定し（いわゆる原版）、発行（発売）されたものとした。一方、書協案は出版者の発意と責任で発行された出版物を保護の対象としているだけで、「著作物を最初に版に固定」という内容がなかった。これが後に重大な論点となる。

3　書協が出版契約と無許諾配信の実態を報告

第十一回検討会議では、最初に「デジタル・ネットワーク社会における図書館と公共サービスの在り方に関する事項」についてのまとめ案が提出された。

○国会図書館のデジタル化資料を各家庭等まで送信することについては国民生活に与える利便性は非常に大きいものの、このようなサービスの実施にあたっては原則、権利者の許諾が必要となるものであるとともに、関係者間の協議を経て、一定の仕組みを整備することが必要であり、その実現には相当な期間が必要である。

○したがって、まず、早期の実施を目指し、その為の第一段階として、公立図書館等まで送信を行うことにより国民の「知のアクセス」の向上、情報アクセスの地域間格差の解消を図った上で、中長期的な課題として更なる利便性の向上を見据えた検討を実施し実現を目指すことが適切であると考えられる。

○また、送信先等を限定した上での送信サービスの実施については、権利制限規定の創設等により実現したとしても著作者、出版者の利益を不当に害することにはならず、むしろ国民の出版物へのアクセスに係る環境整備が進むことになるとともに、様々な出版物に対する新たな需要が喚起され、それに伴う今後の電子書籍市場の活性化につながることが期待されるものであることから、関係者による早期の合意が望まれる。

このまとめ案は、その後の国立国会図書館のデジタル化資料の各家庭への配信につながる重大な決定となるが、本書ではこれ以上触れない。

次に出版者への権利付与については、各出版者から、具体的には書協からのヒアリングが行われた。出版協は要望していたが呼ばれなかった。

ヒアリングでは前記平井氏の前に、社団法人日本書籍出版協会知的財産権委員会村瀬拓男幹事から「出版物の複製に関する実態調査・概要」が発表され、「Ⅰ　一般消費者における出版物の複製行為に関する実態調査」ならびに「Ⅱ　インターネット上における書籍の無許諾配信実態調査」が報告された。

Ⅰは、二〇一一年八月二十六日付で公表された出版物の消費者による複製の実態と違法流通対策のための書協の調査報告である。村瀬氏は「権利処理に関して著作者や管理団体等の許諾をとったことがあるという経験者は五・七%、極めて低い状況、先ほど、本来許諾をとってしかるべき使用料をいただくべき利用というのが六〇%近く推定されるところに比べると、現実にその処理ができているのはその一割にとどまるというようなことがこのアンケート調査の結果から推測されることと考えています」と違法コピーの実態を報告した。

書籍データの無許諾配信実態調査では「現実に違法に流通しているものというのが全コンテンツの一割以上がいわゆる出版物であると。これは同時に調査をした中では、映像とか音楽が二割前後ぐらいといったことを考えると、決して低くはない数字であって、これもまた出版物の侵害行為であることは明らかなので、これに関しては業界全体で対応するということが、これも繰り返しになりますけれども、非常に急を要する状況であるとともに、これは音楽でも映像でも同じようなことが言われていますが、こういった違法流通に対する一つの対抗策というのは正規流通の拡大であり、また一方で、こういった違法な問題に対して啓蒙活動を行うということであって、これも両方とも、すべて業界を通して対応していかなければいけない問題であり、より一層、出版者、出版業界として主体的な対応をもうやらないと、自分たちの利益も守れないし、お預かりしている著作者の利益も守れない、そのような状況に陥っているのではないかといったところがある程度裏づけられた調査ではないかと考えております」とまとめている。

「出版契約に関する実態調査　概要（日本書籍出版協会提出資料）」は、社団法人日本書籍出版協会樋口事務局長が行った。これは二〇一一年四月から五月にかけて、書協会員社四五五社を対象に調査したもので、回答社は一〇五社であった。

過去一年間の新刊書籍の分野別の点数、また、それらのうち、書面による出版契約書を著者と取り交わした点数（学習参考書を除く。翻訳書については、翻訳者との契約の件数）は次のとおりであった。

	出版点数	契約点数	割合
二〇一一年四～五月	一七三四五	一三三八七	七七・二％
二〇〇五年一一月	一二七二一	七五八一	五九・六％
一九九七年一二月	一三七三九	六四〇三	四六・六％

契約書の締結割合は徐々に高くなっていることがわかる。また書協ひな型がそのまま、あるいは修正版が、書面による出版契約全体の八割以上の場合に使用されていることも分かった。

「出版物の複製に関する実態調査　概要」には書協の出版契約書ひな型が添えられていたが、大渕構成員から次の質問が出た

大渕構成員　少し二点だけお伺いできればと思っております。まず一点目が、資料4の出版契約に関する実態調査概要のところであります。ここでひな形も示していただいて、大変イメージがわかりやすくなっているかと思います。これはひな形がどう使われているのかとか、実際、どの程度契約されているのかというあたりともかかわってくるかと思うのですが、ひな形として上がっているのが、最初にあるのが2.（2）a.というものと、それから2.（2）b.というものがあって、これはそのまま使わずに修正して実際の契約は使っておられるかも

しれないのですが、やや意外だったのは、出版等契約書というほうには出版権の設定という、かなり、著作権法上の出版権と近いような物権的な形で書かれている、そういうひな形が2.（2）a.【引用者注＝書協提出の二〇一〇年版の出版契約書ヒナ型〔出版等契約書2.（2）a.〕で、「『出版契約書ヒナ型（一般用、二〇〇五年）』に電子出版を積極的に行う条項を付加したもので、書籍については出版権を設定し、電子書籍については配信等の独占的利用許諾契約を締結するものです」との書協HPの解説がある】のほうだし、2.（2）b.【引用者注＝書協提出の二〇一〇年版の出版契約書ヒナ型〔著作物利用許諾契約書2.（2）b.〕で、「従来の『著作物利用許諾契約書ヒナ型（二〇〇五年）』に電子出版を積極的に行う条項を付加したものです」との書協HPの解説がある。印刷媒体、パッケージ型電子書籍とオンライン型電子書籍での利用、翻訳などの二次的利用のすべてについて、出版社が第三者に対し独占的に利用の許諾ができる規定になっている】のほうはもっと普通にというか、契約的に利用許諾というひな形と二種類ひな形が示されております。そして、一ページ目の下のところを見ると、二〇一〇年版が今のaとbかと思うのですが、物権型というか、出版権型のひな形を使っているほうが二一％で、独占許諾契約書という形のひな形を使っておられるのが八・二％ということで、前者のほうが多い形になっています。この辺について何かいろいろ関連してお伺いできればということが一点目であります。

二点目は、次に資料5でご説明いただきました出版者への権利付与に関してというところの4．付与されるべき権利の内容というところの保護の対象という部分であります。これはどういうものを出版者への権利として考えるのかという重要なポイントの一つかと思いますが、版面と申しますか、印刷のレイアウト的なものについての権利なのか、それともテキストというか、字で書かれた中身かと考えると、これは、おそらくこの書き方からすると、版面というものではなくて、テキストというか、字で書かれた中身それ自体について権利の付与をご希望されているという趣旨のようにも思われるのですが、その点の確認をお願いできればと思います。以上の二点であります。

社団法人日本書籍出版協会知的財産権委員会平井副委員長　若干補足させていただきます。まず、私の出版者としての実態から申しますと、2のaは出版権設定、これはあらゆる態様の出版物全体に対しての独占契約、独占権ということになります。ただ、必ずしもこういうことが可能な出版物ばかりではないわけです。その場合、2のbを若干修正して使うということになります。例えば、よくあるんですが、単行本がA社から出される、ただ、そのA社は文庫というシリーズを持っていなかったりすることも多いので、実際に文庫本を定期的に、毎月二冊以上出版、発行している出版社なんていうのはせいぜい二〇社から三〇社ぐらいしかございませんので、そういうところが、その単行本を何年かたって文庫にするということだと、それ後にまた今度、Cという出版社が、比較的編さん物が得意なところがその著者の著作集を出す、その著作集にその作品が含まれるということになると、出版権では対応できないんです。それぞれの出版パッケージ、出版態様ごとの独占的利用ということにならざるを得ないので、こういった契約を使わざるを得ない。だから、出版のケースによってこれを使い分けているということだと、筑摩書房の場合、そのようにやらせていただいています。

ここで、平井委員は文庫化のためには設定出版権の出版等契約書2.（2）aは使えないので、文庫化のための利用許諾ができる著作物利用許諾契約書2.（2）b.の独占許諾型出版契約書を作成したのだと答えている。設定出版権が紙の出版物に限定され、文庫化のための再許諾ができないから、文庫化のための利用許諾ができる著作物利用許諾契約書を作成したのだと、筑摩書房をはじめとする文庫出版社の都合を明確に述べた。

平井構成員　それから、後段の質問ですが、これはちょっと誤解を得やすいところですので丁寧に説明させていただきますが、まずは、第一義は発行された出版物です。この出版物は発行要件を入れなければいけないと思います。つくればいいという話ではなくて、公衆が求めるのを満たす数をきちんと頒布するということまで含めて、発行された出版物です。そのデータというのは、これは抽象的なデータ、著作物そのものになるようなデータを意味するのではなくて、出版物をつくるため、印刷するためのデータ、昔は活字でしたから、活字というのは有体物をきちんと組んだものであって物的なものなんですが、今は印刷データからそのまま印刷機に印刷してしまうということで、その印刷データというのもこの対象に入れたいと。出版物自体、出版物は版面だけでなく造本まで含まれる、物としての出版物なんですが、もちろん版面も含まれますが、物としての出版物と、それをつくるためのデータ、このデータ自体が保護の対象となっていなければ、それを第三者が自由に使えるということになって、何のための権利だということになってしまいますので、これは対象としていただきたいということ。それから、出版物から生成されたデータというのは、出版物をスキャンしたもの、例えば去年ぐらいまで大騒ぎしたグーグル問題にしても、あれは出版物をスキャンしたものなんです。生の著作物そのものではなくて、出版物があって初めてそれをスキャンしたという、こういったものに関してもやはり保護の対象に入れていきたいということです。

大渕構成員　ちょっと今の点を含めて確認だけなのですが、二点目のほうから行きますと、要するに、版面という昔流のものだけではなくて、版をつくるためのデータとか、話が非常にややこしいのですが、版自体そのものというよりは、版をつくるためのデータも入るということのようですが、他方で、それだけじゃなくて、字で書かれた中身についても権利が欲しいということなのでしょうかということで、第二の質問につき、確認をお願いします。もうあまり時間もないようなので、イエスかノーかでお答えいただいたほうが早いかと思いますので。

社団法人日本書籍出版協会知的財産権委員会村瀬幹事　字の中身の権利という言い方は非常

に誤解を招きかねない言い方で、それは著作物そのものというか、著作権そのものが字の中身だと思いますので、そこをこちらはお願いしているわけでは全くありません。

大渕構成員　そこは違うということですか。

社団法人日本書籍出版協会知的財産権委員会村瀬幹事　はい。我々は著作者から著作物をお預かりして、それを出版物の形に生成する際にいろいろな加工を行います。加工を行うことによって、その加工されたデータというのが当然そこからできてきます。そこ以降の話をお願いしているというようにご理解ください。

ここで村瀬氏は、出版者の権利として付与される著作隣接権というのは、著作者が書いた原稿とか原稿を入力したテキストデータ（たとえばWordデータ）に及ぶのではなく、印刷用に組版されたデータ、たとえばInDesignや、電子出版用に加工されたデータ、ＰＤＦやＥ－ＰＵＢデータにまつわる権利を指しているのだと説明している。この点は押さえておく必要がある。

大渕構成員　先ほどの一点目のご質問について、あまりこちらのお伺いした点についてのご回答があまりクリアにないものですから、確認的にお伺いしたいと思います。先ほどの出版等契約書というものと、それから著作物利用許諾契約書の違いは、ａのほうのものは出版権の設定という表現であり、これは素朴に読むと、登録はないにせよ、著作権法上の出版権の設定のように見えて、許諾契約書のほうはそういうものでない純粋に債権的なものというふうに読めます。そして、出していただいた資料によると、意外と、この前者のほうの出版権の設定となっているひな形のほうが二〇・一%というように単なる債権的なものの八%より多いので、これであれば、その気になれば、訴権というか、物権的請求権としての差止請求権というのは行使できそうなようにも見えるので、このあたりは実際のプラクティスとしてもこういう出版権設定という形でやっておられるほうが、この比率のように高いということで理解してよろしいのでしょうかということですが。

社団法人日本書籍出版協会知的財産権委員会村瀬幹事　必ずしもそうではないと思います。あくまでも実際の出版契約の実態調査、これはある意味できちんと契約書の締結実務というものをある程度回せる範囲の主要な出版社が多いため、結果としてはこういった物権設定的な契約が若干多いようには思われますが、すべてにおいて、先ほど別の者から説明があったように、そういう状況が可能であるとは考えておりません。

大渕構成員は書協の提出した出版契約書が普及しているのであれば、現状でも「訴権というか、物権的請求権としての差止請求権というのは行使できそう」と指摘して、法改正をしなくとも違法コピー、海賊版対策はできるのではないか、出版契約の内容次第で紙であれ、電子であれ差止請求ができるのではないかとのニュアンスで質問したのである。出版権設定契約を電子にも拡張すれば、なにも著作隣接権である必要ないのでは、とまでは言っていないが、そのように筆者には受け取れた。

この質問に対し、書協の村瀬氏は、出版権設定契約は主要な大きな出版社が主にアンケートに答えているので比率が多くなったと答えた。しかし、これでは中小出版社がアンケートに答えれば契約すら結んでいない出版社が増えると言っていることになる。そうなると、違法コピーや海賊版は出版契約率の低さに起因することになってしまう。村瀬氏の答えは十分な反論にはなっていないのではないかと感じた。

先に流対協が実施した「電子書籍会員アンケート」（二〇一〇年七月二十六日集計）では出版契約書を取り交わしている会員社（八割以上の本について）は、回答六三社中三三社（五二・三％）で半数を超えていた。最新の書協アンケートには達しないものの、村瀬氏が言うほど低いものではない。出版契約が電子書籍に対応している社は二七社あったし、ＤＴＰについては、自社組版が三七社、一部自社組版までいれると四七社で七四％と四分の三がＤＴＰを行っていて、電子書籍の発行など、いとも容易い。これらの数字は書協系出版社より明らかに進んでいた。

書協が提出した著作物利用許諾契約書2.（２）b.の独占的利用許諾型出版契約書は、流対協の有志で設立した日本出版著作権協会（ＪＰＣＡ）でもほぼ同様な独占的利用許諾型出版契約書を二〇〇四年に作成している。これらは、グーグルブック検索和解案問題を受け、無断の電子化等に対処防衛するために作成されたものである。大渕構成員は、出版権設定契約であれ独占許諾型契約であれ、こういうもので出版界が対処しているのなら契約で差止請求などの対応ができるので、「出版者への権利付与」すなわち著作隣接権の付与など必要なのかと、議論をすり替えていたのである。

第5章　「出版者への権利付与」が見送りに

1　出版者への権利付与

二〇一一年（平成二十三年）九月三十日の第十二回検討会議では、事務局から「検討事項③『出版者への権利付与に関する事項』について」が提出された。検討会議でのこの間の議論を要約した内容である。長いレジュメなので、出版社から提出された出版者の権利の具体的内容と、それへの検討会議での主な意見があるが、ここでは「出版物に係る権利侵害への対抗の促進について」を掲載しておく。

（略）

（2）出版物に係る権利侵害への対抗の促進について

出版者からは「出版者への権利付与」の必要性について「電子書籍の利用・流通の促進」の他に、権利付与による「出版物に係る権利侵害への対抗の促進」が示されている。出版物に係る権利侵害については、これまでの検討会議において以下のようなアプローチが示されているが、出版物に係る権利侵害の状況は深刻なものとなっている中で、それぞれのアプローチに係る実効性や早期の実現可能性等について検討した上で、適切な方途による対応が図られることが重要であると考えられる。

なお、検討にあたっては、権利侵害行為への対応措置が効果を有するべき範囲についても留意することが必要であり、国内における侵害行為への対応のみではなく、海外における侵害行為についても対応することが可能なものであるべきと考えられる。

1）契約による対応

契約による対応としては、①出版者に対する著作権の譲渡、②独占的利用許諾契約による債権者代位権の行使、③「出版権」の規定の改正（電子書籍化とその利用）による対応の可能性が示された。

【検討すべき論点】

○ ①〜③のそれぞれの対応に係る実効性や早期の実現可能性についてはどうか。

○ ①〜③のそれぞれの対応を実現するためには、どのような実務上等における取組が必要となるのか。

①出版者に対する著作権の譲渡

▽ 米国等においては出版者に対する著作権の譲渡が慣行として行われているが、国内においては、一般的な慣行として著作権の譲渡は行われていない。

▽ この点については著作者としても権利の（全部）譲渡については消極的な側面もあり、

権利の譲渡を内容とした出版契約が一般的な慣行となることは想定されにくいとの意見があった。

▽一方、日本雑誌協会、日本文藝家協会、日本写真著作権協会が協同して作成した「デジタル雑誌配信権利処理ガイドライン」等においては期限付き（1～3ヶ月）の「複製権」、「公衆送信権」等の譲渡が定められるなど、出版物の性質に応じた取組が進められている。（※1）

②独占的利用許諾契約による債権者代位権の行使

▽独占的利用が契約において定められている場合には、被許諾者は権利侵害者に対し債権者代位権の行使（民法423条）により「差止請求」をすることが可能であるとの学説が存在している。（転用型債権者代位権）

▽一方、独占的利用が契約において定められており、かつ許諾者（著作権者）に権利侵害行為に対する排除義務が課されている場合においてのみ被許諾者による「差止請求」が認められるとの学説も存在している。

▽債権者代位権の行使による侵害行為への対応については、i）当該代位権の行使のために必要な条件を満たした契約が円滑に結ばれるために、実務上等において留意するべきことは何か

ⅱ）当該代位権の行使にあたり、許諾者と被許諾者の間のトラブル（代位権行使の方法等をめぐる認識の違いなど）を防ぐために留意すべきことは何かなどの論点について整理することが必要となる。

③「出版権」の規定の改正による対応（電子書籍化とその利用に対応）

▽現行の「出版権」に係る規定の改正により、電子書籍を出版する者に権利を与えることが適切ではないかとの意見があった。こうした対応が図られた場合には、出版者は権利侵害者に対して「差止請求」や「損害賠償請求」をすることが可能となる。

▽「出版権」の規定の改正による対応については、

ⅰ）電子書籍の定義、範囲（コンテンツに映像、音楽データが含まれる可能性もある）

ⅱ）設定行為として認める著作物の利用の範囲（「複製」、「公衆送信」等）

ⅲ）ボーンデジタルのものと紙媒体との出版物を電子書籍化したものについて区別して考える必要があるのか、もしあるとすればどのように考えるのかなどの論点について整理することが必要となる。

2）出版者を著作隣接権者として保護することによる対応

【検討すべき論点】

○出版者を著作隣接権者として保護することによる対応は、海外の侵害行為に対する実効性や早期の実現可能性おいてどう評価されるのか。

○契約による対応に比べていかなるメリット・デメリットがあるのか。

▽違法出版物への確実な対応や法的安定性の観点から出版者に著作隣接権を付与することが必要であるとの意見が出版者側から示された。出版者が著作隣接権者となった場合には、権利侵害者に対して「差止請求」や「損害賠償請求」をすることが可能。

▽出版者に著作隣接権を付与することについては、「出版権」の規定の改正による対応で掲げられている論点の一部や、

i）出版者を著作隣接権者として定める意義

ii）出版者に著作隣接権が付与されることによる流通等に対する影響

iii）保護すべき対象、範囲

などの論点について整理することが必要となる。

▽権利付与をすることで、一律に出版者に権利が付与されることとなり、契約関係で処理することに比べて自由度が低くなることへの懸念や、権利付与の可否を定めるに当たっては、違法出版物への対抗の在り方として必要かつ十分なものであるのかといったことについて検証することが重要であるとの意見があった。

3）何らかの出版物に係る権利保全のための規定の創設による対応

【検討すべき論点】

○ 実効性や早期の実現可能性についてはどうか。

▽ 著作権法第一一八条に基づき無名又は変名の著作物の発行者はその著作者のために「差止請求」等をすることが可能である。

▽ この点、上記以外の著作物についても同様の対応が可能となるような規定を創設することにより、出版物に係る権利侵害への対応を図ることも考えられるのではないかとの意見があった。

4）著作権法以外の現行制度に基づいた対抗措置による対応

【検討すべき論点】

○ 著作権法以外の現行制度に基づいた対抗措置による対応についても十分に検証、実施することが重要ではないか。

▽ 違法出版物による対抗措置については、その被害の深刻さから一刻も早い対応が求められており、著作権法以外の現行制度に基づいた対抗措置を最大限に実施することも重要であると考えられる。

▽ この点、出版者がいわゆる「プロバイダ責任制限法」に基づく信頼性確認団体となり、

違法にアップロードされた出版物に対する削除要請を行うことが指摘されたが、当該取組については各プロバイダの違法著作物に対する対応の在り方に左右されてしまい、確実性に欠けるとの意見もあった。

このレジュメの説明の最後に、鈴木著作物流推進室室長補佐が「出版物に係る権利侵害への対抗の促進について」を次のように要約した。

鈴木著作物流推進室室長補佐　まず、一点といたしましては、契約による対応で、三点を示させていただいております。出版者に対する著作権の譲渡といった観点、そして独占的利用許諾契約による債権者代位権の行使、そして「出版権」の規定の改正による対応といった契約による対応として、前回の資料では挙げさせていただいているところでございます。そして、もう一つの対応策といたしまして、出版者を著作隣接権者として保護することによる対応といった点。こちらにつきましても、前回資料として提出させていただいている内容と基本的に変わっているところはございません。そして、新たに追加した点といたしましては、何らかの出版物に係る権利保全のための規定の創設による対応といった視点です。現在、著作権法第一一八条におきましては、無名・変名の著作物の発行者は、その著作者のための権利保全の対応を行うことができるという規定がございます。このような規定を他の著作物の利用といいますか、電子書籍につきましても規定することが可能であるかどうかといったことも考えられるのではないかというご意見があったところです。（後略）

2 内外の権利侵害対策として書協案は有効か

これまでと同様な検討会議での賛成反対の議論が続いたが、弁護士の前田哲男構成員が次のような方向性を提起する発言をした。

前田構成員 今、コンセンサスが形成されつつあるのではないかというお話をいただいたのですが、私は、出版社の権利付与には、インセンティブを設けて流通促進を図るという観点と、それから違法対策のために権利が必要だという観点との、二つ大きな観点があると思うんです。

まず後者のほうについて、侵害対策のために出版者が何らかの権利を持つことが必要であるということは非常によく理解ができて、そのための手段として何があるかということで、このペーパーでは、出版者に著作権を譲渡するとか、債権者代位を行使するとか、あるいは電子的な出版権を設けると、隣接権類似の権利を付与すること以外に三つの提案がなされております。

その三つの提案のうち、私の理解としては、出版者に対する著作権の譲渡というのは、先ほどもお話がありましたように、当事者が必ずしもそれを意図しているわけでもありません。真実の意味での権利の譲渡を意図しているわけでもないのに、出版社の権利行使のためには譲渡するしかないというのは、ちょっと乱暴な議論だと思います（中略）

それから、独占的利用許諾契約に基づく債権者代位権の行使ができるじゃないかという点があるのですけれども、この債権者代位権の行使というのは、あくまで便法でありまして、本来の債権者代位権の行使ではなくて、それを転用して何とか実務的に妥当な解決を図れるようにする工夫であって、これがあるから出版者が権利行使の根拠を持たなくてもいいということにはならないだろうと思います。

あと出版権の規定の改正によって、電子出版に関しても、出版権類似の制度をつくるということが残る方法として考えられますが、それがいいのか、それとも著作隣接権類似の制度による権利付与がいいのか。このどちらがいいのかということを検討しなければいけないんじゃないかと思います。

つまり、電子出版を含めた流通の促進という観点においては、隣接権類似の権利を付与するのがいいのか、電子出版権的な権利——設定出版権を拡大するという方向で対応するのがいいのか、この議論が必要になるのではないかと思います。

前田発言を引き取って渋谷座長が、次のように発言した。

渋谷座長　（略）出版物に係る権利侵害の対抗の問題ですが、これについては冒頭に前田構成員が、出版権の規定の改正か、それとも著作隣接権類似の規定の創設かという、こういう選択肢を示されたわけですけれども、これは侵害行為への対応ですから、日本国内だけの問題ではなくて、よその国で侵害が行われたときに、その国の裁判所に訴えて勝てるような権利でないといけないいんですけれども、著作隣接権を出版者に与えている国は、おそらく世界中で一つもないと思います。

そういう権利を、例えば外国の裁判所で、著作隣接権の侵害があったと言って訴えてみても、これは国際私法という法律の世界の話になるんですが、多分その国の公序に反するということで、そういう主張をしても認めてもらえないと思うんです。安全なのは何かといったら、自分は著作権者であると。これはどの国もベルヌ条約に入っており、著作権を保護しなければいけないから、著作権者であるという主張をするか、それとも契約上、こういう権利を与えられていますという主張をするか、どちらかだろうと思うんです。契約の効力は、どの国でも認めることになっていますので、そういう主張の仕方もある。

ですから、前田構成員にお尋ねしたいんですけれども、選択肢が二つ挙げられましたけれども、外国で訴訟を起こすということを考えると、やはり出版権。これは契約に基づく権利ですので、こちらを与えたほうがよいのではないかということですね。

それから、著作権者という主張をしても外国の裁判所は認めてくれると思うのですが、そのときは、出版者が著作権の譲渡を受けておくということだと思います。ただ、その著作権の譲渡というと、音楽著作物の著作者がＪＡＳＲＡＣにすべての著作権を譲渡してしまうというのとは違って、電子書籍の海賊版を押さえればいいわけですから、公衆送信権だけ譲り受けて、それを出版者が外国で行使するということにすればいいのではないかなと。あまり著作権の譲渡ということについてアレルギーを起こす必要はないように私には思えるのですけどね。時代が変わっていますから、いつまでも昔の感覚でいたのでは対応できないように思うんです。

前田構成員　海外での権利侵害に対して、どう対抗するかということなんですけれども、もともと海外での権利侵害に対して権利を行使しようとするときには、保護が求められる国の法律によるわけですので、日本法をどうしようが、基本的には関係ないことだと思うんです。先ほどご指摘がありましたように、著作権の譲渡ということであるならば、著作権は基本的には属地主義ですから、一つの著作物について、日本の著作権と中国における著作権とは別個の権利として存在しているということになると思うんですが、その中国における著作権を出版者に譲渡するということであれば、出版社は中国において著作権者として権利行使できることになるんだろうと思うんですけれども、我が国の著作権法制度をどういうふうにしたらいいのかということがここでの検討課題ではないかなと、私は勝手に想像しており、そうであるならば、外国での権利行使の問題というのは、その国の著作権法制の問題であって、日本の法律がどうのこうのできることではありませんので、とりあえずの検討課題としては、我が国の制度をどうするかということになるのかなと、私のほうとしては思っておりました。それが正しい理解かどうかは、ちょっと自信はないんですが。

渋谷座長　私も大まかなことしか申し上げられませんでしたので、今正確に説明していただくと、前田構成員がおっしゃったことになりますね。

「著作隣接権を出版者に与えている国は、おそらく世界中で一つもない」ので、「外国の裁判所で、著作隣接権の侵害があったと言って訴えてみても、これは国際私法という法律の世界の話になるんですが、多分その国の公序に反するということで、そういう主張をしても認めてもらえないと思うんです」との結論である。

内外の紙版であれ電子版であれ、海賊版による権利侵害に対抗するためには、出版者に著作隣接権が付与されねばならないとの書協をはじめとした出版界の考えた戦略は、この構成員の議論で、あっさりと否定されてしまったと言える。

3　第十三回検討会議の「まとめ」

そうしたなか、アマゾンが年内にも日本で電子書籍事業に参入のニュースが流れる。

ネット通販最大手の米アマゾンが各出版社に電子書籍の契約書を送ったと報じられ、その内容が妥当か無茶かどうかを巡って論議になっている。

日経が二〇一一年十月二十日付朝刊一面トップでアマゾンが日本で年内にも電子書籍事業に参入とスクープしたのに続き、今度は一部メディアがその「契約書内容」を報じた。

それは、ライブドアのサイト「BLOGOS」が二十九日に配信した「『こんなの論外だ！』アマゾンの契約書に激怒する出版社員」だ。

記事によると、アマゾンは十月上旬に日本の出版社約一三〇社を集めた説明会を都内で開き、出版社には、それから数日後に「KINDLE 電子書籍配信契約」が送られてきた。

そこでは、すべての新刊を電子化してアマゾンに提供し、出版社がそうしないときはアマゾンが電子化すること、アマゾンの推奨フォーマットでは、売り上げの五五％をアマゾンのものとすること、書籍より価格を低くすること、そして、出版社が著作権を保有すること、などの条項が挙げられていた。アマゾンへの回答期限は、十月三十一日までになっている。

記事では、説明会に参加したある中堅出版社の怒りの声を紹介した。その書籍編集者は、いずれも出版社側には不利となる内容で、特に、出版社が著作権を保有するのを一か月以内に決めろというのは無理難題だと反発している。欧米流の著作権管理だが、著者から了解を取るなど難しい手続きが必要だからだ。(中略)

こうした契約書内容は、本当なのか。日経が「詰めの交渉」中と報じた小学館や集英社では、それぞれ「交渉は進展しておらず、内容も守秘義務があるのでお答えできません」「(日経で)報道されている事実はありません」とだけコメント。交渉中という講談社でも、「契約状況はまったく明かせません」とした。一方、日経がアマゾンと合意したと報じたPHP研究所(京都市)は、その報道を否定。検討中ではあるものの、まだ合意していないとし、内容については、「守秘義務がありますので、一切話せません」と言っている。(二〇一一年十一月一日配信のJCASTニュース)

現実はもっと深刻な事態となっていた。

二〇一一年十一月十六日に第十三回検討会議が開かれ、「『出版者への権利付与に関する事項』に関する議論の整理(案)」と「電子書籍の流通と利用の円滑化に関する検討会議報告(案)」が提出された。前者の「まとめ」は出版者側の期待を裏切る内容だった。

4．まとめ

○本検討会議では、「出版者への権利付与」の意義やその必要性について、主に「電子書籍の流通と利用の促進」の観点及び「出版物に係る権利侵害への対抗」の観点から検討を行ってきた。

○本検討事項については、前述のように、権利付与を積極的に肯定する意見とともに、一定の検証や代替え措置の可能性などについて十分に検討を行うべきであるといった種々の意見が示されており、当該権利付与をめぐる状況等の整理においては一定程度の進捗が見られたものの、権利付与の可否について一定の方向性が明確に示されるまでには至っていないものと考えられる。

○したがって「出版者への権利付与」については、今後、当該権利付与が電子書籍の製作、流通及び利用の実態に与える影響を含めた電子書籍市場全般に与える影響について、多角的な検証を関係者間において行った上で、電子書籍市場の今後の展開を一定程度見据えるとともに、国民各層に渡る幅広い立場からの意見を踏まえた検討を行うことが適当である。

なお、「出版者への権利付与」の根拠の一つとして主張されている「出版物に係る権利侵害への対抗」については、今後の電子書籍市場の健全な発達における喫緊の課題であることから、3．（2）②に掲げられているような現行制度において実施可能な方策〔筆者注＝②現行制度における対応　ア）債権者代位権の行使による対応　イ）著作権の（一部）譲渡等に

よる対応　ウ）他の制度（著作権法以外）に基づく対応〕について、関係者間で協議を行うことが必要である。

つまり電子書籍の発展に伴う「出版者への権利付与」については現段階では時期尚早として見送り、権利侵害については現行制度で対応と結論したのである。

この間、最悪でも出版者への権利付与が必要論、不要論の両論併記で文化審議会に送られると踏んでいた書協の自信は、十三回検討会議で覆された。

里中構成員　（略）出版者が著作隣接権を持たない限り、世界の中で日本の電子化された出版物は流通しないんだ。そこまで言い切っていいのかどうかわかりませんけれども、そういうことが理由だから、これからはグローバル、世界の基準に合わせてといいますか、アメリカの基準に合わせて、出版者がせめて著作隣接権を持つことが電子書籍の流通に必要であるということが大上段に振りかざされていれば、これは不安よりも先に、もっとおくれてはいけないという気持ちが先立つんだと思うんです。

ところが、出版者側から出される要望がどうもすべて違法コピーを撲滅するためとか、そういうことばかりになっていますので、どうしてもそれに対するほんとうかなというところをはっきりさせないと、一般読者に対して言い切るだけの自信が持てないということがございます。

ですから、では、今の三田構成員のおっしゃっているような非常にすっきりした形での出版者が著作権の一部でも持つという、それに対して、済みません、今日この場で聞いても仕方がないのかもしれませんが、出版者の方にちょっとお尋ねしたいんですけれども、どうしてそれを前面に押し出されなかったのでしょうか。

渋谷座長　金原構成員、お願いします。

金原構成員　著者の方がお持ちになっている著作権を出版者がどうしてそれを欲しいということを言わなかったのかというご質問ですか。

里中構成員　いえ、欲しい理由が違法コピーとか、あとわりとあいまいな形での集中権利処理をしたほうが普及が促進されるとか。でも、これは果たしてそうなのかどうなのかということはちょっと定かではありませんよね。

著作権者側から著作権者を納得させるような内容を主張していないのではと、戦術の失敗を指摘され、それへの答えも答えになっていない。何ともお粗末な話だろうか。

この結論に対し「書協　日本書籍出版協会会報」二〇一一年十二月号は、「まとめ案」が「複数の構成員から会議で出された意見や検討経過をきちんと反映していないのではないか等の異論が相次いだ」と報じた。

三田氏と瀬尾太一氏からは、「出版社は既得権益を守るために権利をくれと言っているわけではない」「出版社が要求している権利内容は控えめで配慮が行き届いたものであり」「『権利付与で肯定的な見解があり一定の方向が見えた、細部はまだ議論がある』とまとめてどこがいけないのか」「何らかの法的裏付けが必要なことで、意見が一致している。出版社を放っておけとの意見は全く出ていない」等の意見が出された。

このように伝えた。「渋谷座長と文化庁とでまとめ案を再検討し、次回十二月二十一日の会議で提示する」という。

この事態に驚いた書協首脳は、文化庁の吉田大輔次長らに面会、出版者への権利付与を要望したことで、かろうじて延長戦に持ち込んだが、確固とした見通しがあるわけではなかった。著作権法改正問題が厳しくなる中、相賀昌宏書協理事長（小学館代表取締役社長）が全面に出てきた。

第6章　中川勉強会の発足と勉強会骨子案の問題点

1　検討会議最終報告案が了承

二〇一一年（平成二十三年）十二月二十一日に、文化庁の「電子書籍の流通と利用の円滑化に関する検討会議」（第十四回）で最終報告案が提出され、了承された。筆者は、最終報告について、〈継続審議、「出版者への権利付与」はどうなる？／文化庁「電子書籍の流通と利用検討会議」を総括／出版流通対策協議会会長・高須次郎〉『新文化』二〇一二年一月二十三日号（二九二三号、新文化通信社）で以下のように紹介した。

◎何がどう議論されたか？「長尾構想」は前進

文化庁の「電子書籍の流通と利用の円滑化に関する検討会議」は、昨年（二〇一一年）十二月に最終報告案を承認、同案は一月二十六日開催の文化審議会著作権分科会で了承された。

議論された事項は次の通りである。

1　デジタル・ネットワーク社会における図書館と公共サービスの在り方に関する事項（国会図書館のデジタル化資料の活用方策等）

2　出版物の権利処理の円滑化に関する事項

3 出版者への権利付与に関する事項

主な結論を要約するとこのようになる。

第1項目の「国会図書館のデジタル化資料の送信サービスの実施」に関しては、国民の利便性の向上を図るため、各家庭などへの送信を最終目標としつつ、その第一段階では「一定の範囲・条件のもとに公立図書館等で利用可能となるよう、著作権法の改正を行うことが適当」と結論づけた。

「電子書籍市場の発展に影響を与えない範囲」ということから、対象となる出版物の範囲を市場で入手が困難な出版物などとしたうえで、デジタル化資料を公立図書館などで閲覧できるようにする。

さらに一人当たり一部のプリントアウト（複製）を可能とした。これについては所要の法改正が行われる。

第2項目では、電子書籍市場の発展のため、中小出版者や配信事業者など多様なプレーヤーが電子書籍ビジネスを展開できる環境を創出することや「孤児作品（権利者不明作品）」などの権利処理の円滑化が求められる。これらを実現する目的で、出版物の情報管理や権利処理の集中管理機構の整備の必要性が上げられた。

同検討会議の議論によって、国会図書館資料のデジタル化や電子納本に加え、公立図書館等への送信サービスなど——いわば「長尾構想」が実現に向け、確実に前進した。それに引き換え、「出版者への権利付与」問題は、まだ先が見えない。

◎出版者のアピール不十分

第3項目にある「出版者への権利付与」は、法的検討が不十分とされ、文化審議会著作権分科会への送致は見送られた。文化庁が制度的な対応を含め、「新たに専門的な検討を行うための場を設置するなど、文化庁が主体的に取組を実施」することで、継続審議となった。

最終報告案の取りまとめまでの間、書協知財委員会は同案の内容が「出版者への権利付与」を促す方向、もしくは両論併記で同分科会に送致されるとみていたが、第十三回の検討会議（十一月十六日）ではそうならなかった。

「出版者への権利付与に関する議論の整理（案）」では「権利付与の可否について一定の方向性が明確に示されるまでには至っていないものと考えられる」と、見送りで結論をまとめようとしたからだ。

これに驚いた書協の相賀昌宏理事長ら首脳が乗りだし、文化庁の吉田大輔次長（当時）に面会、出版者の権利付与を改めて要望したことで、〝継続審議〟に持ち込んだ。

書協は昨年（二〇一一年）七月に開かれた検討会議に「出版者への権利付与に関して」という資料のなかで、出版者の権利が著作隣接権であることを実質的に謳った内容のものを提出した。だが検討会議が法律論を述べる場ではないと、その〝用語〟を使用しなかった。

流対協も同（二〇一一年）八月二十二日付で検討会議に対し著作隣接権の付与を趣旨とする要望書を提出した。出版社は頒布の目的で出版者の発意と責任において出版物の伝達・普及行為を生業としているのだから、伝達者の権利である著作隣接権の獲得がどうしても不可欠であると訴えた。

しかし、検討会議での出版社側の対応が海賊版対策や会議メンバーへのアプローチを中心に進めたため、出版者の権利を理論的にアピールすることが不十分で、説得力に欠けると見られたのかもしれない。

◎出版者への権利付与についての二つの観点

最終報告では、「出版者への権利付与」の必要性に関し、「電子書籍の流通と利用の促進」および「出版物に係る権利侵害への対応」という観点から展開されている。

前者については、権利を付与することで、出版者による権利情報の管理や集中的な権利処理の体制整備が進み、それにより出版物の権利処理の進展につながる。また出版者による電子書籍ビジネスの長期プランの策定により、投資・回収の収益サイクルが確立、促進される。こうした視点から「出版者や一部の著作者から権利付与のもたらす影響について、積極的な意見」が示された。

それ以外の「構成員からは権利付与の必要性を否定する意見は示されていないものの、権利付与が電子書籍市場に与える全般的な影響については、更なる検証、検討が必要であるとの意見があった」と指摘。

また、後者では「当該権利侵害は深刻な状況であり、電子書籍市場の健全な発展のためには、何らかの措置を早急に図ることの必要性については意見が一致」と書き込まれている。

具体的方策は次に示された通りである。

① 出版者への権利付与
② 債権者代位権の行使による方法
③ 著作権の（一部）譲渡などによる対応
④ 他の制度（著作権法以外）に基づく対応
⑤「出版権の規定」の改正による対応
⑥ 出版物に係る権利保全のための規定の創設による対応

文化庁の吉田次長によれば、②について「我が国の学説では、独占的利用許諾契約を締結した利用者（独占的利用権者）は債権者代位権（民法四二三条一項）の行使を認める説が多い」（『出版ニュース』二〇一一年十月中旬号・連載「ネット時代の著作権」）という見解を示し、出版契約を独占的利用許諾契約に切り替えることで、出版者が差止請求できると解説している。「新たな権利関係の設定は生じないので、出版者側の期待とは異なる結果となる」（同）と問題点も指摘した。

検討会議でも出版者側は「著作者（権利者）との調整が必要となることや、差止請求に係る実績上の観点からは不安が残る状況であり、実際の運用は困難である」と反論したことが、最終報告にも掲載されている。

吉田論文は欧米のように著作権譲渡などの慣行がない日本では、「著作者との合意が得られるかについて相当困難な問題を抱えている」と、③案に関する否定的な見解を明らかにしている。同様に検討会議でも著作権者側から強い反対意見が提出されている。

④案は、違法出版物への対抗措置として、プロバイダ責任制限法に基づく発信者情報の開示請求の活用などで対応する考え方だ。しかし出版者側では、プロバイダ責任制限法ガイドライン等検討協議会に非参加のプロバイダに対する削除要請は「実際の削除に結び付かない可能性がある」との意見がだされた。

⑤案の場合、設定出版権を電子出版に拡大することで、出版者は紙の出版と電子出版の両分野で独占的な出版と第三者への差止請求が可能となるのだ。

最終報告では「具体の制度改革を行うにあたっては、『電子書籍』の定義などについて整理することが必要となるが、とくに『電子書籍』として認められる著作物の範囲等に係る整理については、今後展開される電子書籍サービスの多様性等を踏まえた上で、実態に応じて整理することが求められる」と結論づけた。

⑥案は、著作物の発行者が、著作者の代行で差止請求ができるなど権利侵害に対する対応

規定を、著作権法の改正で創設する考え方である。

検討会議を傍聴していた印象では、③案は現実性がなく、②案・④案・⑥案は、もっぱら権利侵害への対応措置であり、電子書籍の流通・利用の促進には役立たない。出版者の権利獲得とはならないから出版者としては承服できない。

◎出版界が頑張らないとダメ！

残るは①案となる。出版者へ権利を付与することで「出版者は独自に侵害行為に対する差止請求等を行うことが可能となり、出版者が中心となった侵害対応は十分に実現される」と最終報告でも言及している。書協案の保護の対象は「発行された出版物、当該出版物の制作のために生成されたデータ及び当該出版物から派生したデータ」であり、権利の範囲は「複製権、譲渡権、貸与権、公衆送信権（送信可能化権も含む）」と規定している。

吉田論文でも書協案について「従前から論議のある『版の権利』『版面権』とは内容的に大きく異なり、イギリス法の『発行された版の印刷配列』よりも対象は広く、また権利の性質も許諾権である。これを認めるとすれば、著作隣接権制度の新たな権利主体として出版者を位置づけることになろう」と指摘している。

出版物の保護の対象、出版者の権利の範囲に加え、大半の諸外国では付与されていない「出版者の著作隣接権」によって海外の侵害行為に実効性があるかどうかなどの検討が必要とされた。

最終報告のまとめでは、「『出版者への権利付与』を含む様ざまな対応について、出版者等の関係者が中心となり、当該権利付与や他の制度改革が電子書籍市場に与える全般的な影響について検証を行う」必要性が説かれた。それと同時に、「現行の制度における対応及び他の制度改正に係る法制面における具体的な課題の整理等が必要であると考えられ、この点については、新たに専門的な検討を行うための場を設置するなど、文化庁が主体的に取組みを実施することが求められる」とされ、専門家による会議が新設される。

文化庁が組織する法律専門家会議には、出版者や著作者はメンバーとして参加できない。検討期間は半年程度という。前出の出版者の影響調査の結果は、同会議に示されることになろう。メンバー選定も含め文化庁主導の同会議の結論が、出版社の未来を大きく左右する。

これまでの議論からの推測すると、出版者の権利獲得の可能性は、出版界が相当頑張らない限り、低い状況にあると言わざるを得ない。設定出版権を紙以外に電子書籍にも拡げる⑤案は、組織的に海賊版対策など差止請求を可能とし、著作権者は設定出版権を引きあげることが可能であることを考え合わせると、可能性がないわけではない。しかし出版者の権利獲得という立場からすれば、納得できない。

出版社に伝達者としての正当な権利が認められないのならば、出版社の役割は「ない」といわれているに等しい。ましてやデジタル・ネットワーク社会を迎え、死活の問題となっているのだ。いまこそ、出版者の権利獲得の取組みを盛り上げる必要がある。

「検討会議」では、検討事項1「デジタル・ネットワーク社会における図書館と公共サービスの在り方に関する事項」では、各家庭までの送信を目標に「第一段階として」国立国会図書館のデジタル資料を公立図書館等でプリントアウトできることが認められ、法改正が行われることになった。検討会議の取りまとめ案ではそうなっていなかったが、最終報告案では政治家の関与でひっくり返ったという話だ。「意見の一致が見られた」とあるのは、出版社側委員も同意したということか？　とんでもない話だ。長尾構想は確実に前進していると見るべきであろう（高須次郎「電子納本と長尾国立国会図書館長構想の問題点」『新文化』二〇一一年二月三日号参照）

一方、出版者への権利付与に関しては明確な結論を出さないまま、検討会議は閉会した。検討会議で出版者の権利の付与の結論が得られなかった書協・雑協は、文化庁の組織する専門家会議（文化庁の非公式の研究会）にゲタを預けねばならない状況に追い込まれた。この会議には、出版社や著作者の団体はメンバーになれないとされたからだ。

このため見通しが厳しくなったことから、活字文化議員連盟などの与野党の国会議員を動かして、出版者への権利付与を内容とする著作権法の改正を目指す、政治決着路線をとらざるを得なくなった。

2　「印刷文化・電子文化の基盤整備に関する勉強会」（中川勉強会）の発足

文科省が設置した「電子書籍の流通と利用の円滑化に関する検討会議」で、出版者の権利の付与の結論が得られなかった書協・雑協は、新たに「公益財団法人文字・活字文化推進機構」（福原義春会長、資生堂名誉会長）を軸に活字文化議員連盟（山岡賢次会長、民主党副代表）と協力し、二〇一二年（平成二十四年）二月二十四日、「印刷文化・電子文化の基盤整備に関する勉強会」を発足させた。座長には中川正春民主党衆議院議員（二〇一二年一月まで野田民主党内閣文科大臣）、事務局長に肥田美代子推進機構理事長が就任した。活字文化議員連盟の与野党議員をはじめ、出版者の権利付与に理解のある日本文藝家協会のほか長尾真国立国会図書館館長も参加した。活字文化議員連盟を中心にした政界工作に賭けたのである。流対協は勉強会参加を要望したが、私的勉強会との理由で断られたため、傍聴もできなかった。全くの蚊帳の外であった。

五月十六日、日本書籍出版協会、日本雑誌協会、日本電子書籍出版社協会、日本出版インフラセンターは、出版広報センターを設立し、「当面は、出版者への権利付与の実現を最大の目標として、活動を行う」ことを明らかにした。

センター長には野間省伸（講談社代表取締役社長）、副センター長に佐藤隆信（新潮社代表取締役社長）、平尾隆弘（文藝春秋代表取締役社長）が就任、事務局が書協理事長会社の小学館内に置かれた。
「印刷文化・電子文化の基盤整備に関する勉強会」のテーマは次の通りであった。

(1) 書籍、電子書籍を統合した読書振興策のあり方（知の地域づくり）について

(2) 日本語出版物（電子書籍を含む）の国際展開（海賊版への対応）について

(3) 著作者と出版者の権利（出版社の役割）について

勉強会の主要な目的は(3)にあった。

当面の課題として、出版者への権利付与の在り方を論議することとなった。

同年五月までに毎月一回開催し、四月に中間報告、五月に最終報告をまとめるというスピード審議である。六月二十日、第五回勉強会において、「読書振興策のあり方や日本語出版物の国際展開、著作者と出版者の権利の確立を推進していくための基本的な考え方」が提起され、そのための法的整備の端緒として、「出版物に係る権利（仮称）」の法制化が必要であるとの判断が示された。

これを受け六月二十五日付「中間まとめ（案）」を基礎に、「出版物に係る権利（仮称）」ついて著作隣接権としての立法化を前提に、主に文言の妥当性及び定義の必要性並びに各支分権（複製権、送信可能化権、譲渡権及び貸与権）の具体的内容と限界について検討を行なった。これま

での論点整理、各論点に関する類型的検討及び関係法令等の調査等を踏まえ、保護期間等、一部政治的判断を有する部分を除き、法案作成に向けての準備が進展した。九月四日の第六回勉強会では中間まとめを発展させた「出版物に係る権利（仮称）の法制化について」という文書（以下「勉強会案」という）を決定、公表し、法制化に向けて急ピッチで動き出した。

さらに中川勉強会座長による指示を受け、勉強会ワーキンググループと衆議院法制局や文化庁との間で「出版物に係る権利（仮称）」法制化に向けた検討が進められ、十月十日、勉強会として現段階における一定の結論として、「著作権法の一部を改正する法律案骨子（案）」（以下骨子案という）がまとめられた（以上は印刷文化・電子文化の基盤整備に関する勉強会「『出版物に係る権利（仮称）』に関する検討の現状について」二〇一二年十一月八日より要約）。

こうした動きと並行して九月十九日に、書協・雑協などで組織する出版広報センターの主催で「出版物に関する権利」についての出版社向け説明会が開催された。

これらの案について、吉田大輔氏（放送大学客員教授の肩書で執筆。当時は文科省研究振興局長）が『出版ニュース』二〇一二年十月上旬号に、「電子出版に対応した出版権の見直し案について」を寄稿し、「勉強会案」を吟味した。先にも触れたが吉田氏は、文化庁著作権課長・文化庁次長などを歴任した著作権法の権威で、文科省・文化庁に理論的に強い影響力をもち、吉田氏の出版者の権利についての見解は、今後の改正方向を占うものといえた。

3　中川勉強会案公表とその問題点

筆者は、この「勉強会案」と吉田氏の「勉強会案」についての批判的論考について「出版界を混乱させる怖れのある『出版物に関する権利（著作隣接権）』について」（流対協「ほんのひとこと」二〇一二年十月十九日付）並びに「日本出版者協議会（出版協）の発足とその課題」（『出版ニュース』二〇一三年一月上・中旬号）で詳しく触れているので、後者を以下に引用する。

▼『出版物に関する権利（著作隣接権）』をめぐって

昨二〇一二年九月十九日に書協などで構成する出版広報センターによる「『出版物に関する権利（著作隣接権）』について」の出版社向け説明会があった。これは、「印刷文化・電子文化の基盤整備に関する勉強会」（座長中川正春）が六月二十五日に公表した「中間まとめ」を踏まえ、九月四日に出した「出版物に係る権利（仮称）の法制化について」という文書に基づき、この間の経緯と「出版物に関する権利」について中川勉強会と書協等が考えている基本見解を説明したものといえる。十一月八日には、同勉強会の「出版物に係る権利（仮称）に関する検討の現状について」（以下、「現状について」）が公表され、「出版物に係る権利（仮称）法制度骨子案」が示された。これは同勉強会が衆議院法制局の意見を踏まえまとめたものという。

出版協はこの勉強会への参加を申し入れたが断られたので、内部での議論がどのようになっているかは知らない。したがって結論について責任はとれない。出版界の「総意」なので、この結論に従ってもらいたいとの「要請」もあるが、出版協としては結論を検討することからしか始められない。

「出版物に係る権利（仮称）法制度骨子案」のポイントは、立法目的、出版者、出版物原版の規定である。

まず、立法目的だが、中間まとめ（案）では、（1）出版物に係る海賊版対策及び（2）電子書籍を中心とした出版物等の利用・流通の促進、が併記されていたが、骨子案では、（1）海賊版等の横行による出版物等に係る権利侵害への対応の促進と（2）電子書籍を中心とした出版物等の利用・流通の促進とを併記するものの、（1）を主目的とし、（2）を副次的目的としている。著作隣接権が出版者に付与されれば海賊版への法的手続きを出版者自らが取ることができるが、設定出版権の電子書籍への拡大（電子出版権）では、設定出版権が「設定されるケースが多くないという現状に照らすと、海賊版対策として十分にワークしない可能性が高い」（「現状について」）としている。

書協の「出版契約に関する実態調査（二〇一一年八月二十六日）」によれば、過去一年間の書面による出版契約は七七・二パーセントにまで上昇しており、そのほとんどが出版権設定契約とのことだ。出版権設定契約の契約率が少ないから「十分にワークしない可能性が高い」とは必ずしも言えまい。

また「現状について」は、副次的目的とされた電子書籍の流通の促進では、骨子案は「当初出版の後であっても、著作権者において、自ら電子書籍化して出版することや、異なる出版者を通じた出版ができるため、自由な競争が促される」とし、反対に電子出版権では「著作権者自身はもとより、競合他社による電子書籍の出版等も困難となり、結果的に電子媒体による出版流通が阻害されるおそれがある」と解説している。しかしこの問題は、後で触れる骨子案の著作隣接権の定義そのものの問題点に関係している。

▼「発意と責任」と「最初に固定」がなくなった「出版物原版」

骨子案は、出版物原版を「出版物等原版」とし、「原稿その他の原品又はこれに相当する物若しくは電磁的記録を文書若しくは図画又はこれらに相当する電磁的記録として出版するために必要な形態に編集したもの」と定義している。

四月二十五日に勉強会が公表した「『(仮) 出版物に係る権利』試案」では、出版物原版を「出版物を、複製又は送信可能な情報として固定したものをいう」、中間まとめでも「固定により生じた版またはデータファイルを『出版物原版』とする」となっていたのに比べると、「情報として固定」がとれて「必要な形態に編集したもの」となった。「必要な形態」とは、「印刷又は配信を行うための最終段階の原稿（印刷用の下版、電子出版用フォーマットで既述されたデータファイル等）を意味し、現実に印刷又は配信がされているか否かを問わない」と解説があり、これには特に異論はない。「固定」を使わなくしたのは、著作権法上レコード製作者の権利の重要な概念である「音を最初に固定した者」を配慮してのことという。「編集」は著作権法第一二条（引用者注＝当時）の編集著作物の規定「編集物（データベースに該当するものを除く。以下同じ）でその素材の選択又は配列によって創作性を有するものは、著作物として保護する」との規定と同義だという。しかし、これだと固定より編集の方に異論が出てくる可能性があろう。

また出版者とは、四月二十五日試案では「出版物の製作に発意と責任を有し、出版物原版を最初に固定した者をいう」と規定していたものから、「発意と責任」「最初に固定した者」が取れて、出版者とは「出版物等原版を作成した者」となってしまった。「発意と責任」がなくても「印刷業者や編集プロダクション等は、自己の名において出版物等原版の作成を行ったものとはいえない」から大丈夫だというが、問題はないのか。

旧流対協は、二〇一一年八月の文科省の「『電子書籍の流通と利用の円滑化に関する検討会議』への要望」で明らかにしたとおり、「出版物は、頒布の目的を持って出版者の発意と責任において、編集、校正、制作し、文書又は図画としての著作物を最初に版に固定し（いわゆる原版）、発行（発売）されたもので、媒体を問われない。」「出版者とは頒布の目的を持って発意と責任において、文書又は図画としての著作物を最初に版（いわゆる原版）に固定し、発行（発売）した者」と定義した。

骨子案と違うところは、頒布つまり販売を目的に著作物を印刷媒体や電子媒体を問わず原版に最初に固定し、発行したものと定義し、印刷媒体ならびに電子媒体で一体的に原版に固定したものを「出版物原版」としたことである。これは現在のＤＴＰを軸にした出版実務に即したものである。それはまた、発意と責任において最初に出版した出版者を保護すべきという、著作権法の趣旨に添うためのものであった。

ところが骨子案は、単に「文書若しくは図画又はこれらに相当する電磁的記録として出版するために必要な形態に編集したもの」と定義するだけで、出版者が他に先駆けて経済的リスクを引き受けることを含め「出版者の発意と責任」で「最初に固定」することの出版者としてのレゾンデートルを無視している。これらはいったい何を意味するのか？

▼組み直せば権利は及ばない？

説明会の配布資料「『出版物に関する権利』についての基本的Ｑ＆Ａ」の８は次のようにある。

「ある出版物の版面を新たに組み直した場合、元の出版物に関する本権利は新版面に及ぶのでしょうか？」という設問に対するＡは「及びません」。理由は「本権利は著作隣接権であり、著作権ではありません。レコードについて、既存のレコードの音と同じ音を作り固定した場合と同様、本権利の効力は当該原版についてのみ、及ぶものと想定されています」となっている。

著作権法で複製の定義は「印刷、写真、複写、録音、録画その他の方法により有形的に再製すること」（著作権法第二条第一項第一五号）となっていて、最高裁判例（引用者注＝最高裁昭和五三年九月七日判決「ワン・レイニー・ナイト・イン・トーキョー」事件）では「著作物の複製とは既存の著作物に依拠し、その内容及び形式を覚知させるに足りるものを再製することをいう」（作花文雄『詳解著作権法第4版』二六〇頁）とある。「結果として同様の表現物を作成したとしても、既存の著作物に『依拠』していなければ、独自の著作物を創作したことになり、『複製』ではなく、また、『複製権』が及ばない」（同）という。

著作物を最初に固定して出版された出版物の版面を新たに組み直した場合、当該版面に依拠して再製したことになり、つまり複製に当たり、当該出版者の著作隣接権の複製権の侵害に当たると考えられる。この点を九月の説明会で質問すると、この条項の表現が曖昧なことを認めつつ、著作権者からの許諾を下に当該著作物を新たに組み直せば、複製権の侵害にはならないとの趣旨の答があった。

新たに組み直したといっても、現実的には版面をスキャン（これは複製権侵害）し、校正して出版するわけだ。依拠して再製しているにすぎない。

この解釈は、文庫出版社が、われわれのような中小出版社の単行本を文庫化するのに都合が良い。しかし、新たに組み直せばいいということになると、四六判であろうがA5判であろうが、字詰め行数、書体を変えれば、否、全く同じでも良いということになる。著作権者さえ許諾すれば講談社版、小学館版、新潮社版、筑摩書房版などなど、同じ本が併売、乱売されることも可能になる。著作権者は歓迎するとの解説だが、何のための出版者の権利なのだろうか？　出版契約書で出版権設定契約や独占契約にすればそのようなことは起きないとの説明だが、それなら敢えて出版者の権利を法制化するまでもない。オンライン配信については、設定出版権も及ばないのだから、横から著者の了解をとられたら、同一コンテンツが無数に配信されていくことになる。電子書籍の利用・流通の促進がはかれて良いということらしいが、最初に電子書籍を配信した出版者はどうなるのか？　著作権法は、著作権者の保護を基本としつつ、同時に発意と責任において経済的リスクを負って最初に出版した出版者の権利を海賊出版ばかりではなく競合出版から守るために制定されたのではないのか。

▼練り直す必要のある「骨子案」

『出版ニュース』二〇一二年十月上旬号に、前文化庁次長の吉田大輔氏の「電子出版に対応した出版権の見直し案について」が掲載された。吉田氏は、中川勉強会案を検討し、出版権の電子出版への拡大の方が合理的と結論している。氏によれば、現行とほぼ同じ出版権制度は一九三四年に法制化されたが、「立法当時、無断出版や競合出版に対して先行出版者の利益をどのように確保するかという議論が高まっており、制度導入時の立法作業担当者も、その趣旨をどのような方法で実現するかについて様々な案を検討したようである」と指摘し、この観点から骨子案を見ると「『出版物等原版』の同一性判断に関わるが、何をもって『独自の版やデータファイル』と解するかの判断は困難な場合がある。例えば、マンガ、イラスト、写真、美術などは、その性質上版面からは峻別が難しいと予想される」、「無断出版を行おうとする者が『独自の版やデータファイル』を作成した場合には著作隣接権は及ばず、主目的である海賊版対策の実行性が確保できないなどの反論が考えられる」という。骨子案は、競合出版を促進し、海賊出版対策にもならないという結論である。吉田氏の電子出版権の立場はとらないが、同感である。何でこんなことになってしまったのか？

骨子案の問題点は、出版物として最初に固定した出版者の権利を守ろうというのではなく、出版者の権利を出版物に係る権利に置き換え、新たに組み直せば別の出版物原版となり、先行する出版物原版の権利が及ばないとの構成をとったところにある。そこには電子出版の流通促進という名分を借りて、文庫化が簡単にできるという文庫出版社の戦略が垣間見える。しかしこれでは競合出版と海賊出版を可能にし、アマゾンなど電子書店に出版物原版を奪われ、また出版物原版の真偽をめぐる紛争、裁判沙汰を蔓延させる可能性さえある。

書協の「出版者の権利について」（二〇一二年四月）によれば「出版者の権利（筆者注＝著

作隣接権）を許諾権とすることが適当との結論とするためには、設定出版権の廃止が必要であるとの結論に至った。許諾権をとるか設定出版権をとるかで、出版業界内の意見が分かれたが、結局、設定出版権は譲れないとの結論になった」。出版業界には専門書出版社などに最初に固定した出版者を守るためには設定出版権を譲れないという意見がある。それを踏まえ設定出版権を温存した。

英独仏などEU諸国では、著作権保護期間切れの出版物を新たに発行した出版者には、発行に係る権利（publication right）として二十五年程度の保護が与えられている。自らの発意と責任、経済的リスクにおいて、著作権法上保護に値しないものとされた著作物を、改めて最初に発行した出版者を保護しようというのである。これは「ある出版物の版面を新たに組み直した場合、元の出版物に関する本権利は新版面に及ばない」という考えとは、似て非なるものである。後者には最初に発行した出版者へのリスペクトが皆無なのである。

出版者の発意と責任において最初に固定した出版者の権利を著作隣接権として保護する出版協案であれば、最初に固定した出版者＝原出版者の利益を守り、権利問題から電子出版を躊躇している状況を打開し、有効な海賊版対策をすることは可能だ。ともあれ当初案とかけ離れた骨子案は、今一度練り直す必要がありそうだ。

第7章　方針転換への模索

1　中川勉強会骨子案の驚きと失望

中川勉強会骨子案とその説明に筆者は驚きと失望を感じた。勉強会骨子案の問題点は、出版者の発意と責任において出版物として最初に固定し、出版した出版者の権利を守ろうというのではない点である。

これまで出版者には、著作権法上独自の出版者の権利はなかった。著作権者（複製権者）は自らの著作物を文書や図画として出版することを引き受ける者、つまり出版者にたいし「出版権を設定できる」（旧著作権法第七九条）と規定されていて、出版権を設定された出版権者は、頒布の目的をもって著作物を「文書又は図画として複製する権利を占有」（同八十条）していたに過ぎない。ただし設定された出版権を占有できたことにより、吉田氏が指摘するように、「立法当時、無断出版や競合出版に対して先行出版者の利益をどのように確保するかという議論が高まっており、制度導入時の立法作業担当者も、その趣旨をどのような方法で実現するかについて様々な案を検討したようである。具体的には、出版者への権利付与の方法として、①通常の出版契約を結んだ出版者すべてに排他的権利を付与する案、②出版者は著作権の権能のうち出版に関する権能の譲渡を受けることを法定する案、③出版権設定契約を通じて地上権のような用益権類似の出版権制度を新設する案の三案が検討されたが、出版者が排他的権利を取得して法的措置の主体となるとともに、出版権設定契約を通じて著作者の意思が反映され、著作者の安心も確保できることを考慮し、③の考え方で出版権制度を立法化したと説明されている（小林尋次『現行著作権法の立法理由と解釈』昭和三三年文部省、大塚重夫久留米大学名誉教授の解題を付して平成二二年に第一書房から再刊）。出版権創設時も、その制度設計にあたって出版者の権利と著作者の権利の調和に配慮したことがうかがえる」（吉田大輔「電子出版に対応した出版権の見直し案について」『出版ニュース』二〇一二年十月上旬号）

この「出版権」は、「無断出版や競合出版から出版者利益を保護する制度」（同上）で、この設定出版権によって、発意と責任において最初にリスクをとって出版に踏み切った「先行出版者」の利益を確保できたのである。「複製権者（引用者注＝著作権者）が出版権を設定すれば、出版権が機能する限りにおいては複製権者は他人に対し複製の許諾が出せません」（加戸守行『著作権法逐条講義　五訂新版』四五一頁、著作権情報センター）。先行出版社の成功した出版物に目を付けた他の出版者が著作権者にアプローチして無断で二重に三重に出版したりすることが、当時は横行していたのである。それに歯止めをかけたのが設定出版権であり、そこに意義があった。

現在も先行出版社の成功した出版物に目を付け文庫化という形で著者の了解をとって、もっぱら中小零細の先行出版社にいわばむりやりに承諾をさせる二重出版が行われており、先行出版社である中小零細出版社の不満、苦情は渦巻いていて、出版協（旧流対協）にもよく相談がある。もっぱら紀伊國屋書店などの販売データから他社の単行本の売れ行きをみて文庫化をするのが仕事という、およそ編集者とは言えない、笑えない大手文庫本出版社の編集実態、下請けプロダクションの編集実態がある。

ともあれ、こうした設定出版権の創設の意義から考えると中川勉強会骨子案にはあまりに問題があった。

2　中川勉強会案における著作隣接権の問題点

中川勉強会から出されてきた骨子案は、「電子書籍の流通と利用の円滑化に関する検討会議」に書協が提出した案を下敷きしたものであったが、われわれ中小出版社が大きなリスクを賭けて出版する行為を保護する現行著作権法を無視する内容であった。

前に述べたが、「Q　ある出版物の版面を新たに組み直した場合、元の出版物に関する本権利は新版面に及ぶのでしょうか?」「A　及びません」（説明会配布資料「『出版物に関する権利』についての基本的Q&A」の8）というのがあった。「本権利は著作隣接権であり、著作権ではありません」という理由である。出版者の権利を出版物に係る権利に置き換え、新たに組み直せば別の出版物原版となり、先行する出版物原版の権利が及ばないという理論構成をとったところにあった。そこには電子出版の流通促進という名分を借りて、文庫化・電子化が簡単にできるようにしようという大手文庫出版社のエゴが垣間見える。

その後、著作権法改正をめぐる書協などとの話し合いの場に筆者が出席したときも、書協案に好意的な文藝家協会の実務責任者などから、「講談社版、角川版、新潮社版、筑摩書房版などいろいろな出版社から同じ本が出たら著者は喜びますよ」、書協の実務者からも「読者の選択肢が増え、価格も安くなり、何の不都合があるのか」などと集中砲火を受けた。

筆者は二〇一二年十月十九日付の流対協の「ほんのひとこと」で「出版界を混乱させる怖れのある「『出版物に関する権利（著作隣接権）』について」で、上記のような主旨の論を展開した上で「出版者の権利を著作隣接権として獲得する場合も、流対協案のように、最初に固定した出版者＝原出版者（先行出版者）の利益を守り、有効な海賊版対策をすることは可能だ。ともあれ勉強会案では先行きが限りなく危うく怪しい」と述べた。書協がこの中川勉強会の名でまとめた「骨子案」をごり押しすると、著作者団体や審議会の強い反対を誘発し、また本来の出版者の権利も守れなくなる可能性があることを強く危惧した。というのもこの「骨子案」の下案である、検討会議に提出された書協の「出版者への権利付与に関して」が多くの委員から反論され、説得できなかったのに加え、それを下敷きにした「骨子案」が、現行設定出版権の立法主旨すら、事実上無視した出版者の権利の要求にあった点である。

先の吉田氏も「『出版物等原版』の同一性判断に関わるが何をもって『独自の版やデータファイル』と解するかの判断が困難な場合がある。例えば、マンガ、イラスト、写真、美術などは、その性質上版面からは峻別は難しいと予想される」「無断出版を行おうとする者が『独自の版やデータファイル』を作成した場合には著作隣接権は及ばず、主目的である海賊版対策の実効性が確保できない」（同上）との問題点を指摘している。勉強会案で文庫出版社が先行出版社の本を勝手に出版できるとなったら、逆に、書協などが法改正の主目的と主張する海賊版対策の実効性がないのでは、何のための著作隣接権かということになる。

しかも「新たに組み直せば別の出版物原版」という理屈は、アマゾンやグーグルなどによる電子書籍化を合理化、合法化することになる。これでは流対協などがグーグル図書館プロジェクトの日本での展開を中止させた意味もなくなってしまう。文庫出版社は、先行出版社の本をたやすく文庫化できるが、それをアマゾンなどにスキャンされて電子書籍化されても、文句は言えなくなる可能性が高い。このように勉強会案は鳶に油揚をさらわれる危険があった。

こんないい加減な著作隣接権案では法案としても通るわけがない。しかし検討会議での結論のように出版者への権力付与が先延ばしになってしまえば、出版社が抱えている危機的状況を打開することができないばかりか、著作権者の利益にもならない。書協などのミスリードを批判したところで、聞く耳は持たず、意味はない。いまさら中小出版社の団体である我々の力で業界の方針を変えられない。方針転換を計らねばと痛感した。ではどうすればいいのか？

3　吉田氏の電子出版権の提案

筆者は、吉田大輔氏が先の論文（吉田大輔「電子出版に対応した出版権の見直し案について」『出版ニュース』二〇一二年十月上旬号）で、設定出版権の電子出版への拡大を提言していたことに注目した。

吉田氏は前年の論文（『出版ニュース』二〇一一年十月中旬号「ネット時代の著作権」（第一一五回）では設定出版権を電子出版に拡げると、出版者は紙の出版と電子出版の二つの分野で独占的な出版と第三者への差し止めが可能となるが、著作者はこの二つの出版分野で第三者による複製を許諾できず権利行使を制限される。「このような制約を維持しながら出版権の拡大を図った場合に、果たして著作者や利用者にとって適切なものとなるのか、また、そのような制約も含めて全面的に見直すとすれば、従来の出版権とは大きく異なる類型の権利となるので、このアプローチにも解決すべき論点が多々あるように思える」として、著作者・利用者との間で解決すべき課題が多いことなどから否定的な見解を述べていた。

ところが先に紹介した「電子出版に対応した出版権の見直し案について」では要旨次のように述べていた。

「印刷物を電子化して利用する場合又は印刷物が存在しない電子出版物を利用する場合を対象として、それらに対応する出版権（以下、便宜上「電子出版権」という）のあり方を考えてみたい」として、著作隣接権と比較して電子出版権の有利性を説いている。

「㈠電子出版権は、出版権の性格上、著作権を前提とした用益物件的な排他的権利であって、電子出版権者は、違法な電子出版に主体的に対抗できるとともに、競合する電子出版に対してもそれを排除しうる地位を得る。（中略）（著作者は）自ら電子出版したり、第三者に電子出版の許諾を与えることができなくなるが、著作権を失うわけではなく、引き続き著作権を保持する」。

また「㈢……当該著作物が電子出版権の範囲において利用される場合には、出版物の電子化に際して独自の版面を作成したり、独自の電子出版用のフォーマットを採用したりしても、対象が同じ著作物である限り電子出版権の権利行使の対象になる」。

一方、著作隣接権の場合「著作物は同じでも、独自に作成された版やデータファイルを用いて出版することに対しては、先行する出版物原版作成者の著作隣接権は及ばないことになる」。

「㈦従来の出版権は他人に対する許諾権を含んでいない。（中略）しかし、電子出版の場合には電子出版権が独占的に配信を行う場合だけではなく、他の様々なネット・プロバイダを経由して配信等を行うことが予想されるので、流通の円滑化を図る観点からは電子出版権者が他人の配信等に対して許諾しうることを確保する必要があるように思われる」とした。「また、勉強会提案では副次的目的とされている電子書籍等の利用・流通の促進という観点からも、先述のように電子出版権者に許諾機能を与えれば、いわゆるサブライセンスを出すことも可能となり、著作権の権利と一元的な権利処理を行うことも可能となる。グーグルやアマゾンなどの事業者との関係において出版者の発言力を確保できる点も、著作隣接権の付与の場合と同様に、権利付与の効果として期待しうることとなる」とまとめている。

出版権を電子出版に拡大すれば、電子出版の拡大、海賊版対策、出版者の権利保護など与えられた諸課題に対応できるというのである。

吉田氏は、設定出版権としての電子出版権を創設すれば出版社に強い権利が与えられ、独占権を有するので競合出版を排除できるし、海賊版電子出版に対し差し止め請求ができる。電子出版権者に許諾権を与えれば、アマゾンやグーグルに対し出版社が電子出版物の許諾を与えることができ、出版社のヘゲモニーで電子書籍等の利用・流通の促進をはかることができる。一方、骨子案の著作隣接権ではそうしたことはできないというのである。この吉田氏の骨子案への批判と電子出版権の提案はしごく妥当なもので、筆者も二〇一二年十一月に流対協から一般社団法人日本出版者協議会に改組したことを報告した「日本出版者協議会の発足とその課題」(『出版ニュース』二〇一三年一月上・中旬号)で「吉田氏の電子出版権の立場はとらないが、同感である」と述べた。

また筆者は、電子出版権者に再許諾権を与えるという考えをヒントに、従来の紙の出版権者に再許諾権を付与すれば、文庫化など競合出版の問題に原出版者＝先行出版者として対抗できると考えた。中小出版社が大手文庫出版社などに対抗できる大きな武器となる。

著作隣接権とは似て非なる骨子案が著作者団体や利用者団体の理解を得られず、議員立法への展望がないまま、デジタル・ネットワーク社会に突入したら、出版界は危機的事態を迎えざるを得ない。この間の努力が無駄になってしまうのである。

吉田氏の電子出版権の提案には背景があった。文化庁は、先の「電子書籍の流通と利用の円滑化に関する検討会議」の報告を受け、二〇一二年「二月から有識者の協力を得つつ、『出版者への権利付与等に関する研究』を行ってい」た（吉田大輔「ネット時代の著作権」一二四回「出版者の権利に関する最近の動向」、『出版ニュース』二〇一二年六月中旬号所収」）。これは「審議会類似の会議体があるわけではない」（同）、いわば文化庁の非公式の研究会であった。当然、中川勉強会に対応したものでもあった。

ここで、法改正が必要な選択肢として、①著作隣接権、②設定出版権の電子出版への拡大が検討されていたのである。「現行では、出版権者は第三者への出版許諾を行う権限は与えられていないという制約があるが、電子出版の活性化の観点から、著作権者の『承諾』などを条件として、拡大出版権者による第三者への出版許諾を認めるような枠組みの議論も必要となるかもしれない」（前掲）と述べられていた。

第8章　漂流する議論と出版界の方針転換

1　出版協が中川勉強会に参加

中川勉強会骨子案に対して、吉田氏や筆者をはじめ、批判的な論考や意見が高まり、議論がストップする中、二〇一二年十一月十六日、衆議院が解散、民主党政権が崩壊し、十二月二十六日、第二次安倍内閣が成立した。出版者の権利をめぐる議論と動きはますます迷走した。

迷走の原因はいくつかある。その第一は、中川勉強会の骨子案が、①出版物等原版を新たに組み直せば別の新しい版になるので、原出版者の権利は新しい出版物等原版には及ばないとの解釈をとることにしたため、②紙版であれ電子版であれ、競合出版、類似出版を促進させ、オンライン配信業者に簡単に権利を奪われるばかりか、③海賊出版にも有効に対抗できず、④原出版者の権利は保護されない、という説得力に欠けた内容だった点である。

十一月九日、筆者ら出版協幹部は相賀書協理事長ら知財関係者と会談、中川勉強会に新たに開設される「『著作隣接権』運用ガイドライン委員会」への参加を要請された。委員会の委員長には福原義春文字・活字文化推進機構会長（資生堂名誉会長）、副会長には山田健太日本ペンクラブ言論表現委員長が就任、事務局は中川勉強会と出版広報センターが担うという。「現行のレコード制作者の権利と同等」（ガイドライン委員会参加へのお願い）の著作隣接権が実現された場合に向け、著作隣接権が「正しく運用されるためのガイドラインづくり」を「利害関係者が一つのテーブルを囲んでじっくりとこのガイドラインづくりに意見を交わし、その運用に力を合わせていく」（前掲ガイドライン委員会資料）という。著作者団体、出版社団体、電流協、経団連知財委員会、法曹関係者など幅広い参加になるという。前掲資料の「今後の見通し」には次のように書かれていた。

●中川勉強会と文化庁の話し合いが十月末から行われている。
●現在のところ、議員立法で進むか、文化審議会著作権分科会での検討に進むかは未定。しかし、どちらに向かうにせよ、出版界としては、権利が必要であるという状況を権利者、利用者、その他国民に十分理解してもらうための努力を続けていく。
●出版物のデジタル化が急速に進展している状況で、出版者の隣接権は早急に創設されることが必要。

しかし、法案すら固まっておらず、前のめりな動きに思えた。

十一月二十六日には、出版広報センターが「『出版物に関する権利　著作隣接権』公開シンポジウム」を一橋記念講堂で開催した。

十二月二十日には、書協知財委員会の村瀬委員（弁護士）らと会見、出版物原版に定義について改訂を要望、「発意と責任」と「最初に固定」の復活を求めたが、書協としては前者を復活させたいが、後者は難しいとの答えであった。著作隣接権付与については文化庁が積極的ではなく、経団連・印刷業界が反対で、議員立法の方向で進んでいるとのことであった。

出版協は明けて二〇一三年一月十一日には「勉強会『骨子案』への要望」を提出し、骨子案を改訂する方向で努力するとともに、勉強会に参加することで、自らの主張を訴えたいと考えた（『出版ニュース』二〇一三年一月上・中旬号拙稿ほか）。

中川勉強会の「出版物に関する権利」運用ガイドライン委員会が組織され、本年（二〇一三年）一月二十三日、その第一回会議が開かれ、出版協からは筆者も出席した。「出版物に係る権利（仮称）」の法制化（議員立法の方向が有力）に向けて、「一　デジタル海賊版への対抗、二　出版者の主体的な電子出版市場の形成と流通基盤整備、三　著作者と出版者との関係の適正な透明化・ルール化」の課題に対応できるように「本法律案が成立した場合」の解釈や運用を検討するのが目的である。

しかし、日本経団連や印刷団体が参加を断る一方で、著作者団体からも、「出席したら法律案に賛成したと取られては困る」といった意見が相次ぎ、波乱のスタートとなった。（『出版ニュース』二〇一三年四月上旬号「どうなる出版者の権利と再販制度」）

著作隣接権を出版者に付与することへの批判・警戒、議員立法化は拙速などといった意見が噴出し、骨子案への議論に実質的に入れないままになり、議論そのものが漂流しはじめた。自公政権に代わったことも議員立法化の展望を厳しくしていた。

出版協としては、原出版社の利益を損ない文庫出版社の利益を優先する骨子案＝著作隣接権を捨て、設定出版権を紙と電子に拡大し、両方の再許諾権を獲得するほうが、当面の出版者への権利付与としては妥当であるし、現実性があると判断し、方針を転換することとした。

2　文化庁のヒアリング

そうした中で、文化庁事務方から出版協にアプローチがあり、二〇一三年二月五日に文化庁が出版協に出版者の権利についてヒアリングを行なった。S審議官などの指摘もあり、中小出版社等の意見を聞くことが必要と考えたという。このヒアリングを通じて、文化庁の現状認識も明らかになった。

1　文化庁としては出版者に権利を付与することに積極的である。

2　中川勉強会骨子案の「組み直せばあらたに権利発生」という点について、電子出版や海賊版への対抗上問題があるという出版協の懸念には同感である。アマゾンやグーグルに組み直したと主張されたら対抗できないではないか、骨子案はその法的根拠を与えるのでは、との文化庁の質問に、書協などは、「アマゾンやグーグルはそんなことはしない」と答えるだけだったと言う。

3　隣接権については、経済界は新たな経済的負担を伴うとしてまったくの反対、著作権者も積極的に賛成ではない。

4　自民党政権となった今、経済界がこぞって反対の中で議員立法の成立の可能性は低い。五分五分すらいっていないと推測する。

「骨子案ではアマゾン、グーグルに対抗できないし、この点の認識が甘い、内容的に黙ってみていられない問題がある。高須会長の指摘(『出版ニュース』二〇一三年一月上・中旬号)は、文化庁の考えと基本的に同じである」。

文化庁は「設定出版権の拡大」の方向を目指したいと考えていた。「著作隣接権」の文言はないが、現在の中川勉強会「出版物に関する権利」案よりは、実質的に出版者の権利が拡大できると考えている。

「設定出版権の拡大」では、現行設定出版権で出版者が許諾をできないという問題で、吉田大輔前次長が、「『電子出版者に許諾機能を与えてサブライセンスできるようにすればいい』といっているが文化庁も同じ考えか?」との出版協の質問には、「文化庁もそう考えている」との回答であった。出版協としては文化庁が電子書籍の出版権に再許諾を付与することを考えているのなら、紙の出版権の再許諾を原出版者に付与することを強く要望し、設定出版権の電子出版への拡大案賛成の必須条件とした。

文化庁は、これまで出版者の権利については著作権課著作物流通推進室が担当していて、出版者の権利については訴権の付与で足りるという考えであったが、出版者の権利付与に積極的な河村潤子文化庁次長の就任で、新たに法規係が担当することになり、「設定出版権の拡大」という方向に舵を切ったと見られた。

ガイドライン委員会は漂流を続けた。〈二月七日の出版社団体と著作者団体の分科会でも、著作者団体側から事前に委員会の名称変更が出され、仮称で再開したり、「出版者に隣接権が必要か」などの著作者団体側からの意見や、原出版者の保護を求める出版協の意見などで、議題に入れないまま散会した。出版協は「出版者に、出版者の権利を付与する必要性」を補充意見として提出した。〉（前掲『出版ニュース』二〇一三年四月上旬号）

3　経団連案の衝撃と出版協の紙の設定出版権の再許諾提案

文化庁の動きとハーモナイズする形で、二月十九日に日本経団連が「電子書籍の流通と利用の促進に資する『電子出版権』の新設を求める」政策提言を発表した。それによると、①電子書籍を発行する者に対して、②著作権者との「電子出版権設定契約」の締結により出版者に付与し、

③著作物をデジタル的に複製して自動公衆送信する権利を専有させ、その効果として差止請求権を有することを可能にさせるとともに、④他人への再利用許諾（サブライセンス）を可能とする、という内容である。

この案を提起した理由について、吉村隆経団連産業技術本部主幹は、次のように述べている。

経団連では、電子書籍ビジネスを発展させたいという思いから、二月十九日に「電子書籍の流通と利用の促進に資する『電子出版権』の新設を求める」という提言を取りまとめさせていただいたところでございます。二月というこの提言を公表したころは、出版者への著作隣接権の付与を議員立法で早急に実現すべきだという動きが非常に強かったという認識でおりまして、経団連といたしましては、こうした考え方あるいは進め方につきまして強い懸念を表明する必要があるとの思いとともに、それにかわる建設的な代替案を提案する必要があるという認識から、このような提言をつくらせていただいた。（二〇一三年五月十三日文化審議会著作権分科会出版関連小委員会第一回での発言）

この提案は、出版界に激震をもたらした。出版協は原出版者の権利が守れず、アマゾンなどオンライン配信業者が出版物等原版の定義から新たな権利者として容易に登場できるような内容の骨子案に反対してきたことから、著作隣接権の展望が見えないのなら、次善の策として設定出版権の電子への拡大も検討する必要があるとすでに考えていたので、冷静でいられた。しかし、骨子案を推進してきた中川勉強会関係者、書協・雑協は、内部が分裂してしまった。

三月十三日に開催された中川勉強会の「出版物に関する権利」運用ガイドライン委員会では、日本経団連を招き電子出版権新設案の説明を受けた。私は質問時間もそうないと考え、会場で次の経団連案へのメモを配布してもらった（出版協高須メモ）。

日本経団連が電子出版権の新設を求めたことは、出版者への権利付与の生産的な議論を進める上で評価します。

●基本的要望

現行の紙の設定出版権にも第三者への再利用許諾（サブライセンス）を付与することを検討すべきと考えます。

●理由

1　グーグルブック検索問題で明らかになったように、紙の書籍からの複写、スキャニングなどに出版者が許諾をあたえられない（著作権法第八十条三項　出版権者は他人に対し複製を許諾できない）という、当事者性がないことが、著作権者、出版者の対応を混乱させた。紙の設定出版権にも複製、複写、貸与等について出版者に再利用許諾を与えることが合理的である。

2　紙の本からの電子化などオンライン配信を含め多様化するビジネスに対応するには、もっぱら個人である著作権者よりも、著作権者の許諾の下に出版者に紙の設定出版権の再利用許諾を与えた方が、著作権者の負担が軽減され、ビジネスも発展する。

3　電子出版権にもサブライセンスを付与するのだから問題がない。（抜粋）

経団連案の特徴は、現行の紙の設定出版権には許されていない第三者への再利用許諾（サブライセンス）を可能としていることである。現行の紙の設定出版権は紙の書籍からの複写、スキャニングなどに出版者が許諾をあたえられない。

権利処理の当事者となれないことが、書籍の無断スキャニングやその補償金問題で揺れたグーグルブック検索和解問題でも、著作権者に対応が丸投げされたりして、著作権者と出版社の対応が混乱した。もっぱら個人である著作権者よりも、著作権者の許諾の下に出版者に紙の設定出版権にも複製、複写、貸与等について出版者に再利用許諾を与える方が、著作権者の負担が軽減され、グーグルブック検索和解問題に限らず、ビジネスも発展する。

出版社が今やっていることは、紙の書籍をデジタル化することがほとんどである。そのために一点ずつ著作権者の電子化の許諾を取り直していく作業に追われている。これではデジタル化は進まない。新たな本のデジタル化には、紙と電子の出版権に総合的な設定出版権を付与し、あらかじめ再利用許諾（サブライセンス）を可能にしておけば、事はスムーズに行く。

経団連の吉村氏に紙の設定出版権にあらかじめ再利用許諾（サブライセンス）を付与することについて、その場で質問すると、検討していなかったとのことで、改めてその検討をもとめた。ただ筆者の提案に経団連の担当者はそれほどの違和感を持っていないように感じた。経団連案は、もっぱら独立した電子出版権の創設で、現行の設定出版権の電子への拡大ではない点に不備があり、出版社のデジタル参入、紙の本のオンライン配信などの促進にはならないからだ。

経団連案の浮上や文化庁の動きに、中川勉強会、書協・雑協などの内部でも骨子案の実現可能性への疑問が噴出し、著作隣接権で行くか、設定出版権の電子への拡大で行くかで、激論が交わされているという。

経団連案は、先の文科省の検討会議で検討された設定出版権の電子への拡大案と酷似している。文化庁案を下敷きにしたものとも言えた。

4　設定出版権と電子出版権の論点整理

これまでも繰り返し触れてきたが、ここで改めて設定出版権や電子出版権をめぐる諸問題を整理しておきたい。当時の著作権法第七十九条は、複製権者（筆者注＝著作権者のこと）は「その著作物を文書又は図画として出版することを引き受ける者に対し、出版権を設定することができる」と定め、第八十条（出版権の内容）は、「出版権者は、設定行為で定めるところにより、頒布の目的をもって、その出版権の目的である著作物を原作のまま印刷その他の機械的又は化学的方法により文書又は図画として複製する権利を専有する」と規定している。

このように、著作権者によって設定された出版権は、出版者が原稿（著作物）を紙に印刷（複製）し、出版物として公衆に頒布することを専有できる権利であり、出版権者は、それ以外のことを行使する権利は与えられていない。

また著作権法第八十条第三項は、「出版権者は、他人に対し、その出版権の目的である著作物の複製を許諾することができない」と定めている。

著作権には、著者が他人に無断で複製をされない権利である複製権の他、無断で公衆に送信されない権利である公衆送信権などさまざまな権利すなわち支分権がある。前者の複製権は、「手書、印刷、写真撮影、複写、録音、録画、パソコンのハードディスクやサーバーへの蓄積など、どのような方法であれ、著作物を『形ある物に再製する』（コピーする）ことに関する権利」（文化庁『著作権テキスト平成十五年版』）である。

しかし、出版権設定契約によっては、出版者は「文書又は図画として複製する」権利を許されているが、それ以外の複製を行うことは許されていない。ましてや設定出版権で本を電子化して自動公衆送信することなどは当然できない。

本の複製のひとつであるコピーつまり複写の許諾を出版者が求められたりした場合、複製の許諾ができるのか？　これも否である。この場合は、著作権者が許諾を与えることになる（本書一四頁参照)。

こうした状況は、実務上もさまざまな問題を引き起こす。近くはグーグルブック検索和解問題では、日本の出版社の本がグーグルによって無断スキャニング=複写されても、出版者が権利の当事者となれないということが露呈した。そのためグーグルの違法行為を当事者として差し止めできない、グーグルの無断スキャニングに対する金銭補償や、ブック検索利用に対する使用料受領の当事者にもなれない問題が出てきた。

しかしデジタル・ネットワーク時代を迎え、出版を囲む状況は次のような様々な対応を出版社に求めてきている。

① 出版物を電子化し、オンライン書店を通じ販売するなどの電子書籍ビジネスへの対応
② 国会図書館によるデジタル化資料の公立図書館等への配信など電子図書館への対応
③ 大学などでのLANなどによる配信への対応
④ 広汎な複写、複製への対応
⑤ 自炊など無断複製や海賊出版への対応

このような諸問題への対応を有効に行うためには、出版者に電子書籍ビジネスや著作権ビジネスの当事者としての権利が付与されなければ、対応のしようがない。ビジネスそのものも発展で

きない。また、こうした対応をもっぱら個人である著作権者に任すのは土台無理な話であり、法人である出版社が組織的に対応する方が有効である。まただからこそ、出版者の権利として著作隣接権の創設の要求が出版者から出てきた。

ところが、出てきた文科省の「電子書籍の流通と利用の円滑化に関する検討会議」の結論では出版者への権利付与は先送りとなり、議員が動いた中川勉強会の骨子案は、当初案から後退し、原出版者の権利を守らないだけではなく、オンライン配信業者に容易に著作隣接権者になる道を開くなど、文化庁担当者をして「(内容的に)黙って見ていられない問題がある」とまで言われる事態となってしまった。

そうした動きにハーモナイズして、日本経団連案が提起された。これをどう評価すれば良いのか？

まず第一に、説明会でも明らかになった通り、紙の設定出版権の諸問題を検討することなく、電子出版に係る権利を単独に検討し、設定出版権を電子出版に適用し、電子出版権設定契約に基づく電子出版権を打ち出したことである。その結果、紙の設定出版権から電子出版権への接続、橋渡しの方法が検討されず、欠如していることである。

現在の電子出版物、オンライン出版物のほとんどは、紙の出版物をＰＤＦかデジタルにして作成されている。この場合の紙の出版物から電子出版物への移転は、どのような権利関係の処理によって行われているのか？　その大部分は、著作権者に電子出版化の許諾をひとつずつ取って処理していくわけで、手間ひまは膨大なものとなる。電子化が進まないのは当然である。

もし著作権法第八十条（出版権の内容）を「出版権者は、設定行為で定めるところにより、頒布の目的をもって、その出版権の目的である著作物を原作のまま印刷その他の機械的又は化学的方法【ないし電子的方法】により文書又は図画【または電子出版物】として複製及び【送信可能化を含む自動公衆送信】する権利を有する」と改訂すれば、一体的な出版権設定契約書によって、紙と電子の設定出版権による出版が可能となる。

また第二に、電子出版は電子配信業者を利用することから、経団連案には電子出版権に他人への再利用許諾（サブライセンス）を可能とする規定が定められている。もしそうなら、紙の設定出版権にも他人への再利用許諾（サブライセンス）を可能とする規定を加える。本をコピーしたりデジタル複写することが合法違法を問わず一般化し、オンライン配信が普及しようという時に、著作権法第八十条第三項の規定は時代遅れとなっている。著作権者との調整のもとに、紙の設定出版権にも第三者への再利用許諾（サブライセンス）を、複製、複写、譲渡、貸与などの面で付与すべきと考える。そうすれば、先に掲げた①から⑤の諸課題に出版者が有効に対応可能となる。

第三に、二〇一二年四月十三日付の中川勉強会への「要望」にある通り「著作隣接権でないかたちでの法制化の場合には、著作権保護期間切れで、かつその時点で絶版の著作物を新たに組版して出版した出版者の権利保護を図ること」が必要であるが、こうした観点も、検討の経過から経団連案にはない。

経団連案は、先の文科省の検討会議で議論された設定出版権の電子への拡大案と酷似している。しかし、設定出版権の電子への拡大は、少なくとも前述のような内容を加味し、現行設定出版権を改良するものでなければ、本来なら著作隣接権を付与されたい出版者としては納得できない。著作隣接権とは似て非なる骨子案は著作者団体や利用者団体の理解を得られず、議員立法への展望がない。何の対応策のないまま、デジタル・ネットワーク社会に突入したら、出版界は危機的事態を迎えざるを得ない。方針転換もやむを得なかった。

5　書協も中川勉強会も方針転換

「書協の中も割れている」、「二月十九日以降、中川勉強会が混迷、まとまらなくなっているらしい」との情報も洩れ伝わってきた。これまでは、書協の知的財産権委員会が著作隣接権案を主導してきた。知財委員長は、書協副理事長の金原優医学書院社長であるが、知財委の中心メンバーは筑摩書房の平井彰司副委員長、新潮社出身で弁護士の村瀬拓男幹事らが担っていた。文庫で知られる出版社ということから著作隣接権推進論者といえた。新潮社の佐藤隆信社長も強力な著作隣接権推進論者である。金原氏の医学書院は著者との間でアメリカ型の独占的利用許諾型出版契約を結んでいて、審議会の場での発言から見ても、強力な著作隣接権推進論者とは思えなかった。書協副理事長で出版広報センター長の野間省伸講談社社長は電子書籍事業に積極的で電子出版権でいいという考えといわれた。相賀書協理事長の小学館は、文庫はあるがメインの出版物ではなかった。

知財中心の著作隣接権案が行き詰まったため、内部の激論を経て相賀書協理事長は著作隣接権案から設定出版権の電子出版への拡張案へ方針を転換しはじめた。出版協も講談社などに状況を説明、方針を変えるよう伝えた。

中川勉強会の内部でも、骨子案で行くのか、設定出版権の電子出版への拡大で行くのかで意見が分かれた。中川勉強会は、状況を打開するため急遽、著作隣接権に批判的な中山信弘明治大学特任教授（東大名誉教授）らの著作権研究者に検討を依頼した。中山提言のメンバーである福井健策弁護士は『新文化』二〇一三年六月六日号「出版者の権利『現行出版権拡張』までの経緯」で、隣接権案の行き詰まりと中山提言にいたる経緯を次のように書いている。

（引用者注＝中川勉強会の）「中間まとめ（案）」では隣接権の具体像が記載されていた。それは「出版物原版（つまり印刷の版面や電子出版用のフォーマットデータ）を制作した者（出版者）に、その原版を複製・公衆送信する権利を自動的に与えよう」というもの。

ただし、権利といっても、いわばこれは禁止権であり、著作権と独立して並列する権利である。つまり「ウチが作った版面を勝手にスキャン・配信するな」といえる権利であって、著作者の許可なく、出版者が作品を配信できるという意味ではない。

隣接権の提言は待望論がある一方で、各方面から批判も受ける。ひとつには「作品死蔵の恐れ」である。隣接権は著作権とは別個に禁止権が生まれる。例えば著作者が電子書店に独自に配信を許可して、既存の版面を配信しようとすれば、出版者は「ノー」といえる。むろん、別な版面に組み直せば、隣接権は及ばない。しかし漫画などの場合、事実上、組み直しは不可能という指摘もあった。（中略）海賊版対策に実効性があるのか、などの意見もあった。

著者自身は海賊版対策の現場を見ているだけに導入された場合は、一定の効果はあると感じ、必ずしも隣接権に反対というわけでもなかった。

だが、懸念にはもっともな点もあり、日本漫画家協会や経団連が隣接権に反対するに及んで、導入の実現はかなり厳しいと映ったことも事実だ。

こうした折、中山教授から「あるべき法制度について、提言がまとめられないか」との話があった。中川正春座長から事態打開のため、専門家の意見を求められたのがきっかけである。元知財高裁判事の三村量一弁護士や上野達弘早大教授、桶田大介弁護士、金子敏哉明大講師の六人が集いゼロベースで一五回におよぶ議論を重ねた（到底、筆者は皆勤できなかった）。

こうして二月に発足した「出版等に係る法制度の統合的整備に関する研究会」（座長：中山信

弘）は検討を重ね、電子出版等への「現行出版権の拡張・再構成」を内容とする「出版者の権利のあり方に関する提言」、いわゆる中山提言が打ち出された。

第9章　中山提言と文化審議会著作権分科会出版関連小委の発足

1 「出版者の権利のあり方に関する提言」

二〇一三年四月四日、衆議院第一議員会館で第七回の中川勉強会が開催された。冒頭、筆者を含め、馳浩衆議院議員（自民党）ら四人の新委員が紹介された。座長の中川正春衆議院議員が、冒頭の挨拶で、グーグル問題に危機感を持ちこの問題に取り組んできて、出版者の権利問題をまとめるため一任されたので、「中山先生に研究グループを作っていただき、各分野の意見を勘案して、提言をしてほしいとお願いした」と中山提言提起の経緯を明らかにした。それを踏まえ「今日は、中山提言をみなさまに聴いていただき、大筋の方向でコンセンサスを得たい。そして次の文化庁の審議会と法制化というステップに向けて、私も提案したい」と述べた（第七回中川勉強会議事録より。以下同）。

続いて中山信弘明治大学特任教授（東大名誉教授）が発言した。次のような内容であった。

われわれの目的は出版産業の振興。デジタル化時代となり、アメリカでは私企業が、ヨーロッパでは国が主導している。日本はどうするのか。（振興のためには）出版社の結束が必要。（結束のためには）権利の問題に決着をつける必要があり、早く結論と成果を得て、次へ進みたい。

権利問題では中川勉強会や経団連の提案があり、収拾がつかない状況。我々は大方の賛同を得られる結論をまとめた。

◎出版者に当然に発生する著作隣接権ではなく、著作者に淵源を有する出版権の拡大である。現行の出版権の規定はデジタル化時代にはふさわしくない。電子出版にまで拡充する必要がある。

と述べ、以下の「出版者の権利のあり方に関する提言」を解説した。

出版者の権利のあり方に関する提言

二〇一三年四月四日

中山信弘、三村量一、福井健策、上野達弘、桶田大介、金子敏哉

出版者の隣接権要望には、それが出版にともない当然に発生する点、著作権との権利分散化を招きやすい点、それに隣接権の実効性などの危惧が指摘されて来た。我々はこうした問題意識を共有しつつ、当面の諸課題を解決するため、著作者との契約によって設定される現行「出版権」の拡張を下記の通り提言する。なお、この提言は、別紙で述べる情報化社会推進のビジョンに基づいたものである。

提言：デジタル時代に対応すべく、現行出版権の拡張・再構成を文化審議会で検討する

（内容）

著作者との契約により設定される現行の出版権が、原則として電子出版にも及ぶよう改正

⇓当然に発生する隣接権ではなく、著作者との契約に基づく専用権である。法改正前の作品にも当事者の合意により拡張可能なため、権利を分散化せず、著作者の意思に基づいた活用を期待できる。また、オンライン海賊版の差止などのニーズにも対応できる。

（説明）

①当事者の特約により、「印刷のみ」「電子出版のみ」という出版権の設定も可

⇓流通の変化にともなう、多様な契約のありかたにも対応

②現行出版権の再許諾不可を改め、特約なき限り再許諾可とする

⇓一次出版の後の他社での文庫化や、多数のプラットフォームでの配信などに対応

③当事者の特約により、特定の版面に対象を限定した上、その複写利用などにも拡張可

⇓企業内複製やイントラネットでの利用許諾などに対応

④対抗要件としての現行登録制度を拡充し、登録しやすいよう環境を整備（別紙参照＝略）

⇓権利の所在が明確になり、権利処理によるコンテンツ活用などを促進

以上

中山提言は、著作者との契約により設定される現行出版権を、電子出版に及ぶように著作権法を改正するものである。具体的には、（1）現行設定出版権における出版者による再許諾不可を改め、特約なき限り再許諾可とし、一次出版の後の他社での文庫化や、多数のプラットフォームでの配信などに出版者が対応できるようにする。また、（2）当事者の特約により、特定の版面に対象を限定した上で、その複写利用などにも拡張し、企業内複製やイントラネットでの利用許諾に対応できるようにする――などを骨子としていた。

これは吉田論文[1]にもあった、①設定出版権を電子出版に拡張すると共に、オンライン配信海賊版にも差し止めで対応できるようにした、②現行出版権の再許諾不可を改め、出版協が要求していた再許諾可として原出版者＝先行出版者の保護を図り文庫化などに原出版者が対応できるようにすると共に、原出版者のオンライン配信の許諾を可能にする内容であった。著作権法改正の二つの目的にも合致するものと言えた。

このあと意見交換に入った。

出版協を代表して参加した筆者は中山提言を支持する旨の意見を表明した。書協では、平尾隆弘文藝春秋社長が「隣接権の対比において中山提言を評価」と発言、新潮社社長の佐藤隆信書協デジタル化対応特別委員会委員長は、作家の浅田次郎氏の意見を配布「『隣接権の方がよい』という意見」を紹介、中山提言が「現行のような自由な契約を保障してほしい」と述べ、書協の意見が割れていることが明らかになった。

堀内氏（堀内丸恵集英社代表取締役社長）　確認したい。一次出版が単行本、二次が文庫のとき、現状では、文庫をどこから刊行するかは著作者が決定している。提言の②の「再許諾可」とは、文庫の刊行を出版者が決定することになるのか。

福井氏（福井健策弁護士）　文庫の刊行先を著作者が決定するのは、現状でも、契約上そうなっているから。提言が通っても「契約による」というのは変わらず、著作者の承認のもとで出版者が文庫の刊行先を決めるということだ。

こうした確認を経てともあれ出席者の多数が賛成し、中川勉強会の最終提言として、立法化するよう文化審議会著作権分科会へ提出することが決まった(2)。

2　著作権分科会出版関連小委員会

こうした紆余曲折を経て、中山提言が中川勉強会の最終提言として五月八日の文化審議会著作権分科会に提出され、同分科会は「出版者への権利付与等」を審議する著作権分科会出版関連小委員会の設置を決定した。

五月十三日には、出版関連小委員会の第一回会議が開催され、「デジタル化・ネットワーク化の状況に対応した著作権法制度の在り方について」（五月十三日第一回会議での河村文化庁次長の開催挨拶）議論し、「出版者への権利付与等について」（「小委員会の設置について」より）審議結論を出すのが使命であった。この会議でこれまでの議論を踏まえて「『出版者への権利付与等』についての方策」が事務局から提出され、各団体からのヒアリングを行い、月二回のペースで審議し結論を出すという。

「『出版者への権利付与等』についての方策」

（A）著作隣接権の創設

【内容】

著作権者とは別に独立して、第三者に利用許諾を与えたり、侵害者に差止請求等を行うことができる新たな権利「著作隣接権」（自動的に権利が発生）を出版者に付与する制度改正を行う。

【権利者】

出版物等原版を作成した者

【権利の対象】

出版物等原版（原稿その他の現品又はこれに相当する物若しくは電磁的記録を文書もしくは図画又はこれらに相当する電磁的記録として出版するために必要な形態に編集したもの）

（B）電子書籍に対応した出版権の整備

【内容】

著作権者との契約により権利が発生する「出版権」は、自己の名において侵害者に差止請求等を行うことができるが、現行の著作権法では、電子書籍を対象としていないため、電子書籍を対象とした場合についても同様の権利が認められるようにするなど、制度改正を行う。

【権利者】

著作権者と設定契約を締結した者

【権利の対象】

設定契約の対象となった著作物

（C）訴権の付与（独占的ライセンシーへの差止請求権の付与の制度化）

【内容】

著作権者から独占的利用許諾を受けた者が、侵害者に対し差止請求等を行うことができる制度改正を行う。

【権利者】

著作権者から独占的利用許諾を受けた者

【権利の対象】

利用許諾された著作物

（D）**契約による対応**

【内容】

著作権者と出版者との譲渡契約等により、侵害者に対し出版者が差止請求等を行うことができることから、このような契約慣行の普及を図る。

【権利者】

（著作権譲渡の場合、）著作権者から著作権を譲り受けた者

【権利の対象】

（著作権譲渡の場合、）著作権譲渡された著作物

「『出版者への権利付与等』についての方策」について菊地著作権課課長補佐が次のように説明した。

（A）は著作隣接権の創設でございまして、昨年十一月八日付けで印刷文化・電子文化の基盤整備に関する勉強会において公表されております「『出版物に係る権利』に関する検討の現状について」という資料を参考とさせていただいております。その内容につきましては、著作権者とは別に独立して、第三者に利用許諾を与えたり、侵害者に差止請求等を行うことができる新たな権利である著作隣接権これは、自動的に権利が発生するものでございますが、

これを出版者に付与する制度改正を行うというものでございます。権利者となりますのは出版物等原版を作成した者であり、権利の対象となるのは出版物等原版でございます。この出版物等原版とは、資料中に括弧書きとして記載しておりますようなものが想定されてございます。

次に、（B）電子書籍に対応した出版権の整備についてでございます。こちらは現行著作権法に規定されております出版権を見直す方策と考えることができると思っておりまして、その内容といたしましては、出版者と著作権者との契約により権利が発生する「出版権」は、自己の名において侵害者に差止請求等を行うことができるが、現行の出版権が電子書籍を対象としていないため、電子書籍を対象とした場合についても同様の権利が認められるようにするなどの制度改正を行うとするものでございます。権利者となりますのは著作権者と設定契約を締結した者であり、権利の対象となりますのは設定契約の対象となった著作物であろうと考えられます。ただし、（B）につきまして、更に具体的にどのような制度改正が考えられるかにつきましては、この後、意見発表があると思いますが、幾つかの方策が考えられると考えているところでございます。

次に、（C）訴権の付与（独占的ライセンシーへの差止請求権の付与の制度化）についてでございます。これは、著作権者から独占的利用許諾を受けた者が、侵害者に対し差止請求等を行うことができる制度改正を行うというものでございます。権利者となりますのは、著作権者から独占的利用許諾を受けた者、言いかえますと独占的ライセンシーでございまして、権利の対象となるのは利用許諾された著作物になろうかと思います。

最後に、（D）契約による対応でございます。これは、著作権者と出版者との譲渡契約等により、侵害者に対し出版者が差止請求等を行うことができることから、このような契約を普及させるというものでございます。この場合、権利者となりますのは著作権者から権利を譲り受けた者、権利の対象となるのは著作権譲渡された著作物になろうかと思います。

この第一回会議では、出版者への権利付与等について具体的提言をしている日本経団連から電子出版権創設案の説明があり、そのあと、中山提言メンバーの金子敏哉明治大学法学部専任講師が説明に立った。

経団連の案と我々の提案には、主に三つの相違点があります。

第一の相違点は、経団連案は、現行法の紙媒体を対象とする出版権とは別に、新しく電子出版権を創設すべきとの内容です。これに対し、我々の提案は、紙と電子とで別々の出版権とするのではなく、現行法の出版権に関する規定を電子出版などをも含む内容に拡張する形での法改正を行うべきことを提言しております。これは、提言［1］（引用者注＝設定出版権の電子出版への拡張）に対応いたします。

なお、御注意いただきたいのは、この拡張というのは、現行法のもとで設定された出版権が当然に電子出版に対しても効力が及ぶようにすべきとの趣旨ではありません。既存の作品についても、法改正後の合意によって拡張された出版権を設定できるとの趣旨であります。また、飽くまで原則としては出版、電子出版を一体として扱うものであり、著作権者が特約により紙だけの出版権、電子だけの出版権と効力を限定して設定することは可能であり、またそれぞれを別人に設定することも可能と考えております。権利の種類は一本化して分散を避けつつ、当事者が特約で合意をすれば、紙だけ、電子だけという設定も可能にするとの趣旨であります。

提言［2］の出版権者による再許諾可能を原則とする点は、電子出版に関しては経団連案と同じですが、紙媒体も同様となる点で相違します。ただ、これも、特約によって再許諾には著作権者の同意を必要とすることも、当然、可能であります。

第二の相違点は、提言［3］に関する部分です。現行法の出版権は、八〇条により、頒布の目的での複製行為を対象としており、頒布目的のない複製行為、例えば企業内複製などは権利の対象とはなっておりません。この点につき、我々の提言［3］は、当事者の特約により、権利の対象を特定の版面あるいは版に限定した上で、頒布の目的を欠き、例えば企業内複製などの出版、電子出版とは言えない利用についても出版権の効力を及ぼすことができるようにすべきだというものであります。

（中略）この［3］を提言の内容とした理由は、一つには、これまでの出版者の権利をめぐる議論からすると、企業内複製やイントラネットなどでの利用について、出版者等が利用許諾の窓口となることを著作権者が望む場合などに、著作権者が特約によりこのような権利を設定可能とすることが望ましいと考えたことにあります。［3］に関する提言は、［2］の再許諾の権限や［4］の登録制度とあわせて、むしろ企業や研究、教育の現場でのデジタル利用の許諾が促進されることを意図して提言したものであります。

3　文化審議会著作権分科会出版関連小委員会での議論

これを受け意見表明に立った日本印刷産業連合会知財委員の山川純之氏は、著作隣接権案について出版物等原版の取り扱いをめぐって出版と印刷とで解釈・主張が異なることから隣接権付与に反対し、「海賊版の対策ですとか、いろんな利活用の促進が必要なことがございますので、それにつきましては経団連あるいは中川勉強会と同じようなところでございますが、基本的には電子書籍について出版権を付与できるような方向で改正していただければ、少なくとも海賊版に対しては対応できるのではないか」と述べた。

日本漫画家協会は、「著作隣接権や原版権など、原稿の図案にまで権利を分け合うということになりかねない出版者の提案には、どうしても乗ることができないんです」と反対を表明、出版者の権利拡大そのものにも慎重であった。

最後に意見陳述した書協デジタル化対応特別委員会委員の堀内丸恵集英社社長（一ッ橋グループ）は中山提言について全面的な賛成意見を述べた。

書籍出版協会としては、出版者の権利の在り方に関する提言、いわゆる中山提案を支持したいと思います。著作権者の信任のもと、紙と電子を実質的には一体の出版活動と捉（とら）え、出版者が氾濫（はんらん）する出版物の侵害に主体的に対処し、積極的に電子書籍市場を開拓するための法的根拠を付与するものであるからです。（略）

御提言の骨子である著作権者との契約を前提とした印刷・電子出版、それぞれについて設定可能な出版権及び現行出版権も含めた再許諾を可能にする点、また設定出版権制度を実効性のあるものにするための登録制度の整備は必要不可欠と考えます。あわせて、現在のインターネット侵害の大多数が紙の出版物の紙面の複製に基づいており、たとえ出版権を電子書籍に拡張したとしても、頒布のための複製に当たらない侵害態様が数多く存在することを考えれば、紙面の複製に限定した設定出版権も、侵害対策の実効性を担保するためには非常に重要なオプションであると考えます。この出版者の権利が全（すべ）て著作権者との契約に基づく権利であり、この権利付与が実現した暁には、出版者は著作権者の方々の信任を得る存在でなければならないという重い責任を引き受ける覚悟でおります。

中山提言に書協として全面的に賛成し、紙の出版物の違法複製対策の観点から紙の再許諾についても賛成したことが、筆者から見ると注目された。

4　次々に関係団体が意見表明

五月二十九日の出版関連小委員会第二回会議では、日本文藝家協会をはじめ一一団体が次々にヒアリングを受けた。

日本文藝家協会は現行法での対処を優先すべきで、「新たな権利を創設するに関しては、慎重に検討を」とD案を支持し、インターネットユーザー協会もD案を支持した。日本美術著作権連合は、「著作権者の権利と利益を現状より縮小しないと約束する」など三条件を約束するなら、「(B)電子書籍に対応した出版権の整備」を考える余地はあるとした。日本写真著作権協会の瀬尾氏は中山提言に賛成し、日本新聞協会は経団連案と中山提言の両案の相違点について細部を詰めて「この二つの案を中心に検討していくことが望ましい」とした。読者利用者側の主婦連合会がB案を支持したのをはじめ、他の団体は、中山提言、経団連案のニュアンスの違いはあるものの、B案を支持した。

日本楽譜出版協会（提出資料）は、クラシック楽譜などのコピー被害が著しいため、従来通り

Aの著作隣接権案を支持した。

5　出版協の考え

出版協は筆者（高須）が次のように述べた。

「（B）電子出版に対応した出版権の整備」を希望いたします。私ども、権利付与につきましては、現在も著作隣接権が望ましいというふうには考えているわけですけれども、昨年、いわゆる中川勉強会という形で提案されました著作隣接権案、出版物に係る権利法制度骨子案、これですと、（中略）いわゆる一次出版者の権利保護やオンライン出版への対応等で不備な点があるというふうに考えまして、現行設定出版権の拡大再構成を内容といたします、先ほど来出ております中山信弘先生の提言を、中川勉強会の最終提言としましたこの方向で、整備をお願いしたいというふうに考えております。

ただし、現行の設定出版権をオンライン出版、電子出版に拡大するだけではなく、デジタル・ネットワーク時代の出版実務の諸問題に包括的に対応し得るような内容に改訂されるように要望いたします。（略）

次に紙での出版ないしオンライン出版の設定出版権に第三者への再利用許諾、サブライセンスを特約なき限り出版者に付与することが、実務上必要不可欠というふうに考えています。（略）文庫化とオンライン配信に対応するための理由から、こういう要望をしたいと考えております。（後略）

出版協としては、設定出版権の電子出版への拡大案は、著作隣接権とは似て非なる「出版物に係る権利（仮称）法制度骨子案」よりは、ましであると判断して、「中山提言」＝［B］案を採った。その上で設定出版権に第三者への再利用許諾、サブライセンスを特約なき限り出版者に付与することを要望した。紙の再利用許諾は文庫化の対応策として必要なことはいうまでもない。また設定出版権の拡大に方針を切り替えたことで、保護の埒外になってしまった、著作権保護期間切れの出版物を新たに組み直したり、復刻や翻刻して出版物の刊行した出版者を、ＥＵ並みに保護するなどの対策を求めた。

書協はこの日、「出版者への権利付与の必要性等に関する補足説明資料」を提出した。中山提言賛成の経緯と理由を総括した文書である。海賊版等の違法流通の激増とそれへの対処の緊急性があるため、「出版界としては従来著作隣接権の創設を大きな目標として掲げてきたところであるが、今回検討が始まった出版権の再構成・電子への拡大によって出版者が権利者として権利侵害に対抗し、問題を解決する可能性がある以上、そこに今回の目標を定めたい。」とし、中山提言に賛同すると述べた。支持する理由として、①紙と電子を一体として考える必要性、②特定の版に対する出版権の必要性をあげ、③サブライセンス設定の必要性については、電子のみとした。

ヒアリングの印象では、B案支持が大勢を占めた。小委員会委員間の討論の後、委員会主査の土肥一史日本大学大学院知的財産研究科教授が、意見を集約し、小委員会としては「(B)電子書籍に対応した出版権の整備」を軸に今後検討していくことが決まった。

今後は、中山案の(2)の論点を中心に、(1)のうちの出版者に紙の再利用許諾を付与することなどが主な論点となりながら、中山案を軸に日本経団連案を含め議論が交わされていく模様だ。(高須次郎「著作権隣接権から設定出版権の拡大への転換」出版協『新刊選』「ほんのひとこと」二〇一三年六月三日付)

第10章　出版関連小委の「中間まとめ」

1　出版関連小委「中間まとめ（案）」の内容

出版関連小委は二〇一三年（平成二十五年）六月二十四日第四回、七月三日第五回、七月二十九日第六回と審議が急ピッチで続けられ九月五日の第七回委員会に「文化審議会著作権分科会出版関連小委員会中間まとめ」（案）が提出された。長い文章なので、結論部分を引用する。

第4章　電子書籍に対応した出版権の整備について

第2節　権利の主体・客体

1　現行法（略）

2　電子書籍に対応した出版権の主体の在り方

（1）権利の主体

小委員会において、電子書籍に対応した出版権の主体について検討を行ったところ、電子書籍の流通を増やす努力をする者や、海賊版対策を行う者、著作者の意向を形にして流通させる者が権利の主体となるべきとの意見が示された。

一方、現行の出版権を有している出版者に主体を限るべきとの意見も示されたが、この意見に対しては、既にボーンデジタルでの出版事業を行っている出版社もあることや電子出版を行うのは既存の出版者に限られないこと等から、多数の反対意見が示された。

このため、電子書籍に対応した出版権の主体としては、現行の出版権を有している出版者に限られず、著作物を電子書籍として電子出版することを引き受ける者であれば権利の主体となれるようにすることが適当であると考える。

（2）「出版者の権利のあり方に関する提言」における一体的設定の是非

権利の主体に関連して、「出版者の権利のあり方に関する提言」では、現行の出版権が原則として電子出版にも及ぶように改正し、別途、特約により紙媒体での出版のみ又は電子出版のみという出版権の設定も可能とする旨の提言がなされている。

かかる提言に関し、出版社の立場からは、著作権者の利益を十分に確保しつつ、創造のサイクルを維持するためには、紙媒体の出版物と電子書籍のシームレスな投資を想定した、紙媒体の出版と電子出版を一体化した権利が制度上も保障されることが必要であるとの意見が示された。

一方、著作者の立場からは、紙媒体の出版と電子出版を一体化することについては、著作者としては、紙媒体での出版と電子出版について必要な分だけシンプルに契約を行いたいと考えていることや、著作者の十分な認識のないまま一方的に電子出版が含まれてしまうことが危惧されることから、抵抗感が強い旨の意見が示された。

また、有識者からは、契約意識の高い当事者間であれば、現行の出版権を電子出版にも拡張する方法と、現行の出版権とは別に、電子書籍を対象とした権利を創設する方法で変わらないかもしれないが、そうでない場合には権利の範囲は重要になるため、それぞれの方法のうち、どちらが当事者の通常の意思に合致しているかという観点が重要であるとする意見が示されている。

この他、紙媒体での出版と電子出版を一体化した権利であっても、特約により紙媒体での出版のみ又は電子出版のみという出版権の設定を可能とするものであることや、紙の出版と電子出版の両方について出版権を同一の者に設定した場合、いずれか一方に義務違反が生じた際の消滅請求の範囲は、流通促進の観点からは、義務違反に係る権利のみを消滅請求できると考えればよいとの意見が示されていることに照らせば、現行の出版権を電子出版にも拡張する方法と、現行の出版権とは別に、電子書籍を対象とした権利を創設する方法に大きな差はなく、契約の仕方の違いでしかないのではないかとの意見が示された。

いずれの方法をとる場合でも、紙媒体での出版と電子出版を行う場合には、出版者と著作権者との契約により、双方の権利を一体的に設定することは可能である。また、出版者が多大な労力と資本を投資し著作者と密接な関係の下で創作される著作物については、著作者と出版者との信頼関係に基づき、紙媒体での出版と電子出版に係る権利が、おのずと同一の出版者に一体的に設定されていくことが想定される。

3　電子書籍に対応した出版権の客体の在り方

現行法上、権利の客体に関して、電子書籍が対象に含まれていないため、電子書籍が対象となるようにする必要があるが、電子書籍については、定義も定まっておらず、その外延も明確ではないことから、電子書籍に対応した出版権の制度化にあたり、電子書籍のうちどのようなものを対象とするのかが問題となる。

小委員会において検討を行ったところ、電子書籍に対応した出版権の客体に関しては、著作物であるかどうかを判断基準としてはどうかといった意見が示されたが、これに対しては、いわゆるリッチコンテンツ（引用者注＝ここでは、文章や画像の他、音楽や映像等を含むコンテンツをいう）などに対象を広げていくと、議論の収拾がつかなくなるので、これまでの出版物の定義を逸脱しない範囲で議論すべきではないかなど、リッチコンテンツを対象に含めることに消極的な意見が示された。

このため、電子書籍に対応した出版権の客体に関しては、現行の出版権で対象となっている文書又は図画に相当するものを対象とすることが適当であると考える。

なお、CD-ROM、DVD等の記録媒体により提供されるものについても、電子書籍であると出版社としては考えている旨意見が示されたが、このようなCD-ROM等はインターネットで送信されるわけではなく、パッケージとして頒布されるものであるため、現行の出版権に含めるよう整理することが適当であるとの意見が示されている。

第3節　権利の内容

1　現行法

第八〇条では、出版権の内容について定めており、出版権者は、「設定行為で定めるところにより、頒布の目的をもつて、その出版権の目的である著作物を原作のまま印刷その他の機械的又は化学的方法により文書又は図画として複製する権利」（同条第1項）を専有することとされている。

出版権は、「頒布の目的」をもって複製する権利であることから、頒布目的ではない内部的な複製行為（例えば企業内複製）などには権利は及ばない。

2　電子書籍に対応した出版権に係る権利の内容の在り方

電子書籍に対応した出版権の場合は、電子出版を行うのに必要な支分権を専有することとなるが、電子書籍に対応した出版権の内容について検討を行ったところ、電子書籍の作成等に必要な範囲での複製権に加え、（i）自動公衆送信権を専有させるべきとする意見、（ii）公衆送信権を専有させるべきとする意見、（iii）公衆送信権に加え、公衆伝達権を専有させるべきとの意見が示された。

この点については、自動公衆送信権では、海賊版をメールに添付して一斉送信するような場合に対応できなくなってしまうとの意見や、公衆伝達権については、電子出版と呼ばれる行為とは異なるのではないかとの意見が示されたことから、電子書籍に対応した出版権の内容としては、複製権及び公衆送信権が適当であると考える。

3 「特定の版面」に対象を限定した権利の付与の是非

(1) 問題の所在

電子書籍に対応した出版権に関連して、「特定の版面」に対象を限定した権利の創設が提言されている。

「特定の版面」に対象を限定した権利とは、当事者の特約により、「特定の版面」に対象を限定した上で、その複写利用などにも権利を拡張し、企業内複製やイントラネットでの利用許諾などに対応するというものである。

小委員会では、この「特定の版面」に対象を限定した権利について、「特定の版面」は、紙だけではなく電子的なフォーマットも含むこと、また、非著作物や保護期間が満了した著作物について権利を拡張するものではないことが説明され、さらに、版面を作成していない出版者に対しても権利の設定が可能であることが説明されている。

(2) 小委員会における検討

①「特定の版面」に対象を限定した権利の法制化の是非

「特定の版面」に対象を限定した権利について、「出版者の権利のあり方に関する提言」では企業内複製やイントラネットでの利用許諾など、頒布目的ではない利用態様にも権利を及ぼすことが目的として説明されていたが、このような企業内複製やイントラネットでの利用許諾などに対応するとの趣旨に対しては、関係団体ヒアリングにおける意見も含め、以下の反対意見が示された。

- 公益社団法人日本複製権センター（以下「日本複製権センター」という。）では、「特定の版面」に対象を限定した権利の創設により、著作者単位で行っていた管理から、出版物や「特定の版面」ごとの管理に変更しなければならず、同一の著作物に複数の「特定の版面」が生じた場合には、複数の権利者が発生し、複製管理の主体が散在して、実質的な集中管理が機能しなくなり、運営業務に支障をきたす恐れがあること
- 出版者への権利付与の趣旨は、電子出版の流通促進に資するべく、インターネット上に流通する違法コンテンツへの対応を出版者自らが行うことを認める点にあり、企業内複製への対応という目的は本来の改正趣旨と整合しないと考えられること

上記意見に対し、日本書籍出版協会からは、以下の意見が示された。

- 「特定の版面」に対象を限定した権利が出版とは言えない利用にその範囲を拡大することは、日本複製権センターや一般社団法人出版者著作権管理機構による現行の許諾実

務に大きな影響を与える可能性もあり、出版界としては、企業内複製を含む出版物の複製利用について、現在のシステムに影響を及ぼす制度設計は望まない。

その上で、小委員会では、更に「特定の版面」に対象を限定した権利の付与の是非について検討を行ったが、以下のような法制化に反対する意見が示され、多勢を占めた。

●漫画家や絵本作家の制作する「原稿」、「原画」と「版面」の区別が困難であること

●「特定の版面」は、紙だけではなく電子的なフォーマットも含むとされるが、表示画面が固定されないリフロー型の電子書籍が存在し、「版面」を特定することが困難であり、定義ができないものについて権利を認めることは適当ではないこと

●仮にフィックスしたものを「版面」として特定できたとしても、少しでも「版面」が変われば権利行使ができず、海賊版対策としての実効性にも疑問があること（中略）

以上のとおり、小委員会での議論において、「特定の版面」に対象を限定した権利については、日本書籍出版協会が、企業内複製やイントラネットでの利用などに権利を及ぼすことを目的として求めていないことが明らかとなり、頒布目的ではない利用態様には権利を及ぼすべきではないとの意見で収斂した。加えて、「特定の版面」に対象を限定した権利の法制化に反対する意見が多勢を占め、日本書籍出版協会からも、海賊版対策が可能な方策が講じられるならば、「特定の版面」に対象を限定した権利にはこだわらないとの意見が表明された結果、「特定の版面」に対象を限定した権利の法制化に向けた合意形成には至らなかった。

（以下略）

第4節　出版権者による再許諾

1　現行法

出版権者は、他人に対し、その出版権の目的である著作物の複製を許諾することができないこととされている（第八〇条第3項）。

2　電子書籍に対応した出版権に係る再許諾の在り方

電子書籍の流通は、第1章第2節2で述べたように、様々な形態で行われており、現状の出版社の配信システムだけでは様々な形態で行われる電子書籍の流通に対応しきれないため、電子書籍に対応した出版権の設定を受けた者は、電子書籍の配信について、第三者に許諾することを認めることが適当であると考える。

ただし、電子書籍の配信に係る再許諾については、著作権者としては電子書籍に対応した出版権を有する者の判断のみで著作権者の意に反して再許諾されることに不安があるため、特許法における専用実施権の規定を参考に、著作権者の承諾を得た場合に限り再許諾可とするのがよいのではないかといった意見が示されており、このような著作権者の関与を認めることが適当であると考える。

また、紙の出版物についても、実態としては、単行本の他社での文庫化など、出版権が設定された一次出版物が継続出版されている間に、その著作物の二次出版物が他の出版社から発行されることも少なくない状況にある。このような実態を踏まえ、電子書籍に対応した出版権の整備に合わせて、現行の出版権についても、著作権者の承諾を得た場合には、出版権者が第三者に許諾を可能とすることが適当であると考える。

2　中間まとめ案をどう評価するか

当初の中山案が議論のなかで、著作者団体やＩＴ業界団体の反対意見による内容変更と問題点を、筆者が当時、『出版ニュース』二〇一三年十月下旬号に「中山提言は骨抜きにされてしまうのか――著作権分科会出版関連小委『中間まとめ』を読む」としてまとめているので、以下に引用する。

中山提言は骨抜きにされてしまうのか
著作権分科会出版関連小委「中間まとめ」を読む

日本出版者協議会会長　高須次郎（緑風出版）

去る（二〇一三年）九月二十六日、文化審議会著作権分科会出版関連小委員会（以下、出版関連小委）は、出版者への権利付与についての「中間まとめ」（案）を公表し、十月二十六日まで意見募集が行われ、日本出版者協議会（出版協）も意見を提出した。

出版協は、第二回出版関連小委（五月二十九日）の関係団体ヒアリングで、意見表明はしたものの、委員ではないため議論には参加できなかった。途中、議論の方向に危惧に覚え、七月二十三日「出版関連小委員会への再要望」を提出したが、委員には配布されたものの、傍聴者や報道関係者に配布されなかった。再要望は、「出版者の権利のあり方に関する提言」（二〇一三年四月四日付、中山信弘明治大学特任教授（東大名誉教授）ほか。以下、中山提言）にそった結論をだすべきというものである。本稿はこれもとに、出版協としての「中間まとめ」への評価をまとめたものである。「中間まとめ」は、出版者の要望を満たす内容になっているのだろうか。

1　出版者への権利付与と中山提言

近年の複製複写技術の発展は、紙やデジタルの違法コピーや海賊版を蔓延させ、著作者や出版社に多大な被害を与え、またデジタル・ネットワーク時代を迎えて出版社の電子出版への対応が緊急の課題となっている。ところが、こうした事態に出版社が対応しようとしても、現行の設定出版権では限界があり有効に対応できず、著作者もっぱら個人であるため対応が難しいことから、著作者の利益のためにも、企業である出版社に迅速な組織対応を任せた方が有効であることが明らかになってきた。グーグルブック検索和解問題や自炊（引用者注＝スキャン）代行問題がその一端といえよう。こうした観点から出版者への権利付与の必要性が議論されてきた。

文科省に設置された「電子書籍の流通と利用の円滑化に関する検討会議」が平成二十三年十二月にまとめた報告でも、「『出版者への権利（著作隣接権）付与』について、出版者から『電子書籍の流通と利用の促進』と『出版物に係る権利侵害への対応』の二つの観点から、その必要性等が主張された」と総括している。

こうした出版社の要望を受けた「印刷文化・電子文化の基盤整備に関する勉強会」（以下、中川勉強会）は、四月四日、中山提言をまとめた。出版関連小委の議論の中心となったこの提言は、「著作者との契約により設定される現行の出版権が、原則として電子出版にも及ぶよう改正」し、「法改正前の作品にも当事者の合意により拡張可能なため、権利を分散化せず、著作者の意思に基づいた活用を期待できる。また、オンライン海賊版の差止などのニーズにも対応できる」というものであった。

具体的には、

①当事者の特約により、「印刷のみ」「電子出版のみ」という出版権の設定も可能にする。
⇩流通の変化にともなう、多様な契約のありかたにも対応。

②現行出版権の再許諾不可を改め、特約なき限り再許諾可とする
⇩一次出版の後の他者での文庫化や、多数のプラットフォームでの配信などに対応する。

③当事者の特約により、特定の版面に対象を限定した上、その複写利用などにも拡張可。
⇩企業内複製やイントラネットでの利用許諾などに対応する。

④対抗要件としての現行登録制度を拡充し、登録しやすいよう環境を整備する。

ことが提言された。

出版関連小委では、①中山提言の現行設定出版権を紙媒体の出版から電子出版への拡張・再構成する案（九月十三日第八回中川勉強会で配布された中山提言を基にした著作権法改正案骨子では「総合出版権」と呼称されているので、以下総合出版権と呼ぶ）を軸に、②日本経団連の提言である電子出版に対応して新たに電子出版権を創設する案が検討された。出版者は総合出版権を支持し、著作者団体、電子配信業者は電子出版権を支持した。

「中間まとめ」は「いずれの方法をとる場合でも、紙媒体での出版と電子出版を行う場合には、出版者と著作権者との契約により、双方の権利を一体的に設定することは可能である。また、出版者が多大な労力と資本を投下し著作者と密接な関係の下で創作される著作物については、著作権者と出版者との信頼関係に基づき、紙媒体での出版と電子出版に係る権利が、おのずと同一の出版者に一体的に設定されていくことが想定される」（二二頁）と結論して、事実上、②を選択した。この紛らわしい二つの案はどのような違いがあるのだろうか。

2　権利の主体と一体的設定でない場合の問題点

総合出版権について吉田大輔氏は「金子（敏哉）講師（中山提言のメンバーで出版関連小委の委員、明治大学法学部講師）の説明によれば、既存の出版権と電子出版権を別々に設定するのではなく、電子出版も含んだ出版権をデフォルトルール（標準的な内容）とした上で、著作権者の意思によって紙媒体のみや電子出版のみといった限定した権利設定も可能とするというもの」（「出版者の権利に関する審議の動向」、出版ニュース二〇一三年九月中旬号）と要約する。

一方、経団連の電子出版権は、「インターネット上で流通する違法電子書籍の問題については、著作権者である作家個々人で対処することは事実上不可能である。他方、出版者は紙の違法出版物に対して、『出版権』の設定による差し止めは可能であるが、インターネット上の違法流通を排除する権限は、現行著作権法上に存在しない。」（「電子書籍の流通と利用の促進に資する『電子出版権』の新設を求める」日本経団連、二〇一三年二月十九日）との認識で、中山提言と一致するものの、「現在、電子書籍ビジネスが直面している深刻な違法電子書籍被害に鑑みれば、先ずは電子書籍を発行する者に、違法電子書籍に対抗できる権利を与えることが効果的である。」（同）としている。

二つの大きな違いはまず、権利を行使できる主体にある。総合出版権では「文書若しくは図画又はこれらに相当する電磁的記録として出版することを引き受ける者」であるのに対し、電子出版権では「電子出版を引き受ける者（電子出版のみを行う者を含む）」が、紙媒体の「出版を引き受ける者」とは独立して設定されているところにある。「出版を引き受ける者」は出版者であるが、「電子出版を引き受ける者」は必ずしも出版者である必要はなく、紙の出版をしないいわゆるボーンデジタルといわれる電子出版者も含まれる、より広い概念となる。電子配信業者は、具体的にはアマゾン、グーグル、アップルなどが想定される。

電子出版権では、既存の出版者が電子出版権をとることも可能であるし、総合出版権でも紙媒体のみや電子出版のみといった権利設定も可能なので大差はなく、著作権者との信頼関係があれば、両方を契約できるので問題はないという、著者団体や法律家の意見も強かった。しかし、著作権法でデフォルトとして規定されているのといないのでは、意味合いが違う。そもそも「電子書籍の流通と利用の促進」と「出版物に係る権利侵害への対応」という観点から出版者への権利付与がこの間議論されてきたのであって、電子出版者への権利付与が議論されてきたわけではない。

ところが経団連案は、出版者が占有する紙の設定出版権の限界を検討することなく、電子出版に係る権利を単独に検討し、設定出版権を電子出版に応用し、電子出版権設定契約に基づく電子出版権を打ち出し、単に電子出版を引き受ける者に電子出版権を付与するとした。

現在の電子出版物、オンライン出版物のほとんどは、出版者が発行する紙の出版物をＰＤ

Ｆかデジタルにして作成されている。紙の出版物から電子出版物への転換は、出版者が著作権者に電子出版化の許諾をひとつずつ取って処理していて、手間ひまがかかる。電子化が進まないのも当然である。その意味で、電子出版を促進するためには、出版者に総合出版権を付与し、電子出版を引き受けさせ出版義務を課せば、出版者は電子出版を期限内に行うようになり、電子出版は飛躍的に促進されよう。義務を果たさなければ著作権者は電子出版権の消滅請求を行い、別の出版者等で電子出版をすればよい。

第三回出版関連小委（引用者注＝一三年六月十三日）で渋谷達紀委員（東京都立大学名誉教授、「電子書籍の流通と利用の円滑化に関する検討会議」座長）は、次のように述べている。「電子書籍出版権のようなものがあるとすれば、それを付与されるのは現行の出版権を持っている出版社に限るべきではないかと私は思います。ボーンデジタル型のコンテンツを配信する業者がいるだろうと思うんですけれども、（中略）ボーンデジタル型のコンテンツを公衆送信する者に現行の出版権類似の権利を与えるとしますと、ほかの書籍とはみなせないようなデジタル情報を配信する業者にも、みんな同じような権利を与えなければいけなくなり、際限がなくなるんではないかなということを恐れます。」

渋谷委員の指摘のとおりである。自らの発意と責任において企画から編集・制作、流通までの出版行為を引き受ける出版者ではなく、著作権者の許諾をとることでもっぱら紙媒体の出版物をデジタルコピーし配信するにすぎない電子配信業者や、およそ出版物とはいえないものを電子出版する者にまで電子出版権を付与する必要はない。しかも極めて未成熟な市場関係者にまで法的保護を与える意味はないと考える。

3　紙の出版者が電子出版権を得られないと深刻な事態が起きる

仮に紙の出版者が電子出版権を得られない場合、どういうことが起こるのか。この点の危惧を六月二十四日の第四回小委で、森田宏樹主査代理（東大大学院法学政治学研究科教授）が次のように指摘している。

「例えば、紙媒体の書籍についてスキャンがなされ、サイトにアップされた場合に、紙媒体の書籍の出版権と電子書籍の出版権の双方を有する出版社は、公衆送信権に基づいてその差し止めを請求することが可能でありますが、紙媒体の書籍の出版権のみの付与を受けた出版者については、紙媒体の書籍の出版に必要な範囲での支分権として、その頒布目的の複製権しかないということになりますと、公衆送信権はありませんので、それに基づいて海賊版を差し止めるということはできないことになります。」

これは、グーグルブック検索和解問題の時に、日本の出版社がなす術がなかった状況そのものである。アマゾンやグーグルなどの電子配信業者は、すでに、「なか見！検索」などに応じた出版者の本をスキャンするなど、様々な方法で無断を含めスキャンしており、電子書籍として電子配信する条件をすでに整えていると見るべきであろう。

紙媒体の出版権しかない出版者は、電子配信業者によってコピーされた電子書籍を著作権者が許諾さえすれば、電子配信されてもなにもできないことになる。まして公正取引委員会が電子書籍を非再販商品としている現状で安売りをされたら、紙の出版物の打撃は大きく、多くの出版社は立ち行かなくなる。これでは、何のための出版者への権利付与なのか。

もともとこれらの電子配信業者は、自らの発意と責任において出版物を企画編集する者ではなく、もっぱら既存の紙の出版物からデジタルスキャンするだけのコピー業者にすぎず、本来の出版者とはいえない。出版者と電子配信業者つまり電子書籍販売業者という役割の違う者を同列におき、後者にまで電子出版権を付与しようというのが電子出版権新設案といえる。（略）

4　葬られた「特定の版面」に限定した権利付与

仮に経団連案の電子出版権新設が採用された場合には、紙媒体の出版権しかない出版者がデジタル海賊版などへの対策が取れるようにすることが不可欠であるが、「中間まとめ（案）」は、そのための方法でもある中山提言③「特定の版面」に限定した権利付与を葬ってしまった。

この「特定の版面」について、第八回中川勉強会配布の中山提言を基にした「著作権法改正案骨子」は次のように創設の意義を述べている。

「①総合出版権を設定することなしに（＝著作物の独占的利用権限を設定せずに）、出版者に対して特定の版面の利用を認める（＝特定の版面を利用した侵害についての対抗手段を出版者に付与する）ことができる。

②総合出版権を設定した者との関係においても、例えば、紙媒体書籍の出版しか予定していない出版者にとって電子書籍に係る総合出版権を設定することは事実上不可能であり、そうすると、出版物をデッドコピーしたインターネット上の海賊版への対策を講じることは極めて困難であるところ、特定版面権（特定出版物権）を重ねて設定することで上記のような態様の侵害についても対抗できるようになる。」

第五回出版関連小委（二〇一三年七月五日）で中山提言メンバーの金子敏哉委員（明大法学部専任講師）は、次のように補足説明している。

「提言の〔3〕については、複写利用など、出版とは言えない利用にも出版権の対象を拡大するものであるというものであります。（中略）特に著作者の団体等に加盟していない著作者などについては出版者に対してそのような権利を預けたいというニーズがあるのではないかと。特に我々のような学術論文の著者等についてはそのようなニーズもあるのではないかと考えて、このような〔3〕の提言の中に企業内複製等も含めた形に入れたわけでありま す。」

再許諾が紙媒体と電子出版にも認められれば、出版という範囲での利用は進むであろう。

しかし紙媒体の複写や企業内複製、紙媒体のデジタル複製、電子媒体でのイントラネットなど、出版物の特定な部分に限ってのさまざまな複写、複製、送信の許諾要請が様々にある。こうした需要に円滑に応えていくとともに、違法なデジタル複製に対して紙媒体のみの出版者でも対応ができるようにしたのが、この「特定の版面の利用」の意義であり、ぜひとも必要な所以である。

ところが、「『特定の版面』に対象を限定した権利の法制化に反対する意見が多勢を占め、日本書籍出版協会からも、海賊版対策が可能な方策が講じられるならば、『特定の版面』に対象を限定した権利にはこだわらないとの意見が表明された結果、（中略）法制化に向けた合意形成には至らなかった」（中間まとめ案二五頁）。書協は「JRRCや一般社団法人出版者著作権管理機構（JCOPY）による現行の許諾実務に大きな影響を与える可能性」との理由からだ。しかし、これらの団体が出版者や著作権者を網羅しているわけではない。出版協は旧流対協時代にこれらの団体に加盟を断られた経緯がある。金子委員がいうように「ニーズがある」のである。

しかも、書協が望んだ出版物（特に雑誌）をデッドコピーしたネット上の海賊版対策は、「電子書籍に対応した出版権の創設」で対応することとなった。これまで通り紙のみの設定出版権しかない出版社は、デジタル海賊版対策を著者任せとするしかない。

再許諾の関係では、電子出版権とともに紙の設定出版権にも再許諾を与えることを「中間まとめ」が中山提言通り認めた点は評価される。ところが書協は紙の設定出版権の再許諾にも事実上反対した。文庫出版社の都合だけを考えた対応としか言えず、出版界の大局を見通した判断とはいえなかった。

出版関連小委では、著作者団体、利用者団体の理解をなかなか得られず、出版社の説明も雑誌、マンガという大手出版社の都合が目立ち、中山提言は大きく後退してしまった。書協は「中間まとめ（案）」が明らかになると、九月五日の第七回小委に「『電子書籍に対応した出版権』への要望」を提出して反論したが、著作者団体から、議員と連携した動きなどを批判され釈明に追われるなど、関係者の不信さえ買ってしまった。

中山提言の提起した中山信弘名誉教授は、「中間まとめ（案）」を議論した第八回中川勉強会（引用者注＝九月十二日）で、グーグルなどの「敵が箱根の山を越えてきているのに、いつまで小田原評定をしているのか」「提言は最低限一致できるものにした」と指摘した。出版協は、「中間まとめ（案）」を中山提言に沿った方向で改訂することを強く要求する。「中間まとめ（案）」の内容で著作権法が改正されるならば、アメリカをはじめとする電子配信業者の天下となり、日本の出版は確実に崩壊しよう。（以下略）

3　第八回中川勉強会の議論

その二〇一三年九月十三日の第八回中川勉強会では、「中間まとめ（案）」をめぐって、中山信弘氏から改めて中山提言の趣旨と「中間まとめ（案）」の評価が語られた。

中間まとめ（案）について、中山氏から次のような見解が出された。

◎中山提言の趣旨は、権利問題が錯綜する中での落としどころを考えたものであり、中山研究会の六名の学説とは必ずしも一致してはいない。

◎提言1に関して。文化庁の小委員会では「紙は複製権、電子は公衆送信権。両者は異なる権利」という意見が出たと聞くが、それはおかしい。「編集」という行為があって、それが紙あるいは電子として刊行される、という一連の流れに照らせば、紙と電子の権利は一体のものだ。しかし別々のものという考えもある。どちらが良いのかは出版界の情況によ る。どちらが妥当か、将来をにらんでいるか、法律の条文として書き易いか、などにもよろう。だが、結局は、出版者と権利者という当時者間の問題で、大きな問題ではない。デフォルトルールを作っても、実際には契約のしかたでバリエーションが生れてくるし、外資はまた別の契約を提示してくるだろう。

◎提言2のサブライセンス（再許諾の可否）も、出版者と権利者が決めることで大きな問題ではない。

◎提言3の「特定の版面に関する権利」は、隣接権に対する出版社の要望を汲むために入れた。出版社が「なくてもいい」というのなら取り下げる。提言3は提言1に吸収されるだろう。雑誌の中の一つの漫画や小説に関する契約に関しても、3が1に吸収される形になるだろう。

◎提言1~3についての結論を早く出して、4の大きな問題に進んでほしい。現在の登録システムは登録料が高いなど多くの問題があり、変えてゆく必要がある。今後、電子出版が増えると権利関係が複雑化し、登録によって権利の所在を明確にする必要が高まる。国会図書館の書誌情報とリンクするのがよく、ライセンスの登録も望まれる。提言4のナショナルアーカイブ構想こそが、日本の出版文化の興隆につながる。

このあと中川座長から落としどころをめぐる提案があり議論が続いた。

中川座長挨拶　今日はお集まりいただきありがとうございます。河村会長を中心に超党派で議連が設立でき、これまで遅れていた電子媒体に対する権利を、法律として形にしてゆく体制ができました。その上で、議題の整理をします。文化庁の出版関連小委員会で議論が進められてきました。ベースは中山提言であり、文化庁も中山提言の論点に従って委員会を進めてきました。しかし合意が得られていない、整理ができていない部分に関しては、出版者や著作者という関係者の間で調整をし、落としどころを見つけて、法律に落とし込んでいく必要があります。今日の話し合いで、それが進めば、文化庁にも参考にしてもらえるでしょう。

この勉強会では中山提言を採択したので、提言を法制化したらどのような形になるか、として作成されたのが衆議院法制局案です。ここにもやはり整理できていない部分があります。議論によって埋めてゆきましょう。

肥田氏（勉強会事務局長）では意見交換に移ります。最初に植村さんと相賀さんからご意見をお願いします。

植村（八潮）氏「中間まとめ（案）」は、この勉強会の提案とずいぶん懸け離れたものになった。提案では「出版権の拡張、再構成」を求め「現行の出版権が電子にも及ぶ。その上で紙のみ、電子のみの設定も可」とされていた。また、紙を違法に電子化してアップロードするという、いまの海賊版被害への対策が必要とされていた。しかし「中間まとめ（案）」には「著作物を電子書籍として電子出版することを引き受ける者であれば権利の主体となれることが適当であると考える」とある。これは出版権の拡張ではない。読者には紙の著作物を早く電子で読みたいというニーズがある。紙からの、シームレスで迅速な電子化が必要とされているなかで、電子だけ独立して契約するのは「創作」に対する尊敬を全く欠いており、出版界の実情とも懸け離れている。電子化される出版物の多様化も進んでいる。その状況に対して、衆議院法制局による「特定版面権」なども念頭において議論してほしい。

相賀氏　文化庁小委員会の委員には感謝しているが、私も植村さんと同じ意見である。これから出版界は「中間まとめ（案）」への要望をあらためて出し、パブコメへの対応、さらに著作者の理解を求める活動をしていくつもりだ。

配布資料5（引用者注＝書協が提出した「『電子書籍に対応した出版権』への要望」）の冒頭にあるように、文化庁での議論を尊重する。しかし出版権の紙と電子の一体化は譲れない一線である。もちろん著者の意向に従って紙と電子を切り分けるのは当然のことだが、スタンダードは「一体化」。ものを創る立場から当然のことだ。企画から出版まで、出版社は経済的リスクを背負っている。電子だけ持っていかれて「電子出版」されるのは容認できない。文化庁の最終まとめは両論併記ではなく一体化でお願いしたい。海賊版対策については、デジタルの海賊版を出来る限り抑えることができる制度設計を望む。

「中間まとめ（案）」は第6回までの委員会の議論を受けて作成されたもので、そのあと、第7回委員会の議論があった、最終まとめでは、第7回委員会で出された出版者の意見をさらに反映していただきたい。

高須氏　中山提言を支持していたが、文化庁の委員会ではそういう議論にならなかった。電子出版の流通促進と海賊版対策が目的だったのに、「電子出版権の独立」により権利の主体がふえるという結果になる。これはよくない。権利の一体化を望む。中小の出版社は著作者と紙の契約しか結んでいなければ、ネット上の違法アップロードに対抗できない。中山提言3をもっと強く望むべきだった。衆議院法制局案のようなかたちで、提言3に復活してほしい。

里中氏　文化庁の小委員会で、著作者の気持ちに従って意見を述べてきた。私は、出版社は著作者の「おそれ」に沿っていない、と感じている。また文化庁で時間をかけて出来た「まとめ」が物足りないから強化しろ、というのなら、文化庁での議論には何の意味があったのか。配布資料5も、すでに第7回委員会で提出されたものだ。

まっとうな出版社もあるが、よくない出版社もある。どんな出版社でも同じ権利を持つというのはこわい。配布資料5に、電子書籍のほぼ一〇〇%が自社刊行物、とあるが、では、かつて刊行された出版物をどれだけ電子化しているのか。

著作者は出版社に対して立場が弱い。電子書籍の印税に関しても、紙と同じく大手出版社で一〇%、中小ではもっと低い印税率で定着しつつある。電子書籍は組版の費用がかからないはずなのに、著作者への印税は紙と変わらない。

著作者はたいてい生活苦であり、電子配信で生活をまかなった著作者も少なくない。権利の一体化を望むなら、紙で刊行したら絶対に電子でも出す、と約束してほしい。勉強会の提言と文化庁のまとめが違うというが、世の中の流れが文化庁のまとめに反映されたことを理解してもらいたい。

平尾氏　植村氏、相賀氏、高須氏と同じ意見だ。紙と電子の一体化は、出版理念に関わる問題。薬に例えるなら、紙の本は新薬。規模は違うが、コストとリスクと手間がかかっている。ビジネスにならないこともある。電子はジェネリック薬品。安価なジェネリックを並行販売されたなら新薬は売れない。「電子出版権」とは、新薬開発者と別のところがジェネリックを同時に販売していいという話だ。高須さんのご意見にもあったように、中小出版社は、その刊行物を、別のところから安価な電子書籍で刊行されたら、対抗できない。里中先生のご意見も理解するが、良心的出版社もある。理念の問題とテクニカルな問題を混同しないでいただきたい。

佐藤氏　出版権が独占権として設計され、再許諾が許されなかったという経緯を考えれば、出版という行為の理念が理解していただけると思う。知の再生産のためには、著作物が守られなければならないとこれまで主張してきた。「電子出版権」とは「流通権」というべきものので、「出版」という名が付けられているが、「出版権」の理念を溶解させてしまうものである。容認できない。

文化庁の小委員会での議論の進め方にも問題がある。著作者も出版者も望んでおらず、委員会で議論もされていない「サブライセンス」についての記述が「中間まとめ（案）」にある。今回の文化庁案は、将来の日本文化を破壊する案だと考えている。

中山氏　著作者の弱さは誰も守ってくれない。弱者の権利は、団結することでしか守れない。日本の出版界は、日本語という擁壁に守られて特殊性を保ってきたが、今は状況が変わった。

プラットフォームを備えたアメリカ企業に対して、ヨーロッパはパブリックセクターで守ろうとしている。

中川座長　まとめ議論の落としどころを作らなくては前に進みません。共通目的を大切にしながら進めましょう。文化庁の議論と並行して、われわれも落としどころを掴んでゆきましょう。

あくまで著作隣接権を希望する新潮社の佐藤氏を除いて、出版社の意見は一致していた。文藝春秋社長の平尾氏も出版協の意見に理解を示した。漫画家の里中氏の出版社への不信は根強く、理解できるがこの溝は一朝一夕で克服できるものではない。出版社としても今後さまざまに反省しなくてはと感じた。ここまで来た以上、「中間まとめ（案）」を中小零細出版社の利益を守れる方向でさまざまな動きをしなければならなかった。

4　出版協、議連・書協と意見交換

二〇一三年十月二十八日、出版協は「中間まとめ（案）」の評価と対応を活字文化議員連盟事務局長の石橋通宏参議院議員（民主党）と意見交換した。

高須　「中間まとめ（案）」について、厳しい内容と受けとめている。

　出版協としては、中山提言に沿った形に戻すようパブリックコメントを提出した。（パブコメ手渡し）

　紙と電子を一体的に設計するように求めるという基本では、書協と方向を同じくするが、（1）「中間まとめ」で紙の書籍についても電子と同様に、出版社に再許諾権を与えるとしているのに、書協は反対している点、（2）「特定の版面」についての権利について、復活を主張していない点、この二点について、我々は書協と意見を異にしている。特に（1）紙の再許諾権については、文庫出版社の既得権益確保としか理解できず、書協加盟社を含む多くの出版社に理解を求める呼びかけを送付した。（呼びかけ文手渡し）これらの点は、書協にも直接、少なくとも（1）については触れないよう申入れた。現在の状況をどう見ているのか？

石橋議員　議連としては、中山提言に沿った形で、という基本線は変わっていない。議員立法に向けた検討（骨子案）も、その線に沿っている。

「中間まとめ」は、だいぶその線から後退している。このあと、パブリックコメントを受け、十一月中には次の小委員会が開かれ、最終まとめへの基本方向が決まるだろう。最終まとめに沿って法案が作られるわけだが、法案が出来てしまってから、基本骨格にかかわるような修正要求は、民主党など野党の議員はともかく、与党の自民・公明の議員はしにくいだろう。

議連の河村、馳先生らも難しい選択になるものと思う。

「小委員会」での論議をにらみながら、議連としての判断をして、最終まとめに向けて、政務官から文化庁に要望を出したりすることもありうる。ここは出版界が要求をまとめて、この「中間まとめ」のままの結論にならないよう当たってほしい。

このまま結論が出てしまってから、何とかしてくれと言われたのでは「この期に及んで泣きつかれても」という声が議員の側にも上がりかねない。与党の先生たちも、法案まで進んでしまえば、政府案をひっくり返す「ちゃぶ台返し」は難しいだろう。

高須 小委員会の議論の段階で、出版社側（書協）委員の主張はかなり弱かった。

石橋議員 議連は「骨子案」にある通り、中山提言に忠実に、紙・電子一体の「総合出版権」であり、「特定の版面」ついても盛り込む方針。確かに小委員会の議事録には、出版社委員からも「特定の版面」については主張しないことが記録されてしまったが。

高須 明日（十月二十九日）の議連の会議では、どういう話になるのか？

石橋議員 「中川勉強会」以来のメンバーは、中山提言に沿った方向が、アマゾンなどの国外配信企業の自由にさせないで電子書籍の流通を促進させ、日本の出版文化を守る道だと理解している。しかし、議員にはいろいろなメンバーがいるので、「中間まとめ」を受け、皆さんで議論をいただくことになる。それを踏まえて議連として「最終まとめ」へ向けての働きかけ方等、今後のことを検討していく。

高須　十一月の小委員会での出版社側委員の巻き返しへの努力が重要と思うが？

石橋議員　そういうことだ。議連としては「中山提言」の線でという方針は変えていない。出版界も明確に主張しなくては。議員としては既存出版業界の保護ではなく、電子書籍の流通・出版文化の振興ということから、ここで何らかの法整備は必要と考えている。ここで何も決めずにアマゾンなどの進出のままにさせ、電子書籍流通における立場を既成事実化させるわけにはいかない。

翌十月二十九日の議連第二回総会では、中山提言の線に戻すよう、

（1）総合出版権（紙・電子の一体的設計）
（2）再許諾権〝原則〟不可（著作者との特約で可）
（3）特定出版物権（特定版面権の「版面」という用語を避けた復活）
（4）登録制度の具体的検討

――の四項目の基本方針を決められた。

翌十月三十日、相賀書協理事長と会談し、概略次のようなやり取りがあった。

高須　先日、書協の知財の方たちとお会いして、金原さんから話をうかがった。金原さんは、「特定の版面」等についての出版協の意見などを認めた上で、小委員会への準備不足を反省していた。お話しからは、すでに今回は「中間まとめ」の線でしか立法化はあり得ず、それ以上の要求は「次の機会」に向けて準備するというような、諦めた感じを受け、我々は、それでいいのかという懸念を持った。

相賀　全然諦めていない。私は理事長として「書籍と電子の一体化は譲れない」と、ずっと議連の場などで申し入れている。河村氏、石橋氏など議員も、それはよくわかっているはずだ。

高須　「中間まとめ」にいたる議論の中で、書協の委員は「一体化」についても強力に主張したとは言えない。「特定の版面」についても「海賊版対策がとれれば」という条件はつけたが「あえて主張しない」とし、議事録に「出版者側もあえて望まない」として残り、「中間まとめ」で葬られてしまった。中山提言を守れない、自分で取り崩してしまう出版者側に中山氏は失望していると、中川勉強会（九月十三日）での発言に感じた。昨日の議連第二回総会では、中山提言の線に戻すようになったが。

相賀　こちらも事前に入手した。「中間まとめ」の方向と、我々の議員への働きかけを擦りあわせた案だと思う。

高須　「中間まとめ」までの小委員会の議論で、出版者側委員が明解に主張しきれず、中山提言が骨抜きになったと感じているように受け取った。ここで、議連の側から中山提言への建て直しの方針が示されたのだから、出版者側は、この議連方針のラインでまとまって主張すべきだ。

相賀　そのつもりだ。

高須　「紙の再許諾権に反対」のように、「中間まとめ」からさらに後退するように主張するのはやめてほしい。

相賀　それはパブコメから抜いたはずだ。「紙の再許諾権に反対」なんて言ったら、出版協は絶対同意しないのもわかってるし、そこは焦点化しないように、触れないことになった。

念のため、相賀理事長が書協のその場にいた事務局責任者に確認したが、書協の知財委はそのように動いてはいないようだった。

第11章　紙の再許諾をめぐる攻防

1　再許諾可をデフォルトとする中山提言

電子出版権の再許諾やそれに並行して紙の出版権の再許諾については、著作者団体から疑問や批判が出た。これについては日本漫画家協会理事長のちばてつや委員が六月二十四日の第四回出版関連小委員会でこう述べた。

ちば委員　中山研究会にありますマル2ですね。現行出版権の再許諾不可を改め、特約なき限り再許諾可とするという部分についてですけれども、出版社がサブライセンスをすることについては、著作者たちの間ではやっぱり非常に不安に思われているポイントです。（中略）だから、権利を預けるかどうかは、基本的に著作者が決めるという点は絶対に動かさないでほしいと私は思います。

これに対し、文化庁や中山提言メンバーの金子委員らが以下のように説明し、説得に努めた。

菊地著作権課課長補佐　ここの検討事項として書かせていただいているものの内容については、上の段では、電子書籍の配信を行う権利を専有した者が、別な者にその電子書籍の配信をさせることができるかどうかということを書かせていただいております、下の段では、その紙の出版物に係る出版権者がサブライセンスすることが可能であることとありますが、このサブライセンスについては、先ほど、お話にも出ましたけども、例えばハードカバーで出したものを、別の出版社が文庫本で出すというような紙と紙との関係を念頭に置いて書かせていただいておるものでございます。紙の出版権者が電子的な電子書籍等の配信について、ライセンスできるかどうかということについては、これまで私どもが聞いているところ、そのようなことを法制上可能としてほしいというような要望を聞いているわけではないと理解をしておりますが、もしそのような要望があればそれは検討事項として考える必要が出てくるのかなというふうには思います。現時点では紙のものを別な出版社が紙で出す、電子書籍を別の配信事業者が配信するということを念頭にここは書かせていただいておるところでございます。

金子委員　ちば委員から御指摘いただいたとおり我々の提言の〔2〕、特に経団連案の場合には電子の出版だけですが、我々の提言の場合には紙についても再許諾可という点を含む点で、従来の著作者と出版社との関係を変更するものではないかという御懸念があることは当然のことだろうと思います。ただ、我々の提言も基本的には飽くまで著作者の意思に基づいて、そのような権利が設定されるということでありますので、決して著作者の意に反して、再許諾可となるということではないというわけであります。ただ、問題は特段の合意がない限り、再許諾可となってしまうという点がその点ちゃんと確認をしない、説明がされずにそういう設定がされるのではないかという危惧が更にあるというところも御指摘のとおりかと思います。その上で我々としては、この点については、どちらかといえば利用の促進という点を重視して、再許諾可をデフォルトとする提言をしたわけです。

2 書協は紙の再許諾反対の意見をパブコメで多数組織的に投稿

この時点では、書協などから特段反対する意見はなかった。ところが事態は急転する。

二〇一三年十月九日と十一日の二日間、日本出版会館（東京・新宿区）において出版広報センター主催で「『出版権』緊急説明会」が開かれ、各日とも参加者は二五〇名近くに達しました。初めに、日本書籍出版協会・相賀昌宏理事長（小学館社長）が、「紙と電子の出版権の一体化は出版界として譲れません。文化庁の『中間まとめ』に対する出版界の主張が、今後の『最終まとめ』に反映されるよう、パブリックコメントを出しましょう」と挨拶、続いて、出版広報センターから、出版物に関する権利問題の経緯、文化庁出版関連小委員会の「中間まとめ」についての説明がありました。

日本書籍出版協会、日本雑誌協会のパブリックコメントの文案、そして出版各界から寄せ

られた「中間まとめ」への意見は以下の通りです。（出版広報センターホームページより）

書協・雑協はこのパブリックコメント文案の中に、紙の再許諾反対の意見を入れ込んでいた。九月二十七日から十月二十六日までのパブリックコメント募集の期間に、書協・雑協は紙の再許諾に反対する意見を多数組織的に投稿した。

○二次出版が行われている間に、一次出版物が絶版となることもあり、権利の再許諾という形をとると、一次出版物の絶版により再許諾権限も同時に失われるという不都合な事態が生じることになる。紙の出版物における再許諾は、仮にそれを認める必要性があるとしても、現行法第八〇条第３項が任意規定であることが確認されれば足りるのであり、それを超えた法改正が必要であるとは思わない。（一般社団法人日本書籍出版協会、同旨　一般社団法人日本雑誌協会、個人）

（著作権法第八十条三項は「出版権者は、他人に対し、その出版権の目的である著作物の複製を許諾することができない。」と定めている）

○再許諾の方法をとる場合、親本の出版者が他者に二次出版を再許諾しても継続出版義務は、親本の出版者に課されたままとなるが、親本の出版者が他者に課されるはずの継続出版義務まで保証できない。（一般社団法人日本雑誌協会、同旨　個人）

（十一月二十五日第8回出版関連小委員会資料1「文化審議会著作権分科会出版関連小委員会中間まとめ（平成二十五年九月）に対する意見募集の結果概要」より）

紙の再許諾には、文庫シリーズの多い出版社、例えば書協で著作権法を担当していた知的財産権委員会が反対していた。新潮社出身の弁護士で著作隣接権案を主導した村瀬氏や筑摩書房の平井氏などである。新潮社は隣接権推進で、紙の再許諾に反対である。一方、講談社などは経団連案の電子出版権賛成に近く、また金原書協副理事長は著作権法に詳しいが医学書院が著者との間で独自の独占許諾契約を結んでいたため、法改正でさほどの影響を受けない立場と見られた。一ッ橋（小学館）グループの集英社堀内丸恵社長が出版関連小委で紙の再許諾を認める発言をしていたにもかかわらず、こうした多様な考えがあり、相賀理事長の舵取りはなお難しいと伺えた。

3　書協が議連の紙の再許諾方針を追認

出版協の強い反発もあり、書協は十一月二十五日付の「出版関連小委員会における主な論点についての意見」で、再許諾について次のように要望した。

出版権の再許諾については、出版者・著作者の間で誤解や意見対立を招く恐れがあるので、出版界としても慎重に対処するべきだと考えてきました。結論としては、「原則不可、ただし著作権者の承諾を得た場合のみ可」とする制度設計を支持します。

議連の方針を追認したかたちである。

電子出版権には再許諾は必要とし、紙の出版権の再許諾は不要とする、書協などの大手出版社の主張は、彼らの都合、エゴイズムそのものと言えた。紙の出版権の再許諾ということになると、中小出版社の売れ筋本や高評価本の文庫化がやりにくくなるからである。自らの発意と責任においてリスクをかけて出版してきた中小の原出版社＝一次出版社からは、著者を先に言いくるめ文庫化を強行する大手出版社のやり方に怒りの声が絶えなかった。出版協にもこうした相談が従来からあった。もともと書協が主導した最初の著作隣接権案の主張はこうしたことを更にやりやすくする内容であったので、出版協はこれに反対し、中山提言に賛成することにしたのである。あの案では著作者団体の反対にあい、原出版社が電子出版と紙の出版での出版権と再許諾権を得るという目的を達成できないと判断したからだ。

当然、改正前の著作権法第八十条第三項は削除されねばならなかった。

十一月二十五日の第八回出版関連小委で松田政行弁護士も次のように発言した。

松田委員　電子も紙もその点はパラレルに規定を置くべきだろうと私は思っています。そして現行法の八〇条3項はむしろ削除してしまった方がいいと思っています。この規定、よく考えてみると不思議な規定ですよ。どうしてかというと、出版権は七九条で物権的な設定として規定しているにも関わらず、八〇条の3項はそのものが許諾することができない趣旨の規定になっているわけです。これはむしろこういう条文はなしにして自由に許諾できるようにする。もう一つ、許諾だけではなくて出版権の設定を物権を取得した人は再出版権設定ができるようにして流通を促進すべきだろうと思っています。〔引用者注＝第七九条〔複製権者〕は、その著作物を文書又は図画として出版することを引き受ける者に対し、出版権を設定することができる。〕

電子出版権に再許諾権を与えるのに、紙には再許諾権を許さないというのは明らかに矛盾があり、松田委員の意見は当然であった。

4　小委の議論をどう読むか

再許諾を支持する松田発言があった第八回出版関連小委では、「中間まとめ（案）」が一部修正されて、「中間まとめ」となった。

出版関連小委員会での議論を筆者は当時「出版者への権利付与はどうなるのか——著作権分科

会出版関連小委・最終まとめを前に」（出版協「ほんのひとこと」二〇一三年十二月二日付）で以下のようにまとめている。多少、重なるところがあるが、お許しいただきたい。

（前略）この間の動きは慌ただしかった。「中間まとめ」には九月二十七日から十月二十六日まで一般からの意見募集が行われた。このため、十月九日には、出版広報センターが『『出版権』緊急説明会」を開催、「中間まとめ」に至る経過と論点が報告され、書協、雑協の「中間まとめ」へのパブコメ（案）が発表された。内容は、①紙と電子の一体的設計をデフォルトルールとする「総合出版権」、②海賊版対策は「特定版面権」の復活を求めず、「見なし侵害」で対応、③紙の出版物の再許諾のための法改正は不要とし、電子書籍の再許諾に著作権者の承諾を不要とするものであった。

（引用者注＝集会に出席した）筆者は、紙の出版物の再許諾のための法改正は不要とする部分の削除を求めたが、容れられなかった。出版広報センターの片寄聡氏は、危機感を滲ませながら「中間まとめ」への巻き返しのため、パブコメの送付を会員各社や社員に強く求めた。

十月十三日の出版協理事会は、①「中山提言」の実現と、②書協が反対している紙の「再許諾」を勝ち取ることを方針として確認、業界などに働きかけることとした。十六日、書協による紙の再許諾反対は大手文庫出版社のエゴであるとして、書協加盟社を含む出版社向けよびかけ「出版者の皆様へ」を一五〇〇通以上ＦＡＸ送信した。十八日、出版協は会員集会を開催、「文化審議会著作権分科会出版関連小委員会『中間まとめ』への意見」を公表、会員各社にパブコメを呼びかけた。

十月二十六日までに文化庁に寄せられたパブコメは二〇四五件であった。

十月二十九日には、中川勉強会の中心議員らで結成された「電子書籍と出版文化の振興に関する議員連盟」（河村建夫会長、自民党）第二回総会が開催され、「出版者への権利付与のあり方に関する今後の議連対応方針（案）」が了承された。

① 紙と電子の一体的設計による「総合出版権」

② 紙・電子とも「再許諾の原則不可・著作権者承諾の場合可」＝契約で再許諾可

③「特定版面権＝特定出版物権の設定可」の復活

④ 利用促進のための「登録制度の具体的検討」

――という内容であった。出版関連小委での後退を踏まえ、一部で修正譲歩せざるを得なかったものの、原則的には「中山提言」での巻き返しを計ろうとするもので、文化庁に提案された。

こうした中で開かれた注目の第八回出版関連小委は、「中間まとめに対する意見募集の結果概要」の論点別報告のあと、書協から提出された「出版関連小委員会における主な論点についての意見」の発表があった。これによると、①「紙と電子一体型」を標準とする出版権を求める理由を次のように説明した。

――「出版」とは、紙と電子を問わず著作物を世に広く伝達する行為であり、出版者は、本や雑誌の企画から編集、制作、宣伝、販売という一連の「出版を引き受ける者」として、より開かれた豊かな日本の出版文化を盛り立て、もって社会的責務を全うすべく努力を行っております。この一連のプロセスの成果物が伝達物としての出版物なのです。その意味で、出版者の社会的役割は、今や紙と電子を分けて考えることができません。

また、現実の出版ビジネスに於いては、電子出版の九七％が紙と同一の出版者によって出版されており、そうした実態に則してみても、「出版権」は紙・電子を一体として規定したものであることが極めて重要であると考えます。――

また、②「海賊版対策に有効な制度設計の必要性について」次のように説明した。

――紙と電子が一体となった形での出版権制度が創設されたとしても、出版権の設定行為が著作権者の意思に基づくものであり、一方電子化を望まない著作権者が存在している以上、紙の出版物から作られる電子の海賊版に対して出版権が行使できない場合が出てくることを否定できません。この意味で、中間まとめにおいて言及されている「みなし侵害」規定の導入は、非常に重要な論点であると考えています。深刻な紙の本や雑誌の違法アップロードが横行している現状を打開するためには、「みなし侵害」、あるいはそれに代わるだけの効力を持つ法的施策が不可欠です。――

さらに③再許諾については、パブコメまでは反対していた書協が、その主張を引っ込め、再許諾一般について「原則不可、ただし著作権者の承諾をえた場合のみ可」とし、議連対応方針どおりとなった。

●「紙と電子一体型」はどうなる？

まず、出版関連小委の議論では①「紙と電子一体型」について、日本印刷産業連合会が、「現行の出版権を制度改正するにあたり、主目的たる海賊版対策への実効性という観点からすると、現行の出版権を電子出版にも及ぶように拡張する、いわゆる一体型によることが望ましい」との見解を発表し、また日本写真著作権協会などもこれを支持した。また法曹委員からは前田哲男弁護士が、著作権法八〇条「出版権の内容」を改定し「出版権者は、設定行為で定めるところにより、頒布の目的をもつて、その出版権の目的である著作物を原作のまま印刷その他の機械的又は化学的方法により文書又は図画として複製し、または電子出版する権利を専有する」とするなど、出版の概念を紙と電子に一体的に及ぼせるようにすべきとの意見などが出された。この結果、「紙と電子一体型」はほぼ間違いないものとなった。

●「紙の再許諾」はどうなる？

③の紙の再許諾については、委員の松田政行弁護士は、サブライセンスが紙の出版物にだけ禁止されるは、サブライセンス一般の常識からもおかしく、「出版権者は、他人に対し、その出版権の目的である著作物の複製を許諾することができない」と規定した著作権法第八〇条3項は削除されるべきであると断言した。

書協、雑協などが反対する理由は、次のようなものであった。第一に「二次出版の実務は通常再許諾では行われていない」（出版広報センター「出版権」緊急説明会資料）という理由を掲げているが、現行著作権法の複製権者も出版権者の許諾を出せない「一種の両すくみの関係」（加戸守行『著作権法逐条講義　五訂新版』）にある以上仕方のないことで、当該出版者に再許諾の権利がない以上それを行使できるわけがない。この法的矛盾を解消する意味で紙媒体の設定出版権に再許諾を付与する意義があると言える。紙の再許諾を文化庁や法律家が支持する所以である。

第二に「単行本が絶版となると文庫の再許諾権も無くなるのではないか」（同）という理由をあげているが、これも理由になっていない。単行本が絶版になれば著作権者は設定出版権の消滅請求を行い、当該文庫出版者に出版権を再設定すればすむことであり、何も問題はない。

さらに第三として、「出版ブローカーも出版者となることになるのではないか」（同）という理由をあげているが、これも理解に苦しむ。出版権を設定された出版者は、著作権法八一条に基づき当該著作物の原稿等の引渡後六カ月以内に出版しなければならない義務を負い、この約束を果たすことができなければ設定出版権の消滅請求をされるだけである。紙媒体の出版をしない者が他人に対し再許諾を行うことはできないわけで、この紙の再許諾を付与することによって出版ブローカーが成立する根拠はないと考えられる。

このように紙の再許諾に反対する書協・雑協の理由は、人を説得できるような内容ではなかった。

また文化庁前次長の吉田大輔氏は、もともと設定出版権は現行とほぼ同じ出版権制度として一九三四年に法制化されたが、「立法当時、無断出版や競合出版に対して先行出版者の利益をどのように確保するかという議論が高まっており、制度導入時の立法作業担当者も、その趣旨をどのような方法で実現するかについて様々な案を検討したようである」（吉田大輔「電子出版に対応した出版権の見直し案について」、『出版ニュース』二〇一二年十月上旬号）と指摘しており、類似出版物、競合出版物から一次出版者を守ることが、設定出版権創設の意義であると述べている。

その観点から見ると、書協などの反対論は、文庫出版者でない出版者がほとんどという出版業界の要望に応えたものとは言えない。いわば「紙のコピー出版者」であるわずか数十社の文庫出版者が他社の単行本等を難なく自社の文庫に収録する都合だけを考えた対応で、出版界の大局を見通した判断とはおよそ言えない。

ともあれ、「紙の再許諾」については、著作権者の承諾を条件に認められる方向となった（前項参照）。

●デジタル海賊版対策はどうなる？

③の「特定の版面」について、第八回中川勉強会配布の中山提言を基にした「著作権法改正案骨子」によると「特定の版面」は「特定版面権（特定出版物権）（仮称）の設定」として、次のようにその創設の意義が説かれている。

「①総合出版権を設定することなしに（＝著作物の独占的利用権限を設定せずに）、出版者に対して特定の版面の利用を認める（＝特定の版面を利用した侵害についての対抗手段を出版者に付与する）ことができる。

②総合出版権を設定した者との関係においても、例えば、紙媒体書籍の出版しか予定していない出版者にとって電子書籍に係る総合出版権を設定することは事実上不可能であり、そうすると、出版物をデッドコピーしたインターネット上の海賊版への対策を講じることは極めて困難であるところ、特定版面権（特定出版物権）を重ねて設定することで上記のような態様の侵害についても対抗できるようになる。」

仮に経団連案の電子出版権新設が採用された場合には、紙媒体の出版権しかない出版者がデジタル海賊版などへの対策が取れるようにすることが不可欠であるが、「中間まとめ」は、著作者団体の反対に加え書協が制度設計を望まなかったことから、そのための方法でもある中山提言③「特定の版面」に限定した権利付与を葬ってしまった。

この結果、小委員会では、「出版物（特に雑誌）をデッドコピーしたインターネット上の海賊版対策を講じるための方法について、検討することとし、（ｉ）電子書籍に対応した出版権による対応や、（ⅱ）インターネット上の違法配信を紙の出版物に係る出版権のみなし侵害とみなす規定の創設をすることによる対応について議論がされた」（中間まとめ二六頁）。「電子書籍に対応した出版権による対応」というのは、雑誌を構成する著作物についても、現行の出版権を雑誌の発行期間等に合わせた短期間の存続期間を設定できるようにし、電子書籍に対応した出版権においても同様に設定できるようにするというものである。

結局、「中間まとめ」は（ⅱ）みなし侵害規定を創設する方策については、みなし侵害規定の性質から法制的に困難であるとの意見などが示されたのに対し、（ｉ）電子書籍に対応した出版権による対応であれば、雑誌を構成する著作物に出版権を設定することを可能とする制度としていくことで日本書籍出版協会の指摘する問題点を解消することができることに照らせば、（ｉ）電子書籍に対応した出版権の創設により対応する方向で進めることが適当であると考える（中間まとめ二九頁）という結論となった。

しかし書協がみなし侵害規定を推したのは「(ii) みなし侵害規定を創設する方策については、(i) 電子書籍に対応した出版権による対応のみでは、著作権者の意向により紙媒体での出版に係る出版権のみ設定を受けている出版者は、紙媒体の出版物がデッドコピーされ、インターネット上にアップロードされた場合に出版者自ら差止請求を行うことができないことから、こうした場合において出版者自らが対応できるようにするという観点から」(中間まとめ二八頁) であった。

目玉の海賊版対策が迷走し、大穴があくことが分かり、書協などは著者の賛同を得るため『電子書籍に対応する出版者の権利』に関する緊急アピール」を発し、「現在の著作権法の下では、紙の本や雑誌をスキャンしたデジタル海賊版による著作権侵害に対しては著作者本人のみが対抗でき、出版者には対抗する法的根拠が与えられていません。雑誌を含めできるだけ幅広い出版物に関して、実務的に有効な海賊版対抗策を出版者自らがとれるような法改正を強く望みます。」と訴え、署名活動をはじめた。

こんなことは、かのグーグルブック検索和解問題の時に明らかになっていたことではないか。「特定の版面」を放棄したことのツケは大きい。出版関連小委の議論でも、論点まで混乱し議論は迷走して、次回の最終まとめで事務局が整理して提案することとなった。

あとは議連の踏ん張りに期待するしかあるまい。(以下略)

5　議連も特定版面権を引っ込める

第九回出版関連小委員会で報告書がまとまる前の十二月四日、その「電子書籍と出版文化の振興に関する議員連盟」（河村建夫会長、自民党）は第三回総会を開催し、「電子書籍に対応した出版者への権利付与のあり方に関する基本方針」を決めた。

1　電子書籍に対応した出版権の整備について

①現行の出版権を電子出版にも拡張する方法（いわゆる総合出版権）によるものとする。これによって、出版者は紙と電子の双方で出版する義務を負いつつ、海賊版に有効に対抗することが可能となる。

②ただし、契約当事者間の合意に基づいて、以下の特約契約を可能とする。

↓紙のみ（複製権）に限定した出版権設定

↓電子のみ（複製権及び公衆送信権）に限定した出版権設定

↓紙または電子の特定の出版物に限定した出版権設定

③（出版義務と消滅請求　略）なお、総合出版権を設定している場合は、消滅請求は総合出版権に対して行う事が出来るものとする。

④加えて、紙のみ（複製権）に限定した出版権を設定した際にも有効な海賊版対策を行えるよう、みなし侵害の規定を設ける。

2　出版権者による再許諾

●再許諾は原則不可とし、著作権者の承諾を得た場合に限り、契約に明記することで再許諾可能とする。

●なお、その際、著作権者が承諾すれば、紙のみ、電子のみの再許諾も契約上、可能とするが、いずれの場合においても、再許諾のみをもって出版義務の履行とせず、出版権を保持する出版者が一貫して出版義務を負うこととする。

3　特定版面権

●特定版面権は創設しないこととする。（同基本方針資料より引用）

議連案も、総合出版権は主張していたが、特定版面権は引っ込めてしまった。

第12章　文化審議会著作権分科会出版関連小委員会報告書

1 「中間まとめ」通りの結論

十二月二十日に開催された第九回出版関連小委員会で「文化審議会著作権分科会出版関連小委員会報告書」が採択された。事務局の説明によれば、この報告書は十一月二十五日の第八回出版関連小委に提出された「中間まとめ」に第八回小委の議論を踏まえ、加筆・修正されたものであった。

まず本報告書では、電子書籍・電子出版の定義が次のように整理された。

パソコン、携帯電話、専用端末等の機器を用いて読まれる電子化されたコンテンツを広く「電子書籍」と呼び、電子書籍の企画・編集から配信に至る行為をすることを「電子出版」と呼ぶこととする。（出版関連小委報告書二頁）

権利の主体については、「中間まとめ」通りとなった。（同報告書二〇頁）

現行の出版権を有している出版者に主体を限るべきとの意見も示されたが、この意見に対しては、既にボーンデジタルでの出版事業を行っている出版社もあることや電子出版を行うのは既存の出版者に限られないこと等から、多数の反対意見が示された。
このため、電子書籍に対応した出版権の主体としては、現行の出版権を有している出版者に限られず、著作物を電子書籍として電子出版することを引き受ける者であれば権利の主体となれるようにすることが適当であると考える。

したがって「(2) 紙媒体での出版と電子出版に係る権利の一体化の是非」については「小委員会における検討を踏まえれば、一体的な権利として制度化する場合と別個の権利として制度化する場合との差異は特段ないと考えられる。」(同二三頁)
ただし、これは中山提言の「現行の出版権が原則として電子出版にも及ぶように改正し、別途、特約により紙媒体での出版のみ又は電子出版のみという出版権の設定も可能とする旨の提言」から後退する内容であった。書協や出版協も同様な要望を行っていたが、著作者団体・経団連・有識者からの反対意見が強く「本件について関係者の意見に隔たりがあるのは、電子出版についての契約慣行が十分に確立していないことが一因となっていると考えられる」とし、今後の法制化作業に委ねられた。筆者の見通しも外れた。
小委報告書第4章第2節「3 電子書籍に対応した出版権の客体の在り方」についても中間案通りとなった。

電子書籍に対応した出版権の客体に関しては、現行の出版権で対象となっている文書又は図画に相当するものを対象とすることが適当であると考える。

なお、ＣＤ－ＲＯＭ、ＤＶＤ等の記録媒体により提供されるものについても、電子書籍であると出版社としては考えている旨意見が示されたが、このようなＣＤ－ＲＯＭ等はインターネットで送信されるわけではなく、パッケージとして頒布されるものであるため、現行の出版権に含めるよう整理することが適当であるとの意見が示されている。（同二四頁）

第４章第３節「２　電子書籍に対応した出版権に係る権利の内容の在り方」についても、原案通りとなった。

自動公衆送信権では、海賊版をメールに添付して一斉送信するような場合に対応できなくなってしまうとの意見や、公衆伝達権については、電子出版と呼ばれる行為とは異なるのではないかとの意見が示されたことから、電子書籍に対応した出版権の内容としては、複製権及び公衆送信権が適当であると考える。（同二五頁）

第４章第３節３「『特定の版面』に対象を限定した権利の付与の是非」については、中山提言で出されたものの、ＪＲＲＣや著作者団体の反対で、「中間まとめ」通り、「『特定の版面』に対象を限定した権利の法制化に反対する意見が多勢を占め、日本書籍出版協会からも、海賊版対策が可能な方策が講じられるならば、『特定の版面』に対象を限定した権利にはこだわらないとの意見が表明された結果、『特定の版面』に対象を限定した権利の法制化に向けた合意形成には至らなかった。」（同二七頁）

これに関連して②「出版物（特に雑誌）をデッドコピーしたインターネット上の海賊版対策」については、追加の文はあったが基本的に中間まとめの通りとなった。

以上のとおり、小委員会では、日本書籍出版協会から出版物（特に雑誌）をデッドコピーしたインターネット上の海賊版対策が必要であるとの意見が示されたことを受け、当該海賊版対策のために必要な方策について検討を行った。

（ii）みなし侵害規定を創設する方策については、みなし侵害規定の性質から法制的に困難であるとの意見などが示されたのに対し、（i）電子書籍に対応した出版権による対応について、雑誌を構成する著作物に出版権を設定することを可能とする制度としていくことで日本書籍出版協会の指摘する問題点を解消することができること、また、紙媒体での出版と電子出版に係る権利が一体的に設定されるのであれば出版者が海賊版に完全に対抗できることに照らせば、まずは（i）電子書籍に対応した出版権の創設により対応する方向で進めることが適当であると考える。（同三二頁）

2 再許諾は「中間まとめ」通りだが海賊版対策はどうなる?

再許諾については、さまざまな攻防があったが「電子書籍に対応した出版権に係る再許諾の在り方」については「中間まとめ」通りであった。

1 現行法

出版権者は、他人に対し、その出版権の目的である著作物の複製を許諾することができないこととされている（第八〇条第3項）。

2 電子書籍に対応した出版権に係る再許諾の在り方

電子書籍の流通は、第1章第2節2で述べたように、様々な形態で行われており、現状の出版社の配信システムだけでは様々な形態で行われる電子書籍の流通に対応しきれない状況にある。また、出版者が制作した電子書籍について、別の出版者が異なる態様で電子出版することも考えられる。このため、電子書籍に対応した出版権の設定を受けた者は、電子書籍の配信について、第三者に許諾することを認めることが適当であると考える。

ただし、電子書籍の配信に係る再許諾については、著作権者としては電子書籍に対応した出版権を有する者の判断のみで著作権者の意に反して再許諾されることに不安があるため、特許法における専用実施権の規定ぶりを参考に、著作権者の承諾を得た場合に限り再許諾可とするのがよいのではないかといった意見が示されており、このような著作権者の関与を認めることが適当であると考える。

また、紙の出版物についても、実態としては、単行本の他社での文庫化など、出版権が設定された一次出版物が継続出版されている間に、その著作物の二次出版物が他の出版社から発行されることも少なくない状況にある。このような実態を踏まえ、電子書籍に対応した出版権の整備に合わせて、現行の出版権についても、著作権者の承諾を得た場合には、出版権者が第三者に許諾を可能とすることが適当であると考える。(同三三頁)

鳴り物入りで始まった肝心の海賊版対策については結局、紆余曲折の上、次の通りとなった。

なお、「特定の版面」に対象を限定した権利の付与の是非も含め、出版社より示された海賊版対策として望ましい方策についても検討を行ったが、「特定の版面」に対象を限定した権利については、著作者や事業者の立場から反対する意見が多く示されており、また、みなし侵害による法制化についても法制度上困難であるとの意見が示されたことなどから、電子書籍に対応した出版権の創設によって対応する方向性が妥当であると考える。(同報告書「おわりに」)

海賊版対策を声高に叫んできた書協・雑協はなにをしていたのか。まったくの迷走と言わざるを得ない。

出版業界紙は報告書を受けて、著作権法改正案が来春の通常国会に上程されると報じた。

第13章　著作権法改正法案をめぐる攻防

1 「著作権法の一部を改正する法律案の概要」が明らかに

二〇一四年二月十八日に開催された第九回「印刷文化・電子文化の基盤整備に関する勉強会」（中川正春座長、民主党）は、前年十二月四日の議連の総合出版権を求める基本方針を再確認した。二月二十八日、議連事務局長の石橋通宏議員（民主党）より出版協会長の筆者に、文化庁作成の「著作権法の一部を改正する法律案の概要」が示されたので、緊急に意見交換を求める連絡があった。このころ、書協が文化庁等に議連案を諦め、文化庁案を了承したとの情報が流れていた。

文化庁作成の「概要」は、以下の通りであった。

改正の趣旨

1　近年、デジタル化・ネットワーク化の進展に伴い、電子書籍が増加する一方、出版物が違法に複製され、インターネット上にアップロードされた海賊版被害が増加していることから、紙媒体による出版のみを対象としている現行の出版権制度を見直し、電子書籍に対応した出版権の整備を行う。

2（略）

改正の概要

1　電子書籍に対応した出版権の整備（第七九条、第八〇条、第八一条、第八四条等の関係）

紙媒体による出版のみを対象としている現行の出版権制度を以下のように見直す。

（1）出版権の設定（第七九条関係）

著作権者は、著作物について、以下の行為を引き受ける者に対し、出版権を設定することができる。

①文書又は図画として出版すること（記録媒体に記録された著作物の複製物により頒布することを含む）【紙媒体による出版やCD-ROM等による出版】

②記録媒体に記録された著作物の複製物等を用いてインターネット送信を行うこと【インターネット送信による電子出版】

（2）出版権の内容（第八〇条関係）

出版権者は、設定行為で定めるところにより、その出版権の目的である著作物について、次に掲げる権利の全部又は一部を占有する。

①頒布の目的をもって、文書又は図画として複製する権利（記録媒体に記録された電磁的記録として複製する権利を含む）

②記録媒体に記録された著作物の複製物を用いてインターネット送信を行う権利）

ここで特徴的なことは、出版関連小委員会報告書に基づき、CD-ROMなどのいわゆるパッケージ系電子出版物を紙の出版物と同じ概念で括り、インターネット送信による電子出版を分けたことである。

（3）出版の義務・消滅請求（第八一条、第八四条関係）

①出版権者は、出版権の内容に応じて、以下の義務を負う。ただし、設定行為に別段の定めがある場合は、この限りではない。

⇩原稿の引渡し等を受けてから六月以内に出版行為又はインターネット送信行為を行う義務

⇩慣行に従い継続して出版行為又はインターネット送信行為を行う義務

②著作権者は、出版権者が①の義務に違反したときは、義務に対応した出版権を消滅させることができる。

出版の義務と出版権の消滅請求には、インターネット送信行為を行う義務が新たに加わり、継続インターネット送信行為の義務違反にも出版権の消滅請求ができるようにして、従来の規定を拡張したことである。出版権を電子書籍・電子出版に拡張した内容である。

2　書協が改正案に全面賛成へ

ところが、筆者らの知らないところで事態は急転回していた。

「二月二十日、議員連盟から次のような連絡が入ったことです。『小学館、講談社、集英社が別紙内容（資料2）で了解したので、議連としてもこれで進まざるを得ない。残念である。これまでの努力は何だったのか。出版界は喧嘩の仕方をしらない』」という内部文書がある。これは新潮社社長で書協副理事長の佐藤隆信氏が、「日本書籍出版協会理事の皆様　書協『声明』に関して相賀理事長との会談報告」という書協理事宛に出したものの一部である。出版協にもどういうルートか分からないが、この文書が四月一日以降送られてきた。本文中にある資料2はなかったという。書協が議連案を放棄し、文化庁案でいくことが、一ツ橋、音羽グループで内々合意されていたということである。筆者も全く知らなかった。

二月二十六日、相賀書協理事長が議連会長の河村建夫自民党衆議院議員らと会談、「法案成立を望む」旨を要請、そのあと、民主党の中川議連会長代行と石橋事務局長と面談、「文化庁案でいいから、とにかく法案成立を望む」旨の発言をして、両氏の不興を買ったという（佐藤文書では二十日）。こうして書協は政府案に全面的賛成に回った。

そして、前掲の「日本書籍出版協会理事の皆様　書協『声明』に関して相賀理事長との会談報告」が出された。全文を収録しておく。

突然のお手紙で驚かれる方もいらっしゃるかと思いますが、皆様にご報告する必要性を痛感し、これ以外の方法が思いつかないため、お許しいただきたく存じます。

三月二十五日の理事会にて、今回の著作権法の一部改正案につき、懸念される事柄を「声明」として出すかどうかの議論がありました。最後は「理事長一任」という結論になりましたが、私には、声明発表について反対の方はほとんどおらず、大勢の方が、

●今回の法案は問題があるにせよ成立を優先させる

●ただし多々ある問題については、国会審議を通して正していく

という点で一致したと感じています。また、声明の扱いとしては、書籍協会の公式な態度表明とすることが大事というご意見が強かったと感じました。署名をしていただいた作家の方々への説明責任もあるとの意見に対して、理事長は「作家については説明会を開く、国会審議に向けては議員へ懸念点を質問してもらうよう依頼する」との考えを示されましたが、そうではなく書籍協会ホームページに掲載し公式な態度表明とするとの意見が出て、特に反対もなかったはずです。

しかし、理事長のご意向は別のようでしたので、当日提出した声明文案を煮詰め、ことさら強い語調でもなく、また変に文化庁などに気を使ったものでもなく、ただただ現在の

出版界の要望を淡々と記述した修正案（資料1）を用意し（本来ならば理事全員にご検討いただきたかったのですが時間もなく）一部の理事の皆様からいただいたご意見を携え、三月二十七日木曜日夕刻、相賀理事長と会談を持ちました。理事の皆様からいただいたご意見は、

◎是非、「声明」など公式な態度表明をするべき、と仰った方は七名

〇「声明」を出すことに賛成された方が二名

△賛成反対の意見表明はされず、理事長一任で良いとされた方は三名

という結果でしたので、「声明をお出しください」と進言いたしました。

しかし、残念ながら理事長からは、ご了解を得られず、その理由として

●国会審議の前に声明は出したくない

●声明を出すなら国会審議の後でその内容も加味して出すのが良い

●法案の内容はそんなに問題があるとも思っていない

●どのような形であれ、公けに意見表明をするのはまずい

●審議の場で、（声明を手にして）紙を振りながら質問されるのがまずい

等を挙げられたのみでした。理事の一人としてまったく納得のできるものではなく、法改正の当事者である書籍協会の存在意義に関わるお話しとも申し上げましたか、お考えは変わらぬままでした。

事ここに至る経緯で思い至るのは、今年二月二十日、議員連盟から次のような連絡が入っ

たことです。「小学館、講談社、集英社が別紙内容（資料2）で了解したので、議連としてもこれで進まざるを得ない。残念である。これまでの努力は何だったのか。出版界は喧嘩の仕方をしらない」。

何故このような、文化庁最終まとめからも後退した法案になってしまったのか、との問いかけに、理事長のお答えは、「時間がなかったから」というものでした。また、先の「内容に問題があるとは思っていない」というお言葉の真意を尋ねると、

●アマゾン等が出版社の機能を備えて作家と契約するなら、それを止めることはできない

●従って権利の主体に「出版を引き受ける者」という縛りをかけても防衛にはならない

●出版社は契約努力で配信業者より先に作家から幅広い許諾を取るしかない

というお答えでした。これでは今までの書協の主張と全く違う、「出版権制度」の存在意義を軽視している、書籍協会は力のある大出版社だけではなく中小出版社の利益も代弁しているはずと思い、仰るような考えが根底にあるのなら、理事会の場で表明していただきたいと申し上げるとお答えはありませんでした。その後も声明発表に賛同する方が多いことを繰り返し申し上げましたが、最後のお言葉は、「皆さんは、法改正の内容も、改正のために必要なやり方もおわかりにならないので、自分の責任で自分で決める」ということだったので、話を切り上げて辞去した次第です。

付け加えますと法案についての本格的な国会審議は四月二日午前に始まり、午後には参考

人質疑も予定され、相賀理事長がご出席になります。

このような内容のお手紙を出さねばならないことを、心の底から残念に思い、つらくも感じています。決して声高に理事長を非難する気持ちも、事を荒立てる考えもありません。ただ、この未曾有の出版危機の本質を、文化庁とその手になる法案は理解しているとは到底思えないのです。著者と出版社と取次・書店が三位一体で営々として築き上げてきた日本の出版産業が、写真フィルム産業と同じく根底から崩壊しようとしている。数年で、多くの出版社、取次・書店が成り立たなくなるかもしれない。それは、世界に誇るべき日本の出版文化が消滅することを意味します。五年先、十年先の日本文化の根幹を守るためにはどうしたらいいか。それを考えるのが文化庁の役割のはずです。また同じような意味で、いまほど書協の役割が問われている時はないのではないでしょうか。次世代に対する責任からみて、今般の理事長のご判断には大きな疑問が残ります。ただ、その思いからの報告であり、不躾、ご寛恕いただければ幸いです。

新潮社　佐藤隆信

追記

① 私としては「声明」は是非とも出すべきと、今でも考えています。もしご賛同いただけるならば、四月一日までに、書協にその旨をＦＡＸまたはメールでお送りいただければと存

じます。

② 略

この文書を筆者が入手したのは四月一日以降のことである。何度もコピーとファックスがされた痕跡があったが、鮮明なものではなかった。FAXの受信日時もなかった。資料1もなかった。筆者も正確な日時は覚えていない。FAXのコピー用紙の裏紙に四月一日の文字があったので、それ以降と推測したにすぎない。

それはともあれ、本来、書協の方針も理事会によって決せられるのであるが、この問題については小学館、講談社の二つのグループによって、つまり彼らの利害によって決められていたことが図らずも明らかになってしまったことが重大である。他の理事たちは蚊帳の外なのである。こうした密室談合による決定が書協会員社のためにも、ましてや会員外の他の出版社、つまり出版界のためにもならないことは自明であろう。書協の副理事長で出版広報センター副センター長、日本雑誌協会常務理事を務める佐藤氏が怒るのも無理はない。こんな事で出版界の未来が左右されていることに暗澹たる気持ちになった。

筆者が石橋民主党参議院議員から連絡を受けた同じ二月二十八日、文化庁は自民党政策調査会文科部会に、「文化庁案」を提示し、原案通り了承された。

三月三日、出版協は石橋議員らに議連案、文化庁両案への見解を示し、あくまで議連案を支持すると表明。

三月四日、議連の幹事会で、与野党議員で方針を討議・決定。文化庁案が修正なしで政府提出法案として上程されることを認めることを確認し、議連案の議員立法としての上程は断念される。民主党の中川・石橋議員らに敗北感が漂ったという。

三月五日、文化庁文化審議会著作権分科会は東京・千代田区の東海大学校友会館で第三十九回会合を開催。今年度設置した三小委員会「出版関連小委員会」「法制・基本問題小委員会」「国際小委員会」から報告が行われ、電子書籍に対応した出版権を整備することを軸とする出版関連小委員会報告書を提出した。文化庁・河村潤子次長は審議会の閉会にあたりあいさつし、「本国会に、著作権法を一部改正する法案を提出すべく準備を進めていく」と発言した。

質疑で井村寿人委員（書協副理事長・勁草書房社長）は、電子書籍に対応した出版権の審議および報告書がまとめられたことに感謝を示した。

井村委員　日本書籍出版協会の井村でございます。この電子書籍に対応した出版権の設立に関しましては、私ども出版界にとって大変重要な法改正ということで、一言御挨拶をさせていただきたいと思います。（中略）この最終報告書全文の趣旨に添ってこれから条文を作成いただき、成立に向けて何とか御尽力を願えればと考えております。何とぞよろしくお願いいたします。

最後になりますが、紙媒体のみでしか出版できないものの海賊版対策に関しましては、やはり若干積み残されているのではないかという印象は持っております。契約によって対処をせよとの御指摘を、小委員会においてもいただいておりますので、私ども出版界も今後努力を重ねてまいりますが、この審議会のレベルにおきましても、みなし侵害等に関し更なる御議論をいただければと幸いに存じます。以上でございます。本当にありがとうございました。

著作隣接権推進論者の佐藤隆信社長率いる新潮社は、『週刊新潮』二〇一四年三月十三日号で、「文化庁『著作権法』改悪で日本の出版文化が破壊される日」、同三月二十日号「『出版文化』の味方とうそぶく『文化庁』の欺瞞」という無署名の特集記事を載せ、あくまで著作隣接権案で行くべきと主張し、文化庁案を徹底批判した。

この記事を四月二日の衆議院文部科学委員会で、日本維新の会の鈴木望議員が要約している。

鈴木（望）　著作権法の改正案は、キンドルを持つアマゾンやグーグルが得するだけの、日本の国益をみすみす海外に売り渡すような法案である。その理由を、出版とは何かという議論をネグった結果、配信業者も出版者でよいという安易な考え方になってしまっているんだ。なぜかというと、出版の本質は企画、編集、校閲にあるとこの記事は主張をしておりまして、紙の出版のクオリティーを保っていた企画、編集、校閲がなくなり、例えば、単純にツイッターでつぶやいたものを集めただけのものが本になってしまうんだったら、これは本という名に値しない。この主張はなかなか説得力があるなと思うわけですけれども、今まで出版文化を保っていたものが、実は、本質として企画、編集、校閲にあるんだというふうに主張をしているわけであります。

今回の改正は、単にグローバル化、アメリカ流の模倣であって、そういう模倣をすべきじゃない、いろいろ書いてありますが、その上で電子出版についても、電子書籍の企画、編集を行い、その上で公衆送信を行う者のみに出版権を与えたらどうか、要するに、単に公衆送信のみを行う者に出版権を付与すべきではないという主張をしているわけであります。

確かにその通りなのだが、大手文庫出版社が原出版社の売れ行き良好の単行本の文庫化を簡単に進められるような著作隣接権案を作成したことに反省はないのかと問いたい。流対協（現出版協）を出版社側の議論の輪にさえ入れず、異論を出版業界紙誌で発表すると書協の知財の委員が「いま文化庁の担当者と良い関係を作っている。高度に政治的で微妙な問題なのだ。横からあんまり言うな」と言ったり、業界の対策会議の場で「A社版、B社版、C社版が出版されて何が不都合なのだ」と筆者をはじめ流対協を批判しておいて、もはや手遅れといえた。

第14章　著作権法改正案の国会審議

1　著作権法改正案が国会上程

「著作権法の一部を改正する法律案」は、二〇一四年（平成二十六年）三月十四日閣議決定され、同日第一八六回国会に提出された。

改正案の主な条項は次の通りである。

（出版権の設定）

第七十九条　〔複製権等保有者〕（引用者注＝著作権者）は、その著作物について、文書若しくは図画として出版すること（電子計算機を用いてその映像面に文書又は図画として表示されるようにする方式により記録媒体に記録し、当該記録媒体に記録された当該著作物の複製物により頒布することを含む。次条第二項及び第八十一条第一号において「出版行為」という。）又は当該方式により記録媒体に記録された当該著作物の複製物を用いて公衆送信（放送又は有線放送を除き、自動公衆送信の場合にあつては送信可能化を含む。以下この章において同じ。）を行うこと（次条第二項及び第八十一条第二号において「公衆送信行為」という。）を引き受ける者に対し、出版権を設定することができる。

旧第七十九条　〔複製権者〕は、その著作物を文書又は図画として出版することを引き受ける者に対し、出版権を設定することができる。

この項の改正で、出版行為に紙の出版に加え、ＣＤ-ＲＯＭなどのいわゆるパッケージ系電子出版物の出版が加わり、また記録媒体に記録された著作物の複製物を用いて公衆送信や自動公衆送信（この場合はオンライン送信ができるようにあらかじめ著作物を送信可能化すること）、つまりインターネット送信による電子出版ができるようにした。

（出版権の内容）

第八十条　出版権者は、設定行為で定めるところにより、その出版権の目的である著作物について、次に掲げる権利の全部又は一部を占有する。

一　頒布の目的をもつて、原作のまま印刷その他の機械的又は科学的方法により文書又は図画として複製する権利（原作のまま前条第一項に規定する方式により記録媒体に記録された電磁的記録として複製する権利を含む。）　（新設）

二　原作のまま前条第一項に規定する方式により記録媒体に記録された当該著作物の複製物を用いて公衆送信を行う権利　（新設）

旧八十条　出版権者は、設定行為で定めるところにより、頒布の目的をもつて、その出版権の目的である著作物を原作のまま印刷その他の機械的又は化学的方法により文書又は図画として複製する権利を占有する。

この第八十条で、出版者は設定出版権により、紙の出版だけでなく新たに①CD-ROMなどのいわゆるパッケージ系電子出版物を出版する権利（紙を含めこの権利を有する出版権者を第一号出版権者という）、②インターネット送信による電子出版を行う権利（この権利を占有する出版権者を第二号出版権者という）の両方又は一方を行う権利を独占的に有することができることになる。

第八十条3　出版権者は、複製権等保有者の承諾を得た場合に限り、他人に対し、その出版権の目的である著作物の複製又は公衆送信を許諾することができる。

旧八十条3　出版権者は、他人に対し、その出版権の目的である著作物の複製を許諾することができない。

この条項を一八〇度かえることによって、出版権者は著作権者の承諾を得れば、他の出版社などに文庫化などの許諾、パッケージ系電子出版物化の許諾をすることができることになった（出版権の再許諾）。また電子出版についても自らインターネット配信すると共に他の電子配信業者にインターネット配信することを許諾できることになる。

他の改正条項は「法律案の概要」にあるとおりである。

出版業界紙の『新文化』二〇一四年三月十三日号は「著作権法改正案」を次のように伝えている。

現在開会中の国会で成立するためには三月十五日が上程リミットとなる著作権法の一部改正案について、文化庁案は出版界が要望する「紙と電子の一体的設定」などを明確にせず、経団連が主張した「電子出版権の創設」に傾き、プラットフォーマーも出版権者となりえる内容となっていることが分かった。電子出版とはいえ、出版行為に変わりはなく、権利の主体が「出版を引き受ける者」から「出版行為又は公衆送信行為を引き受ける者」へと拡大されている。これにより「出版の定義」が変容する重要な局面を迎えている。

同十四日にも閣議決定される改正法案では、出版権の設定は「出版行為・公衆送信行為（自動公衆送信の場合、送信可能化を含む）を引き受ける者に対し、出版権を設定することができる」（第七十九条第1項）としている。資金力のある大手海外プラットフォーマーによる寡占化で、国内事業者が駆逐される危険性も孕む。

出版界が強く主張してきたデジタル海賊版対策については、文化庁側の「紙と電子の一体的な設定による契約で対応できる」との判断から「みなし侵害規定の創設」は見送られそうだ。紙の出版権のみではネット上の海賊版の差止めはできず、これまでの状況と何ら変わりがない。

第八十四条「出版権の消滅の請求」では、「権利に係る出版権を消滅させる事が出来る」と規定。著作権者は出版権者が継続的に出版する義務や公衆送信行為を行う義務に違反した場合、義務違反があった部分のみを消滅させられる。当初、危惧された「義務違反ですべてが消滅する」設定は回避された。

再許諾に関しては、第八十条3項で「出版権者は、複製権等保有者の承諾を得た場合に限り、著作物の複製又は公衆送信を許諾することができる」と規定。日本出版者協議会が強く求めた「親本出版社の権利」が擁護されたかたち。単行本を文庫化する場合、文庫レーベルがない「親本」出版社の許諾が必要となることもある。

文化庁の改正案は出版界側の要望とはかけ離れた部分も多く、今後、出版界による「改正要求」などの可能性もある。

書協の井村氏が要望したみなし侵害規定は見送られた。海賊版対策のために改正が必要との肝心の規定がなくなったことに書協は責任を感じるべきである。紙だけの出版権しか持たない大部分の出版社は、対応に苦慮することになる。

出版協は、国会上程日の三月十四日、「『著作権法の一部改正案』の修正を求める」声明を出した。これは総合出版権の議連案を支持する立場からの政府提出法案への批判であった。国会論戦とも関係するので、収録する。

出版者への権利付与は、出版者の電子出版への対応と海賊版対策を目的に検討されてきたが、閣議決定された「著作権法の一部を改正する法律案」は残念ながらその目的を達成するには、以下の点で不十分な内容と言わざるを得ない。

1　改正案七九条は、現行法の「出版することを引き受ける者」ではなく、「出版行為又は公衆送信行為を引き受ける者」に対し出版権を設定できることになっているため、「公衆送信行為を引き受ける者」（第二号出版権者）に出版権を設定できる。これでは、単なるプラットフォーマー、電子配信業者が出版権者になれることになる。また、いわゆるホームページ、ブログ、メールマガジン等にも第二号出版権（電子出版権）が設定可能となり、第二号出版権者というかたちで出版権者の無制限な拡散が引き起こされ、混乱が予想される。改正案は、出版者に本来の紙の出版に加えて電子出版に対応できるようにするという法改正の目的とは著しく異なるものになっている。

改正案は、「原作のまま前条第一項に規定する方式により記録媒体に記録された当該著作物の複製物を用いて公衆送信を行う権利」（第八〇条第二項）、つまり著作物の複製物を用いてインターネット送信等を行う権利を設定された者を、第八一条で「第二号出版権者」と呼んでいる。これは、改正法案が、「公衆送信」の概念のなかに「放送」「有線放送」「自動公衆送信」などに加え、「公衆送信行為」という名称で「電子出版」の概念を事実上設けたことを示している。したがって、改正案の出版権の設定は、以下のような趣旨のもとに、出版並びに電子出版を引き受ける「出版者」に対し出版権を設定するよう修正することを求める。「著作権者は、その著作物について、以下の行為をもって出版を引き受ける者に対し、出版権を設定することができる。

① 文書又は図画として出版すること（記録媒体に記録された著作物の複製物により頒布することを含む）【紙媒体による出版やCD－ROM等による出版】

② 記録媒体に記録された著作物の複製物を、公衆送信を用いて電子出版すること【インターネット送信等による電子出版】」

2 海賊版対策は、出版者が契約により第一号出版権者【紙媒体による出版やCD－ROM等による出版】並びに第二号出版権者の両方を得ない限り、出版社としては対策がなく、海賊版対策としては不十分である。海賊版のほとんどが紙の出版物からのデジタル海賊版である現状を踏まえ、第一号出版権のみの出版者も海賊版対策が可能となるよう、この点の法案の修正を求める。

なお改正案が、設定出版権者の再許諾や損害賠償請求権を出版権者に認めていることは歓迎する。

2　国会審議

著作権法改正案の審議は、衆議院文部科学委員会で二〇一四年三月二十八日から始まった。冒頭、下村博文文部科学大臣は「この法律案は、インターネットその他の新たな情報伝達手段の発達に伴い、電子書籍が増加する一方、インターネット上での違法流通が広がっていることに対応し、紙媒体による出版文化の継承、発展と健全な電子書籍市場の形成を図り、我が国の多様で豊かな出版文化のさらなる進展に寄与することを目的として、電子書籍に対応した出版権の整備を行うものであります。」と同法案の提案理由を述べた。

また改正案の内容の概要について「出版者がいわゆる電子出版について著作権者から出版権の設定を受け、インターネットを用いた無断送信等を差し止めることができるよう、紙媒体による出版のみを対象としている現行出版権制度を見直し、電子書籍をインターネット送信すること等を引き受ける出版者に対して、出版権を設定できることとしております。あわせて、このような出版権を設定した場合の出版権の内容、出版の義務、出版権の消滅の請求等について規定を整備するものであります。」と説明した。

3　著作権法の改正の目的

衆議院での本格審議は二〇一四年四月二日からはじまった。

鈴木（望）委員（日本維新の会）　さて、海賊版の議論はしようと思えばまだいろいろあるわけですけれども、次に、既存の出版文化を守りながら電子書籍の健全な発展のために出版権はどうあるべきかという、もう一つの著作権法の改正の目的のところに議論を移させていただきたいと思います。

今回の改正では、出版権を、従来の紙の出版権、第一号出版権と、電磁的記録媒体を用いた公衆送信権、第二号出版権に分けたわけでありますが、検討の過程の中では、現行の出版権が電子出版にも及ぶような権利となるようにすべきである、仮にこれを一体的出版権と呼ばせていただきますと、要するに、紙の出版と電子出版を一体化した権利のことでございますけれども、そういった一体的出版権、この名前がふさわしいかどうかは別として、そういったものでいくべきじゃないのかという議論があったというふうに認識をしております。

その根拠となる理由は、先ほども文化庁の次長が言われましたように、電子書籍の九七%は紙の出版物を底本としているという実態があって、インターネットの海賊版に対する差しとめ請求は、こういった権利の拡張で行うのが実は実態に合っていると思うわけでありまして、そっちの方が、事柄の通りからいくと自然じゃないのかなというふうに思われるわけであります。

なぜこのような主張が退けられることになったのかについてお尋ねをしたいと思います。

河村政府参考人（河村潤子文化庁次長） 紙媒体での出版の権利と電子書籍による電子出版の権利を全く融合した一体の権利として考えるかどうかということについて、審議会の出版関連小委員会では、関係者から賛否両論がございました。

一体化に積極的な御意見として、海賊版対策ですとか、それから、出版者がこれまで果たしてこられた社会的役割や、今御言及のありました紙媒体の出版をベースとして電子書籍が出ているのではないかといったことが御意見としてございました。

が一方、一体的であるべきではないという方の御意見として、主に著作者の団体や有識者、他の産業界などから、紙媒体の出版と電子の出版というものは、法的には、複製物をつくるということと公衆送信ということでやはり別の行為ではないかとか、それから、著作者の立場から見ますと、紙の出版と電子での出版について、みずからが必要だと考える部分だけシンプルな契約でいきたいという強い御意見もありました。

そこで、検討を重ねまして、出版者の方も、紙媒体での出版と電子ということが権利義務関係ではやはり分けられるものであるといったような御意見もありましたので、制度的な差異、意義というものは特段出てこないのではないかという結論になりまして、具体的な立法の方法が政府に委ねられたという経緯でございます。

そのような検討、各界の御意見を受けまして、現在の条文は、出版権制度という出版者の役割に鑑みてつくられている制度、出版を引き受け、企画、編集などを通じて出版物を作成して世に伝達するという出版者の役割の重要性に鑑みて特別に設定されている、著作権法の中での「第三章　出版権」、その制度の中にこの電子出版に対応する出版権を包含するということでの設計としたものでございます。

出版関連小委での議論と結論、電子書籍に対応した出版権の創設の方向の決定と具体的な制度設計が、文化庁に委ねられた経緯が説明された。出版界、とりわけ書協の著作隣接権案の破綻、海賊版対策の迷走で、議論の方向はすでに決していた。

4　「第七十九条　出版権の設定」の質疑

まず「第七十九条　出版権の設定」から議論を見ていこう。

中川（正）委員　〔引用者注＝「印刷文化・電子文化の基盤整備に関する勉強会」座長、民主党〕紙媒体書籍か電子書籍かどうかというのは著作物が世に出る時点での態様の相違に過ぎず、出版物の刊行に向けられた企画、編集の過程、すなわち著作者と出版者との一連の共同作業こそが出版と呼ぶべきものであるのではないか。

そうすると、紙媒体書籍か電子書籍かどうかというその切り口のみをもって、あるいは、紙なのか電子なのかというその切り口のみをもって出版行為かそうでないかという区別をするのは、これは間違っているのではないか。実務とかけ離れた用語の整理であるということになるのではないかということ。

ここを、近時における出版形態の多様化に照らして出版の概念を拡張して、インターネットを利用した公衆送信を含むものとして整理をすべきではないかというふうに思うんですが、ここについての答えをいただきたいと思います。

河村政府参考人　改正案第七十九条におきましては、著作物をインターネット送信することについて、出版ではなくて公衆送信という用語を用いております。

これは、通例、出版とは、著作物を文書または図画として複製し、その複製物を刊行物として発売、頒布することを意味するものとされていること、これは現行法の解釈もそのようになっておりますし、また、さまざまな、社会的に現在使われております用語は、一般的にそのような意味として使われているものと承知をいたしております。

このように、刊行物などの形あるもの、有体物を発売、頒布することを念頭に通例用いられているのが出版という用語であるところから、インターネット送信については、ちょっとその態様が違う、有体物を頒布するものではないということで、書き分けているものでございます。

中川（正）委員　出版の意味について、制定当時においては紙媒体書籍が想定されていたということ、これはそのとおりであると思われますけれども、現行法の七十九条一項は、「文書又は図画として出版することを引き受ける者」と規定をしておって、文書または図画として以外の出版も、これで配慮はされていないのではないか。

法令用語としての出版の中に電子書籍の出版を位置づけるというのが難しい理由というのは何なのか、明らかにしていただきたいと思います。

河村政府参考人　先ほど申し上げたところでございますが、通例、出版という用語は、著作物を文書または図画として複製し、その複製物を刊行物として発売、頒布することを意味するものと考えておりまして、刊行物などの有体物を発売、頒布することを念頭に用いられるものでありますため、インターネット送信は有体物を頒布するということではないものですから、書き分けているということでございます。

中川（正）委員　ちょっとすれ違いで答えになっていないように思うんですが、進めていきます。

電子書籍の出版を出版の中に位置づけるのが難しいということであるとすれば、例えば、CD-ROM出版あるいはDVD等の記録媒体を利用した頒布、これについてはなぜ出版行為の中に含めることができるのか。

結局は、紙媒体か電子媒体かということではなくて、頒布かあるいは公衆送信かという区別なのではないかというふうに理解ができるんです。紙媒体だけでなくて、電子媒体であっても出版に含めることはできるが、頒布できるもののみが出版であって、公衆送信するものは出版に含めることができないということを言っておられるとすれば、それは理論的な説明をもう少ししっかりとしていただきたいということです。

河村政府参考人　先ほど申し上げましたように、通例、出版とは、刊行物などの有体物を発売、頒布することを念頭に用いられている用語でございます。

したがいまして、CD-ROM等の記録媒体を用いるという頒布等につきましては、著作物をCD-ROM等の有体物に記録して、その複製物を頒布するという態様でございますため、文書または図画としての、紙媒体として出版する、印刷で出版するということとあわせて「出版行為」との略称を用いることとしたものでございます。

中川（正）委員　有体物と無体物という定義を持ち出していただいたんですけれども、本来は、紙や、あるいはＣＤ－ＲＯＭも有体物の中に入るという解釈なんだろうけれども、これで区別するんじゃなくて、その中にあるコンテンツ、著作物なんですね。これは、媒体が有体物であろうが電子媒体であろうが、やはりコンテンツなんだというふうに私は解釈しているんです。

そこのところが一つ解釈の違いとしてあるのかなというふうに思うんですけれども、そういうことでいいんですか。

河村政府参考人　現在の法律案の書きぶりとしては、出版というものが、有体物の発売、頒布ということを念頭に用いられるのが現在の通例であるということから、そのような用語といたしております。

インターネットで送信する、公衆送信するということについては、形あるものを頒布する態様ではないために、「公衆送信を行うこと」という用語、つまり、利用のその態様をそのまま法文上表現をいたしたということでございます。

中川（正）委員　そこのところで区別をすると、あといろいろな問題が出てくるんじゃないかなというふうに思います。そこについては、改めて論理的に、もうちょっと後ほど、後ほどというか次の委員会の中で議論をしていきたいというふうに思います。

引用が長くなった。河村次長は中川議員の鋭い質問をあくまで突っぱねた。

第七十九条は、①文書若しくは図画として出版することに加え、②電子計算機を用いてその映像面に文書又は図画として表示されるようにする方式により記録媒体に記録し、当該記録媒体に記録された著作物の複製物により頒布すること、が「出版行為」と規定され、その出版行為「を引き受ける者に対し、出版権を設定することができる。」と規定、これを第一号出版権者と呼んだ。具体的には本を出版することとCD-ROMなどのパッケージ系電子書籍を頒布することを引き受ける者に対し出版権を設定できるとした。

さらに、③前記方式により記録媒体に記録された著作物の複製物を用いて公衆送信（放送又は有線放送を除き、自動公衆送信の場合にあっては送信可能化を含む）を行うこと（「公衆送信行為」という）を引き受ける者に対し、出版権を設定することができる、と規定し、これを第二号出版権者とした。既存の出版社である必要はない。

政府説明によれば、第一号出版権は刊行物などの有体物を発売、頒布することで、出版行為とされた。第二号出版権は無体物をインターネット送信などで公衆送信行為を行うこととされた。二つに分けた理由は、「刊行物などの形あるもの、有体物を発売、頒布することを念頭に通例用いられているのが出版という用語であるところから、インターネット送信については、ちょっとその態様が違う、有体物を頒布するものではないということで、書き分けているものでございます」として、有体物・無体物という考えから、出版とインターネット送信とを分けたのだと答弁した。

七十九条改正案は、経団連案、つまりは電子出版物のオンライン配信などを第二号出版権として独立させ、流通の促進を図るのが眼目と言えた。アマゾンや楽天ブックスなどインターネット配信業者の要望を色濃く反映した内容であった。これはまたオンライン系電子書籍＝出版物は無体物で、定価販売を許された再販売価格維持制度の対象は有体物であり、無体物は対象にならないとの公取委の見解にも沿うものであった。

5 「引き受ける者」とは？

中川（正）委員 次に、引き受ける者についてでありますが、公衆送信行為を引き受ける者について出版権を設定することができるということは、さっきの話で、発行、いわゆる出版物を出版するというその行為を公衆送信行為のみで規定をして、それを引き受ける者として出版権を設定することができるということは、プラットフォーマー、例えばアマゾンやグーグルなど、みずからは企画、編集等を行わないプラットフォーマーについても出版権者となり得るということ、こういうことだと思うんですね。

そうすると、一つの著作物について一つのプラットフォーム限定での配信となってしまう、そこで独占権ができるわけですから。そうすると、電子書籍の流通を阻害することになってしまうんじゃないか。普通は、出版者が独占権を得て、そこから複数のプラットフォーマーに出していくというような形態が一つのビジネスモデルなんだろうというふうに思うんです。

それが、プラットフォーマーが直接契約をして、それに出版権が与えられて独占権ということになると、結果的にはユーザーにとって支障が出てくる。いわゆるユーザビリティーというんですかね、読者にとっても、限定されたところに独占された形でのプラットフォーマー配信になってしまう、こういう可能性があるんではないかということなんですが、これについてはどのように整理をされていますか。

下村国務大臣　お尋ねについては、法律上の文言上は、従来の紙の出版の場合と同様に企画、編集を行うことが出版権設定の要件とはなっていないため、企画、編集を行わない事業者が出版権の設定を受けることが全くないとは言えない。つまり、アマゾンやグーグルなどが対象にならないかというと、ならないとは言えないという部分がございます。

もっとも、改正案では、電子出版の権利を紙媒体での出版の権利と同じ出版権の中に包含をしております。現行出版権制度は、出版を引き受け、企画、編集等を通じて出版物を作成し世に伝達するという出版者の役割の重要性に鑑み、特別に設けられたものでありまして、その趣旨は変わっているわけではありません。

このため、従前の紙媒体に係る出版の場合と同様に、電子出版を引き受け、企画、編集等を通じて電子書籍を作成し世に伝達するという役割を担う者が電子出版に係る出版権の設定を受けることが制度趣旨にかなうものであると考えられます。

また、出版権設定のための契約交渉は、原稿依頼時や入手時等に行われることが想定されるわけでありまして、企画、編集等の役割を担った出版者は、誰よりも先に著作権者と交渉する立場に立ち、出版権を設定することが可能となるわけでございます。

したがって、当事者間に信頼関係があれば、同一の出版者に紙媒体の出版と電子出版の両方の権利が設定されるようになると考えられることから、そのような御懸念は当たらないというふうに考えております。

出版権を第一号出版権と第二号出版権の分割設定することと、あとで議論する、第八十条第一項の「出版権者は、」「権利の全部又は一部を専有する。」という細分化の条文により、アマゾンなどのインターネット配信業者が、書籍ないし書籍データをスキャンしインターネット配信できるように準備し配信する権利を「占有」できることになる。

第一号出版権しか持てない出版社は電子出版権をアマゾン等に独占され、紙の出版物が脅威に晒される畏れは十二分にある。

しかし、下村大臣は、「当事者間に信頼関係があれば、同一の出版者に紙媒体の出版と電子出版の両方の権利が設定されるようになると考えられる」として、出版社と著者との信頼関係があれば問題はないと、当事者の問題にすり替えてしまった。

6 「第八十条　出版権の内容」の質疑

次に「第八十条　出版権の内容」をめぐる議論を見ていこう。

馳浩委員（自民党）　出版権制度の趣旨から、電子出版を引き受け、電子書籍の企画、編集等に関与した者が出版権者として念頭に置かれているとのことですが、立法趣旨を明確にするため、条文上も、「公衆送信を行うことを引き受ける者」ではなく、出版や電子出版を引き受ける者に出版権を設定することができると規定すべきではありませんか。

河村政府参考人　現行の著作権法上の出版という用語は、著作物を文書または図画として複製し、その複製物を刊行物として発売、頒布することと解されております。ですから、その用語自体、先ほど大臣から言われましたように、企画、編集等が含まれるということには必ずしもなっておりません。

このため、仮に新たな利用の態様を出版や電子出版と表現をいたしましても、そのことから直ちに、単に電子書籍の配信のみを行う事業者を除外するという、文言上のことでそのようなことにはならないというふうに理解をいたしております。

従来の紙の出版権は「文書又は図画として複製する権利」で「企画、編集を行うことが出版権設定の要件とはなっていない」。改正案もこれに準じて、紙とパッケージ系電子書籍を第一号出版権として括り、これについて「文書又は図画として複製する権利」「記録媒体に記録された電磁的記録として複製する権利」とした。電子出版権についても同様の規定とし、「当該著作物の複製物を用いて公衆送信を行う権利」としたと説明、単に配信するだけの事業者に出版権を設定され、「電子書籍の流通が独占されてしまうのではないかとの懸念」は当たらないと弁明した。

著者と出版者との法的関係を規律する法律に、出版の成果物である出版物の企画・編集・制作に関わりのない者が、その電子データを用いて送信可能化する者に第二号出版権が与えられるようにした。現実の話としては、アマゾンやグーグルなどが出版物の通販で、読者が中味を立ち読みできると便利だからと、出版物はすでにスキャンされているわけで、あとは、経済的力を背景に第二号出版権の獲得を出版社や著者に迫ればいいだけなのである。それを著者と出版社の信頼関係だけでやれば問題ないと精神論を繰り返すばかりである。法律とは言えない規定である。信頼関係だけですむのならば法律はいらない。

7　「権利の全部又は一部を専有する」と海賊版対策

次に第八十条第一項が議論された。

馳委員　次に、インターネット上の海賊版対策が実効的に行われるか確認します。

第八十条第一項には「出版権者は、」「権利の全部又は一部を専有する。」とありますが、どういう意味ですか。一号や二号をさらに細分化した権利の設定も認める趣旨なのでしょうか。あくまでも、一号、二号の全部または一号、二号のどちらかという形にすべきではありませんか。

河村政府参考人　法律案第八十条第一項の「全部又は一部」とは、第一号の紙媒体による出版のための権利と第二号の電子出版のための権利について、第一号と第二号の全部または第一号と第二号のいずれか一方ということを基本的には想定をいたしております。

しかし、現行の出版権と同様に、各号の権利をさらにもう少し細分化する余地というものも認めるものでございます。

その権利の細分化の例といたしましては、例えば第八十条第一項第一号の権利を、紙媒体による出版権とCD-ROM等による出版権というように分けるということがあり得ます。

しかしながら、どこまで権利を細分化できるかということについては、際限なくどんどん細分化できるというものではないと考えております。利用の仕方、利用態様としての区別が明確でなく、また、権利をどんどん細分化することによって実務等に混乱が生ずるおそれがある場合まで出版権の内容を細分化して設定するということが認められるのは、適当ではないと考えております。

具体的な個々の事例については、現行の出版権をどこまで細分化できるかということが具体的に争われるとすれば、裁判所においての判断ということになろうかと存じます。

馳委員　例えば一号についても、単行本出版権、雑誌出版権、文庫出版権というふうに際限なく細分化が認められるような状況になれば、これではなかなか海賊版対策といったものは、イタチごっこというか、どんどん裁判になってしまって、それを後追いでどう対処するかというふうな状況になってしまって、これでは、出版者側は安心して出版権の設定というものに対応していくことができなくなる。海賊版対策をしっかり行っていくという前提が崩れてしまうんです。

ここの部分は、際限なく細分化されないような注視、またその指導といったものが必要だと思いますが、いかがですか。

河村政府参考人　お答え申し上げます。

先ほど申し上げましたように、利用態様としての区分が明確でない、それから、細分化することによって実務上も混乱が生ずるおそれがある場合というような場合については、細分化はすべきではないというふうに考えております。（以下略）

次に、海賊版対策とみなし侵害規定の創設について質問がされた。

馳委員　出版権の一部だけを有している出版権者は、十分に海賊版に対応することはできません。基本的には、契約によって紙媒体の出版と電子出版の両方の権利を設定すればよいということにはなりますが、紙の書籍のみでの出版を希望し、電子書籍については様子を見たいという著作権者もいます。電子出版の義務を伴うような出版権を設定してしまうと、出版者が電子出版をせざるを得なくなるからであります。

紙の書籍のみを出版したい著作権者、出版者にとって、海賊版対策のためには、みなし侵害規定が必要なのではありませんか。

下村国務大臣　御指摘のみなし侵害規定の創設については、文化審議会の中の出版関連小委員会において検討が行われました。

既に著作権侵害である利用態様をさらに出版権侵害とみなすことは法制的なハードルが高いとの意見や、電子書籍に対応した出版権を設定しない者に差しとめ請求を認めるのは法律としてバランスを欠くといった意見などから、立法化について合意形成に至らなかったという経緯がございます。

一方、インターネット上の海賊版については、電子出版についての出版権の侵害であり、電子出版についての出版権を設定すれば、出版者みずから海賊版に対応することが可能ということになるわけでございます。

また、著作権者が紙媒体の出版を希望し、当面電子出版を見合わせた場合においても、当事者間の契約で義務を柔軟に設定をし、電子出版についての出版権を設定するということが追加でできるということでございまして、みなし侵害規定を創設しなくても、出版者は有効な海賊版対策を行うことが事実上可能ということになるわけであります。

なお、仮にみなし侵害規定を創設するとしても、紙のみの出版権者が第三者による違法な電子配信を差しとめるに当たっては、本来の権利者である著作権者の意向を確認することが必要であり、そのとき、著作権者によっては必ずしも同じ判断をしないということもあり得るわけでございます。

このため、あらかじめ著作権者との契約により電子出版についての出版権を設定しておくというふうにした方が、みなし侵害規定による対応よりも、結果的に、より迅速に海賊版に対応することが可能であるというふうに考えます。

紙の書籍のみを出版している出版者にとって、インターネット上の海賊版の差し止めができない。海賊版などの著作権侵害である利用態様を出版権侵害とみなすためには、「みなし侵害規定」が必要ではとの馳委員の質問は、出版関連小委で結論が出なかったことなどから軽くいなされた。出版者が電子出版権を設定することや、電子出版を見合わせた場合の出版契約上の工夫で対応できるとされた。

出版社としては、第一号出版権と第二号出版権の両方を出版契約時に得ておくしか、アマゾンなどネット配信業者に対する具体的防衛策はないといえる。

8　複製権と海賊版対策

馳委員　別の観点から海賊版対策の有効性について伺います。

インターネット送信のための出版権の内容には、公衆送信を行う権利は含まれているものの、複製権は含まれていません。文化庁の審議会の報告書でも、複製権と公衆送信権の設定が適当であるとしていました。

複製権が含まれていない理由と、複製権を含めないと海外の海賊版対策が十分にできないのではないかという心配についてお答えください。

下村国務大臣　複製権が含まれていない理由についてでありますが、紙媒体の出版に当たっては、著作物を複製し頒布、譲渡するという二つの行為が行われるわけでありますが、現行著作権法は、出版者に頒布目的の複製権のみを専有させております。これは、出版者に頒布目的の複製権を専有させれば、独占的な出版と有効な海賊版対策を十分に行うことができるからであります。

電子出版においても、著作物を公衆送信目的で複製し公衆送信を行うという二つの行為が行われるわけでありますが、現行著作権法と同様の観点から、独占的な電子出版と有効な海賊版対策を十分に行うことができるよう、公衆送信権のみを専有させることとしたものでございます。

また、海外の海賊版対策についてでありますが、仮に公衆送信目的の複製権も出版権に含めたとしても、公衆送信を行う前段階の複製行為は、通常、公然と行われず、発見することが極めて困難であるため、海賊版対策においては公衆送信権が重要となると考えられます。

海外でのみ公衆送信されている海賊版への対応については、基本的にその侵害行為の国における法律に基づくことが原則であるため、今回、国内法で出版権を整備しても、出版権者が海外の海賊版を差しとめられるかどうかは、その国の法律次第ということになるわけであります。

一方、著作権者は、条約関係にある国であれば、その国の法律に基づき著作権の保護を受けるため、出版権者は著作権者と協力して、または著作権者から著作権譲渡を受けて、海賊版に対応することができるということになります。

なお、とりわけアジア諸国においては、我が国の著作物に対する侵害事例が多く発生している状況があることから、二国間協議の活用等により、今後とも、著作権等の保護が十分に図られるように努めてまいりたいと思います。

「公衆送信を行う前段階の複製行為は、通常、公然と行われず、発見することが極めて困難であるため、海賊版対策においては公衆送信権が重要となる」とし、複製権がなくとも公衆送信権があれば海賊版対策に有効との答弁であった。

9　第二号出版契約で海賊版対策ができる

鈴木（望）委員（日本維新の会）　今回の改正で、一番大もとの著作権は、先ほど八十条の一部または全部の解釈のところでいろいろと議論がなされましたけれども、非常に複雑な契約形態に対応していかなきゃいけないという感じがするわけであります。

そこで、ちょっとはしょりまして、例でお答えをいただければというふうに思いますが、例えば、非常に小規模の、公衆送信業務をする能力がないしまた意思もない、そういう小さな出版社が第一号出版契約しか結ばなかった場合に、違法な公衆送信行為に対してどのように権利が守られていくというふうにお考えでしょうか。

また、もう一つ例として、同じように非常に小さな出版社、公衆送信業務をする能力も意思もない小さな出版社が、次長も大臣も言われているように、第一号出版契約、第二号出版契約をワンパックでしたといった場合に、この場合において違法な送信行為に対してどういう対応が、可能性としてできるというだけでは私は困ると思うんです。

実際に有効に対応していくにはどういうふうにすべきか、また、それに対して公がどういう支援をしていくのか、その点についてどういうふうにお考えでしょうか。

河村政府参考人　これまでのお答えでも出てきたかとは存じますけれども、出版権設定の契約のときに、直ちに電子出版を行う意思がない場合においても、当事者間の契約で義務を柔軟に設定して、電子出版についての出版権の設定を行うことは可能でございます。（略）

電子出版に関しましても、そのプロセスの一部を第三者に委託して行うということについては、紙媒体の出版についての出版権の場合と同様に可能でございますので、そうした方法がとれると存じます。そのような一部の委託を受けるというような機構が、出版界あるいは政府の後押しも一部ありましてできているというふうに存じます。

このような形で、電子出版についての出版権ということを第三者の力もかりながら設定するということで、小さな出版社でありましても、その主体となって海賊版に対応することが可能であろうと存じます。

それからまた、これは著作者から期間限定の譲渡を受けるといったような方法ももちろん可能でございまして、このような対応も考えていくということは著作者団体からも表明があったこととというふうに承知をいたしております。

それから、もう一つのお尋ねでございまして、一号出版権、二号出版権の両方を有することになったとしても、大変規模の小さい出版業者では現実の違法な行為に対する権利行使が難しいのではないかということについてでございます。

　これについては、中小の出版社で構成される日本出版者協議会におかれましても、文化審議会のヒアリングの場では、今とにかく訴訟の当事者になれない点が問題なのであって、まずその主体、少なくとも個人である著作権者に任せるよりは、まず出版社で組織的に対応することが有効であるということもお話しになっておられたと承知をいたしております。

　こういうことで、中小の出版社においてもさまざまな工夫での海賊版対策を御期待申し上げるわけですけれども、もう一つ付言して申し上げますと、出版権の侵害は刑事罰の対象にもなりますので、民事的なさまざまな差しとめ等の請求を行っていくということに加えまして、刑事罰の対象となりますので、例えば告訴をする、またそれも大変だということであれば、私どもとしても、刑事罰の対象になるということについて今後の法施行までの間に周知を行っていくことで抑止力を働かせるということは、一つの考えられる方策ではないかと存じます。


出版協が今回の改正で力点をおいた、海賊版対策を含めた出版者による差し止め請求など、出版者の訴訟当事者性の問題がここで触れられている。出版協は設定出版権における出版者の当事者性のないことが問題を大きくしているとして、その当事者性を獲得することが重要と主張してきた。書協案の著作隣接権だと、著作権者の当事者性を奪うかたちで出版者が当事者性を得ることになりかねず、著作権者の反発は必至であった。今回この改正案は旧第八十条第三項の問題を一八〇度改め、「第八十条3　出版権者は、複製権等保有者の承諾を得た場合に限り、他人に対し、その出版権の目的である著作物の複製又は公衆送信を許諾することができる。」とした。紙・電子共に再許諾の権利を出版者に付与することにより、著作権者と出版者はともに当事者となるという点で、政府答弁にあるように出版協の主張が考慮されたと言える。

10　今回の改正で何が変わるのか

中野委員（中野洋昌、公明党）　今回の、電子媒体に対して出版権が設定をされるということで、一番今までと変わる部分は何なのか。では、今まで電子出版をしてきたこの権利との関係というのは一体どうなるのか。この法律の施行をするに当たって現場が混乱をしないようにしっかりやっていただきたい、このように思うんですけれども、政府の御見解を伺いたいというふうに思います。

河村政府参考人　お答え申し上げます。

今でも、御指摘のように、公衆送信によるいわゆる電子出版というものが行われているわけでございますが、これはどのような契約で行われるかと申しますと、主に、出版者が著作権者から電子出版についての許諾を得る、ライセンスを得るということで行われております。

この場合は、出版者は、みずからインターネット上の海賊版に対して差しとめ請求を行うことはできません。許諾を得た立場ということでございまして、みずからが主体的に差しとめ請求という権利行使ができません。

改正案により、電子出版についての出版権が設定をされることで、出版者が権利者として独占的、排他的に出版をすることができるということに加えまして、出版者がみずからインターネット上の海賊版に差しとめ請求できることとなります。著作者ではなくて、出版者もできるようになるということでございます。この点が改正案によって最も変わる点であろうかと存じます。

また、現在、著作権者から許諾を得て電子出版を行っている出版者でありましても、法改正後に、電子出版についての今度できる出版権を設定しようとする場合には、改めて当事者間で出版権設定の契約を締結することとなります。

前項で筆者がすでに触れたことなので、繰り返しになるが、紙と電子についての出版権の設定と再許諾によって、出版者が当事者性を得たことが改正案の肝なのである。

衆議院文部科学委員会での主な質疑は以上であった。

第15章　衆参議院での参考人質疑

1　衆議院参考人質疑

二〇一四年四月二日に、衆議院文部科学委員会で参考人意見陳述が行われた。出版界から相賀昌宏書協理事長、学識経験者から土肥一史日本大学大学院知的財産研究科教授、著作者団体から日本写真著作権協会の瀬尾太一常務理事が意見陳述を行った。

相賀参考人は「一つは、現行出版権に対する一般的な解釈である、出版権者となり得るのは、みずから出版することを予定し、かつその能力を有する者という法解釈が、電子書籍に対応する出版権に関しても維持されることです。二つ目には、デジタル海賊版による権利侵害行為が国の内外において横行している現状に鑑み、今回の改正法のもとで、紙の出版物をスキャンしたデジタル海賊版に出版者みずからが対抗するための方法と法的根拠が具体的に示されることです」との要望を陳述した。

「特定の版面の創設」や「みなし侵害規定の創設」が見送られた以上、この段階では無理であったが、出版界としての基本的な立場を述べた。

出版関連小委員会の主査を務めた土肥一史参考人は、「メガプラットフォーマーが著作権者と出版権設定契約を行い、権利を独占するのではないか、こういった心配がある」が、「出版者が企画、編集などを行い、著作権者の創作する作品をより一層よいものとし、著作権者との間に信頼関係が形成されているのであれば、著作権者としては、紙の出版に関する権利だけではなく、電子出版に関する権利も同一の出版者に預けようとするはずであります。また、原稿の執筆を依頼する際などには、出版者が誰よりも先に著作権者と交渉ができますので、出版者は、メガプラットフォーマーに先んじて著作権者との契約交渉を開始できる地位にあります。したがいまして、著作権者と出版者との間においてこの法律案を前提にした契約慣行を形成し、出版者に権利を預けてもらうようなことこそが、メガプラットフォーマーによる独占を阻止する唯一の有効な手だてであると考えております」（第一八六回国会　文部科学委員会会議録四月二日）。

「根本的には、出版社と著作権者との間の契約で対応すべき話ではないか」として政府見解をなぞり法案に賛成の陳述をした。

瀬尾参考人は、ナショナルアーカイブの創設と孤児作品の問題を陳述した。

その後質疑に移り、著作隣接権についても質疑があった。生活の党の青木愛委員からの著作隣接権についての質問に相賀氏は次のように答えた。

相賀参考人　隣接権があればどんなに楽かと思ってスタートしたのは事実でございますが、やはりそれは、自動的に権利が付与されるということに対して著作権団体は非常に不安を持っていたということもございます。

今、その過去に戻っていろいろと言うのは余り生産的ではないと私個人的には思っていまして、むしろ、今回こうやって権利を持つことによって、もし隣接権があればきっと今までと同じようなやり方をしていただろうけれども、今こうして新たな段階に入った以上、各社一生懸命、デジタルの権利も版の著作権もちゃんと権利を結んで、それに対してそれを有効に今後生かしていく、この方向に切りかえていきたいと思っております。

書協知財委は、著作隣接権案を含め著作権法の改正にあたり、必ずしも十分な準備ができたといえず、戦略的な誤りを侵し、著作者団体や学識経験者、文化庁を説得できるだけの説明すらできなかった。そのなかで、書協・雑協内の方針の混乱と転換のなかで、理事長として調整に苦慮し方針を転換せざるを得なかった。国会上程前に文化庁案に賛成していた相賀理事長としては、こう言うしかなかったのであろう。

出版関連小委の主査を務めた土肥参考人は法案に賛成の立場から参考人意見を述べた。また質疑で著作権者の危惧など隣接権案が消えた背景をこう答えた。

土肥参考人　確かにパブリッシャーとしては、原版というんですか、作成する、レコード製作者のように音を最初に固定をする、そういうレベルで隣接権が与えられるということは歓迎されるんだろうと思うんですけれども、先ほど説明させていただいたように、法制度というのは、さまざまな利益主体をどうやって調整するか、利益調整の社会的な手段というふうに認識しておるわけでありまして、やはり、パブリッシャーのそういう権利というものがクリエーターのその意思との関係で生まれてくるということの方が、利益調整手段としての著作権法の中に据わりがよかったということなんですね。

あと、それではその権利が強ければいいんですけれども、実は版ということになりますので、パブリッシャーが固定される、作成されるのはその版ということになって、著作物というわけではないわけですので、では、それで結構有効にパブリッシャーとして海賊版対策ができるかというと、必ずしもそうとも言えない面があるんだろうと私は思っています。

特にクリエーターの方で言われたのは、特に絵の方、美術の方は、自分たちの描いた絵そのものが、その原版をつくられるとそれが隣接権者の権利なんですかというふうに言われまして、なかなかクリエーターの方たちの賛成は得られなかったというわけであります。

法案は、四月四日、文部科学委員会で、全員賛成で可決、参議院に送られた。

2　参議院参考人質疑

参議院での質疑は四月十七日から文教科学委員会で始まった。この日は提案理由及び内容の概要が下村文科大臣から行われただけで、実質審議は四月二十二日の参考人質疑から始まった。

二十二日の委員会では冒頭、丸山和也委員長が「本日は、本案の審査のため、参考人として一般社団法人日本出版者協議会会長・株式会社緑風出版代表取締役高須次郎君、公益社団法人日本漫画家協会著作権部員幸森軍也君及び専修大学文学部教授・株式会社出版デジタル機構取締役会長植村八潮君の三名の方に御出席をいただいております」と発言し、参考人を紹介した。

最初に筆者が意見を述べた。

参考人（高須次郎君） （前略）一般社団法人日本出版者協議会は、著作物の再販制度や言論、出版の自由の擁護、取引条件の改善などを目的に、一九七八年に結成された出版流通対策協議会を前身とする出版業界団体です。専ら人文社会科学、自然科学などの学術専門書、教養書など、少量出版物を発行する中小零細出版社九十五社で構成されております。出版者への権利付与につきましては、紙と電子の一体的な総合出版権を提言している超党派の電子書籍と出版文化の振興に関する議員連盟の議連案を支持してまいりました。

出版者への権利付与は、電子出版への対応と海賊版対策を目的に、著作権分科会出版関連小委員会で検討されてきましたが、現在審議されている著作権法の一部を改正する法律案は、出版者の電子出版への対応を可能とし、紙の出版物にも再許諾が認められるなどの歴史的側面の一方で、後で述べますような不十分な点があると考えております。

出版協が二〇一〇年に行った電子書籍会員アンケートによりますと、ＤＴＰで自社製作している社が六五%、最終組み版データを自社で所有している社が八五%となっております。中小零細出版社においては、電子出版の環境は基本的に整っていると言えます。

実は、電子出版をちゅうちょさせている理由は別のところにあります。

第一は、出版者への電子出版権の付与などの著作権法の未整備でしたが、これにつきましては、今回の改正で問題点を含みながら実現しようとしております。

第二に、電子書籍の価格の問題があります。

公正取引委員会は、紙の出版物は再販商品、オンライン系電子書籍は非再販商品、パッケージ系電子書籍も非再販商品であるという見解で、行政指導を行っております。同一出版物をパッケージ系電子書籍で発行すると非再販商品とされ、買いたたかれ値引き販売されるので、出版社は積極的に出版しようとはしません。また、電子配信業者が電子書籍の安売りをすると紙の出版物の売行きに大きく影響いたします。したがって、出版者としては、電子出版物についても何らかの価格決定権を自ら保持しないと出版経営が成り立たなくなる現実があり、この点への懸念が電子出版へのブレーキとなっております。早急に文化政策の観点から、フランスで成立した電子書籍の価格維持法のような法整備が求められていると思います。

今回の法改正の契機ともなった二〇〇九年のグーグルブック検索和解問題の際には、日本で市販されている出版物の九〇%以上がリスト化され、一〇%以上が無断でデジタル化されていたと言われております。今はもっと進んでおります。

電子出版物は、紙の校了データのない場合でも、紙の出版物からのスキャニングによって作ることができます。また、例えばアマゾンは「なか見！検索」サービスに協力している出版者の出版物をデジタル化し、さらには紙の出版のデータを提出するよう出版社に求めるなど、電子配信の加速化を整えています。公衆送信目的の複製は既に合法、非合法の形で進行しています。

こうした現実があるにもかかわらず、改正案は、公衆送信目的の複製に対する出版権者の専有が盛り込まれておりません。

出版者は、企画から多大の労力と経費を掛け出版した紙の本を、初期投資をせずに紙の出版データのスキャニングや二次加工するだけの巨大電子配信業者に奪われるのではないかと恐れています。大部分が中小零細企業である出版者が、印税等の経済面での条件で巨大電子配信業者と競争することは極めて困難と言えます。

しかも、紙の書籍が再販商品で電子書籍が非再販という現実の中では、出版者が紙と電子の出版権を保持できない場合、価格決定権を失い、値引き競争に巻き込まれ、紙の出版もままならず、経営危機に陥るのは火を見るよりも明らかです。

以上の理由から、出版者が一体的に紙と電子の出版権を得、再許諾を通じて電子配信業者に配信してもらうことが出版者としては不可欠です。

改正案は、著作物の複製物を用いて公衆送信行為を行うことを引き受ける者に対し出版権を設定できることになっています。これは単に、公衆送信行為を引き受ける者が誰でも第二号出版権者になれることを条文上は意味し、出版者への権利付与という本来の趣旨とは異なります。電子配信業者が企画から編集制作、広告販売に至るまでを担う出版者として登場、参入してくることは歓迎いたします。しかし、出版者は外国の巨大配信業者がこの規定を用いて紙の出版物の刈取りをすることを恐れております。

したがって、改正案の出版権の設定は、紙の出版並びに電子出版を引き受ける出版者に対して一体的に出版権を設定するよう修正するよう要望をいたします。

「出版ニュース」の二〇一二年十月上旬号で、前文化庁次長の吉田大輔氏は、現行とほぼ同じ出版権制度は一九三四年に法制化されたが、立法当時、無断出版や競合出版に対して先行出版者の利益をどのように確保するかという議論が高まっており、制度導入時の立法作業担当者も、その趣旨をどのような方法で実現するかについて様々な案を検討をしたようであると指摘しております。この設定出版権の理念に沿って、紙の出版物を初めて世に出した出版者には、電子出版権についての一定の優先権を付与するなどの措置を講じていただきたいと思います。

次に、海賊版対策のために出版者への権利付与が急務となったのは、先に触れましたグーグルブック検索和解問題が契機ですが、このとき、日本の出版者は、現行法では和解案の法的な当事者になれないという問題が発生し、組織的対応に苦慮いたしました。今回の法案で、再許諾を含めて改正が行われることは評価いたします。

しかし、日本においてグーグルブック検索和解問題のようなことが起きた場合、第一号出版権のみの出版者は当事者となれません。海賊版対策は、出版者が第一号出版権並びに第二号出版権の両方を持たない限り差止め請求などができず、海賊版対策としては不十分です。

海賊版のほとんどが紙の出版物からのデジタル海賊版であり、紙の版面には版面権もない現状を踏まえますと、紙の権利のみでも違法デジタルスキャンに対抗できなければ、法改正の目的である海賊版対策に不備があると言わざるを得ません。第一号出版権のみの出版者も海賊版対策が可能となるよう、この点の法案の修正を求めます。

出版社の大部分は従業員が五十人以下の出版社であり、新刊書籍の大半を発行しており、とりわけ学術専門書にその傾向が顕著です。先見性と専門知識を持った優秀かつ職人的な編集者がそうした出版活動を担っており、知の伝達と継承が行われております。ところが、そうした出版社が長期にわたる出版不況の中で我慢の限界を超え、倒産、廃業が続いております。

参議院におかれましては、今申し上げました法案の修正点、疑問点、私ども出版協が三月に出しました改正案の修正を求める声明等を御検討いただき、今回の法改正が、真に出版のルネサンスのエンジンとなることを願い、私の意見といたします。(略)

日本漫画家協会著作権部員・幸森軍也氏は、法案に賛成して次のように注文を付けた。

幸森軍也氏　海外で流通する漫画の大部分は著作者の許諾がない、いわゆる海賊版でございます。海賊版の取締りを行わなければならない、それは間違いございません。この点について、これまで文化審議会などを通じてどのように対策をしていくのかが議論されてまいりました。けれども、国内の現行著作権法を改正して、出版者に何らかの権利を付与しても、世界に対して有効かどうか。また、侵害を発見するたびに国際裁判を何件も起こすのは、訴訟のための手間や費用や実態調査や損害額認定、そしてスピード面などでも大変困難なことと存じます。

今回の法整備によっても全ての海賊版を撲滅することは難しいですが、今回の法整備を契機として、新たに出版者が可能となるインターネット上の海賊版対策はもちろんのこと、海外での海賊版対策についても前向きな取組が行われるようになることを期待しております。

（中略）

今回の法整備において今以上の権利を出版者が得たときに、著しく公平性を欠くことになったり、弱い立場の漫画家が更に弱くなることを正直大変危惧しております。

漫画という日本文化を世界に紹介し、より広く流通させるためには、漫画の利用方法を熟知しているそれぞれの流通に関わる企業が分担して行うことが必要だと考えます。既存の出版者に著作者の持つ全ての権利を委託することで実現できるわけではないと思います。

これは電子書籍の配信も同じでございます。自ら電子書籍の配信を行うつもりがない出版者に権利を預けることは、著作物を死蔵させることにほかなりません。しかし、もし権利を預けるべく契約を結ばねばならないのならば、契約内容に沿った業務を出版者が一定期間内に必ず遂行するよう義務付けることが公平な契約と存じます

植村八潮参考人は改正案の意義について次のように述べた。

植村八潮氏　これからは、紙の書籍出版に加えて電子出版が普及する時代になります。（略）このような時代をすぐにでもつくるためにも法改正の意義はとても大きく、それを受けて出版関係者の果たすべき役割も大きいと考えています。（略）

基本は、今回の改正は紙と電子の一体設定を想定していただいたということは、まさにそこに出版者と著作者の信頼関係を基礎に、あるいは出版者の今後の活動にも期待をいただいたというふうに考えております。

法案の解釈が議連とは違うようだ。

このあと参考人質疑が行われた。
大手のプラットフォーマーとの対抗で、紙と電子の出版権が統一的に出版者に付与されないことによる、具体的な流通上の問題点も質問された。

田村智子君（共産党）　日本共産党の田村智子です。まず、高須参考人にお聞きをいたします。

やはり御主張の中心点が、出版権の一号と二号を一体的にということが御主張の中心点だったかと思いますので、その件に関してなんですけれども、やはり一号のみで契約になってしまって二号の出版権を契約上得ることが困難というケースを、もう少し具体的に考えられるケースとして、先ほど過去の著作物というのは幸森参考人からの御指摘でなるほどと思ったんですけれども、これから発売するような、これから出版するようなものについて、一号は取得できるけれども二号はなかなか契約上結ぶことが難しいと考えられるような具体のケースというのがどのようなものになるのか、考えられましたらちょっとお聞かせいただきたいと思います。

参考人（**高須次郎君**）　一番簡単なのは、著者の方が、一号については高須君のところでやるよ、だけど二号についてはこういうふうな、例えば外国のそういう配信業者から言われたからこっちでやりたいというふうに分けてこられたら、こちらとしては、ああ、そうですかということにならざるを得ないと。

ですから、本来はコンテンツというのをつくるのに時間を掛けて投資をしてきているわけですね。ですけれども、それができた段階で分けられちゃうということになってしまうと、紙の方の出版物の再生産が利かなくなるということを恐れているわけです、私どもは。ですから、一体的に欲しいんだと。少なくとも最初はやらせてくださいというふうなのが私どもの主張です。

田村智子君　やはり大手のプラットフォーマーなどに対してどう対抗していくかということが一つ大きな問題になっていくんだろうということは私も理解をいたします。

その問題では、先ほどフランスなどでは、電子書籍の価格についても一定の価格の値崩れを防ぐような価格維持法のような法整備がフランスでは成立しているというふうに御指摘があったんですけれども、日本において電子書籍の価格の在り方について、フランスの事例などももう少し詳しくお聞かせいただければと思うんですが、お願いいたします。

参考人（高須次郎君）　フランスの場合は、紙の方は再販制でラング法というので保護されて、五％程度の値幅再販ということなんですが、電子の方は一昨年か何かにできたんですけれども、そのきっかけが海外の巨大プラットフォーマーの本についての値引き販売だったんですね、電子書籍についての。猛烈な値引き販売をしてお客を集めて、それで周りのほかの商品も売っていくと、こういうややおとり販売的なやり方をしたために、いわゆる町のリアルな書店さん、そういったところとかが売行きが悪くなってきた。そういうことで、リアル書店さんを基本的に守らなきゃいけないということで、これは価格を出版社側に作ってやらないとまずいと、そういうことから法律ができたと。そういう意味では、統一的なやり方をして、出版、書店を守るというやり方をフランスはやっている、やはり文化国家だな、やっていないと文化国家じゃないと言うと問題になりますけれども。

やはり私としてはそういうふうな両方をやっていっていただきたいと思うんですよ、統一的に。でないと、出版社には優秀な編集者がいっぱいいるわけですよ。そういう方たちが時代を見ながらこういう本を作っていくということで、日本の全体的な知の継承とか創造をやってきた、伝達をやってきたということで、その部分が壊れてしまうと著作者の方も当然困っていくということになると思うんですね。

ですから、そういう意味で、何も出版社だけの利害を言っているんじゃなくて、書店さんなんかを含めた全体をどうやって守っていくのかという意味で、その両方を是非いただきたいと、こういうことなんです。

四月二十四日の文教科学委員会でも、出版権ともう一つ電子出版権と一体型の法制について民主党の石橋通宏議員からも質問が出た。

石橋通宏君（民主党）　今言及をいただきましたけれども、実は当委員会でおととい、参考人の質疑をやらせていただきまして、中小零細の出版社を代表する参考人の方にもおいでをいただいてお話を伺わせていただきました。

実は、中小零細の出版社の方々も今はほとんどＤＴＰ、デスク・トップ・パブリッシング、デジタルの出版プロセスを導入をされておりますので、もう電子書籍への対応というのは中小零細だって十分できるんだというふうに自信を持っておっしゃっておられました。

ですので、むしろその中小零細の出版社の皆さんが一番心配をされておるのは、まさに今私が指摘をさせていただいた、著作者の皆さんが自分たちに二号を委ねていただけないのではないかと。中小零細の出版社の場合は、どちらかといえばやっぱり著作者の方々の、力関係でいいますと、契約関係でいきますと、の意向が強く出てしまう懸念があって、中小零細だからといって十分対応できるにもかかわらず二号を委ねていただけないのではないかと。

そうなってしまうと、一生懸命、紙の書籍を、企画力も持って、アイデア力も持って世に出す、しかし、そこまでやって、いざとなったら電子の部分は別のプラットフォーマーに行ってしまって、そこで売られるがために紙が売れなくなって、自分たちのビジネスはもう成り立たなくなってしまうのではないかということをやっぱり強く懸念をされているというのが実態です。

ですから、大臣、今、そういうことは望んでおられないということでありましたし、それについては施行後に十分対応いただけるということでありましたので、是非、こういう中小零細の皆さん、もう十分プラットフォーマーとも闘っていくだけの意欲を持っていらっしゃるし、準備もされておられます。しかし、結果として、契約関係の下で、残念ながら彼らに二号出版権が委ねられなければ、ビジネスとして成り立たなくなり、まさに大臣が言っていただいた多様なプレーヤーの方々に、中小零細も含めて、多様な形でこの出版・印刷文化というものを、発展に引き続き協力をいただくということが実現できなくなってしまうおそれがありますので、そこに対しては、それはもう政府、文科省の望むところではないんだということをしっかりと言っていただいて、これを現実のものとなるように対応いただきたいと思いますので、その辺、大臣、改めてそこだけで決意をお願いいたします。

国務大臣（下村博文君）　それはもうまさに御指摘のとおりで、これから我が国は是非、二〇二〇年のオリンピック・パラリンピックに向けて、同時に文化芸術立国を目指していきたいというふうに思いますし、そのためには、いろんな中小、出版社だけでなく、例えば町の本屋さん、書店も含めて、こういう電子書籍の導入等によって、現状維持ではなかなかやはり経営は厳しいと思います。ですから、こういう時代の変化に応じた創意工夫をしながら、逆に中小だからこそ創意工夫をすることによって身軽な対応ができるという武器の部分もあるというふうに思いますし、新たな時代の変化に対応できるような、それぞれの自助努力もお願いしながら、しかし、そういう多様な文化、出版が生き残っていけるような、それが望ましいことであるというふうに我々も思いますし、文科省、文化庁もそういう視点から是非

協力をさせていただきたいと思います

答えははぐらかされてしまったが、出版者側の紙と電子との総合出版権の要求がどういうところからでているのかを不十分ながらも明らかにできた。それにしても出版社出身で出版界の代弁者のはずと思われた植村氏の陳述には首をかしげざるを得なかった。

著作権法一部改正案は二十四日の参議院文教科学委員会で、全員賛成で可決された。こうして第一八六回通常国会において、四月二十五日に原案通り成立し、同年五月十四日に二〇一四（平成二十六）年法律第三十五号として公布された。本法律は、二〇一五年（平成二十七）年一月一日から施行されることになった。

第16章　改正著作権法の成立

1　著作権法の一部を改正する法律に対する声明

著作権法改正案は、出版者として評価できる側面と、出版社側に不十分かつ不利な側面をもったまま成立したため、出版協として、改めて声明を出すこととした。

著作権法の一部を改正する法律に対する声明

二〇一四年四月二十五日　一般社団法人日本出版者協議会会長　高須次郎

本日成立した「著作権法の一部を改正する法律」は、出版者の電子出版への対応を可能とし、紙媒体の原出版者に文庫化などに対する再許諾権が認められるなどの歴史的側面と共に、主に以下のような看過できない問題点がある。

1　紙媒体と電子媒体の出版権が、出版者に一体的に付与されていないため、アマゾンなどの巨大な電子配信業者によって電子出版市場が支配される道を開いた。

2　出版者が紙媒体の出版権しか持てない場合、デジタル海賊版を差し止めることができないなど、海賊版対策として致命的欠陥がある。

出版者が紙と電子の出版権を一体的に保持できない場合、価格決定権を失い、値引き競争に巻き込まれ、紙の出版物の売れ行きに悪影響を及ぼすこととなり、企画から編集制作・広告販売にいたるまでを担う本来の出版活動が成り立たなくなるおそれがある。早急に文化政策の観点から、フランスで成立した電子書籍の価格維持法のような法整備が求められる。

我々出版者は、本改正法のもと、著作者との信頼・協力の上で、紙と電子の出版権を一体的に設定する契約慣行の構築等を通じて、上記の問題点に対応するよう努めていく。

しかし本改正法は、日本の知の伝達と継承を担ってきた出版者を、危機に陥れる可能性がある。早急に政府は本改正法を見直し、日本の出版文化を防衛すべきである。

なお、著作権保護期間切れのため保護されない出版物のうち、とくに文化的学術的観点から、下記の出版物を出版した出版者の権利を、ヨーロッパ連合諸国で行っているように、一定の条件をつけて一定期間保護するための法的整備を速やかに行うよう、重ねて要望する。

1　古典を新たに組み直し、あるいは翻刻・復刻して出版物を出版した出版者。

2　著作権が消滅した未発行の著作物を発行した出版者。

以上

このような声明で指摘した改正法の問題点に、具体的に出版社としてどのように対処すべきかが、早急に求められた。

2　改正法付帯決議

紆余曲折があった法案が成立し、翌二〇一五年（平成二十七）年一月一日からの施行となった。大幅な改正であったので改正点の周知と施行の準備が必要との判断である。法改正に伴う新たな制度の運用方針や留意事項、今後の制度上の課題や関連事項について、国会から政府に対する要請がなされることがあるが、今回の著作権法改正では、衆議院文部科学委員会で一〇項目、参議院文教科学委員会で一一項目の付帯決議が付けられた。内容的には重なるものがほとんどなので、衆議院の付帯決議の主要なものを以下に紹介しておこう。

二　我が国が世界に誇る出版・活字文化は、著作者と出版を引き受ける者との間の信頼関係に基づく企画から編集、制作、宣伝、販売という一連のプロセスからなる出版事業がその基盤にあることを踏まえ、本法によって設定可能となる電子出版に係る出版権の下でも従前の出版事業が尊重されるよう、その具体的な契約及び運用の在り方を示して関係者に周知するとともに、その実務上の効果について一定期間後に具体的な検証を行い、必要に応じた見直しを検討すること。

三　電子出版の流通の促進を図るためには、契約当事者間で適切な出版権設定を行いつつ、関係者の協力によって有効な海賊版対策を行うことが必要不可欠であることから、これまで出版権設定が進んでこなかった雑誌等、複数の著作物によって構成される著作物などについても出版権設定が可能であることについて周知に努めるとともに、具体的な契約モデルの構築について関係者に対する支援を行うこと。また、物権的に細分化された出版権が設定された場合に、当該出版権が及ばない形態の海賊版が流通した場合には効果的な海賊版対策を行うことができないため、効果的な海賊版対策を講ずる観点から適切な出版権が設定されるよう推奨すること。

四　効果的な海賊版対策を講ずる観点からは、著作者が契約締結時において電子書籍を出版する意志や計画がない場合であっても、紙媒体の出版と電子出版等を合わせて一体的な出版権の設定がなされることが推奨されるが、その後、電子書籍の出版を希望するに至った場合において、著作者の意図に反して出版が行われず放置されるといったいわゆる塩漬け問題が生ずることのないよう、適切な対策を講ずること。

六　出版権者及び著作権者による海賊版対策の取組の状況を踏まえ、紙媒体の出版についてのみ出版権の設定を受けている出版権者であっても、インターネット上の海賊版又はＤＶＤ等の記録媒体等による海賊版に対し差止請求を行うことができる契約慣行の改善や「みなし侵害規定」等の制度的対応など効果的な海賊版対策について検討すること。

八　本法によって、多様な形態の出版権設定が行われる可能性があることから、著作物における出版権設定の詳細を明らかにするため、将来的な利活用の促進も視野に入れつつ、出版権の登録・管理制度等を早急に整備するため、具体的な検討に着手すること。また、当事者間の契約上の紛争予防及び紛争が発生した際の円満な解決の促進を目指し、出版契約における裁判外紛争解決手段（ＡＤＲ）を創設すべく、必要な措置を講ずること。

この付帯決議を読んでいると、書協・雑協が著作権法改正の必要性の第一に掲げていた海賊版対策が極めて不十分な結果に終わったことが明らかである。出版者は紙と電子の出版権、つまり一号出版権と二号出版権を同時に契約しないと有効な対応はできなくなる。

付帯決議「八」の出版権の登録・管理制度等を早急に整備することについては、その後の出版権の登録に関する政令改正につながる。出版権登録の手続きを簡素化し、登録を促進し、公衆送信にも対応した出版権者の権利の保護を十全に図る観点から、「対価の額またはその支払の方法若しくは時期の定め」を出版権の登録の申請書記載事項から除外することとした（著作権法施行令の一部を改正する政令（平成二六年政令第二八五号）および著作権法施行規則の一部を改正する省令（平成二六年文部科学省令第二四号））。

また「八」の契約上のトラブルを円満に解決するため、出版契約における裁判外紛争解決手段（ＡＤＲ）として、筆者も設立メンバーとなった出版ＡＤＲが二〇一五年五月に設立された。

第17章　改正著作権法施行までに出版社がすべきこと

二〇一五年一月の改正著作権法施行までに、出版社がすべきことは一杯あった。まず法改正のポイントの説明と、それにそった出版契約書作りである。筆者は、一四年六月三日付の出版協「ほんのひとこと」に「改正著作権法施行までに出版社がすべきこと」を寄稿し、さらにそれを補強した六月十三日の「『著作権法改正・会員説明会』用資料」を作成したので、以下に引用する。

改正著作権法施行までに出版社がすべきこと

1　来年一月一日から施行

四月二十五日、電子書籍に対応した出版権の整備と海賊版対策を目的とする「著作権法の一部を改正する法律案」が、国会で可決成立し、来年一月一日から施行される。

改正内容について多くの問題点があり、同日、日本出版者協議会は、別紙の「著作権法の一部を改正する法律に対する声明」（本書三〇四頁）を発表した。

喫緊の問題は、出版社、編集者としては改正法に対応して、どう対処するか、どう自衛体制をとるかが重要。

2　今後は出版契約書を一〇〇％交わす必要。

第一に、今後は出版契約書を著者との間で必ず一〇〇パーセント交わさなければならない。しかも、紙と電子について独占許諾契約を交わしている場合は別にして、既刊本（翻訳書、編集著作物は除く）にさかのぼって契約書を改めて交わしていく必要がある。

著作権法は著作権者が何々することを許諾することができる権利であり、設定出版権は「著作物を複製する権利を専有する」（現行著作権法二十一条）著作者が「その著作物を文書又は図画として出版することを引き受ける者に対し、出版権を設定できる。」（同法七十九条）という規定で、あくまで著作者が紙で出版を引き受ける者、つまり出版者に出版することを許可しているにすぎない。

改正法も、伝達者の権利である著作隣接権が出版者に付与されたというものではない。出版者が著作者（＝複製権者）から付与された義務を履行しなければ、出版権の消滅請求をされ、設定出版権を失うことになることに変わりがない。そして著作物を出版することに関する排他的権利である設定出版権は、出版権設定契約をすることで、初めて出版者はその権利を手にすることができる。

3　紙と電子の両方の出版権設定契約を必ず一体的に締結する必要

今回、あらたに電子出版権が創設されたため、今後は紙と電子の両方の出版権設定契約を必ず一体的に締結するか、紙と電子の両方の独占許諾契約を締結することが、死活的に重要である。

4　第一号出版権者と第二号出版権者

文化庁改正著作権法の概要

(1) 出版権の設定（第七十九条関係）

著作権者は、著作物について、以下の行為を引き受ける者に対し、出版権を設定することができる。

1　文書又は図画として出版すること（記録媒体に記録された著作物の複製物により頒布することを含む）【紙媒体による出版やCD-ROM等による出版】

2　記録媒体に記録された著作物の複製物を用いてインターネット送信を行うこと【インターネット送信による電子出版】

(2) 出版権の内容（第八十条関係）

出版権者は、設定行為で定めるところにより、その出版権の目的である著作物について、次に掲げる権利の全部又は一部を専有する。

1　頒布の目的をもって、文書又は図画として複製する権利（記録媒体に記録された電磁的記録として複製する権利を含む）＝第一号出版権者

2　記録媒体に記録された著作物の複製物を用いてインターネット送信を行う権利＝第二号出版権者

改正法は、従来の紙の出版に、いわゆるCD-ROMやDVDなどのパッケージ系電子出版物を加えて、これらの出版行為を許される者、つまり権利の設定をされた者を第一号出版権者とした。またオンライン系電子出版物については、「記録媒体に記録された著作物の複製物を用いて公衆送信を行う権利」（第八十条第一項第二号）とされ、これらの行為を引き受ける者を、第二号出版権者とした。

したがって、河村文化庁次長の国会答弁にあるとおり、紙の出版はA出版社、CD-ROMについてはB出版社、電子出版はC電子配信業者という形があり得る。

公衆送信行為を引き受ける第二号出版権者には、アマゾン、アップルやグーグルといったプラットホーマー＝巨大電子配信業者も含まれる。

改正法では紙のみの出版権設定契約しかできない場合は、アマゾンなどから電子出版が行われることが可能となる。アマゾンなど電子配信業者から電子書籍が刊行された場合、その場合当然、アマゾンは自由に価格決定できるので、ダンピングなどをされると、紙の本の売

れ行きに悪影響がでて、紙の出版社の経営は厳しいものになる。

また企画編集を行わないプラットフォーマーが第二号出版権を独占することが可能となる。出版社が第二号出版権も専有できれば、電子の再許諾を通じて、アマゾン、楽天等への配信ができ、読者の利便性も増すのに、これでは読者利益に反する事態も予想される。

5　第一号出版権だけではデジタル海賊版対策に対応できない

改正法では、出版者が契約により第一号出版権者【紙媒体による出版やCD－ROM等による出版】並びに第二号出版権者の両方にならない限り、紙と電子の差し止め請求などができない。

海賊版のほとんどが紙の出版物からのデジタル海賊版である現状を踏まえると、紙の権利のみでは、違法デジタルスキャンに対抗できない。このため、特定版面権やみなし侵害が検討されたが、いずれも見送られ、このような不備な制度となり、法改正の目的である海賊版対策はないに等しいものになってしまった。

デジタル海賊版対策の上からも、一体的契約が必要である。改正法以前の本についても第二号出版権設定契約をし直せば、デジタル海賊版対策は可能となる。

6　ネット配信のための準備的スキャン＝複製は止められない

第二号出版権には、公衆送信を目的とする複製権が含まれず、公衆送信権のみとなっているため、第二号出版権者の許諾を得ることなく、公衆送信を行う前段階の複製行為を行うことができる。

この意味するところは、グーグルが行っている書籍の全文検索サービスであるGoogle Booksなどが、その準備行為として行っているデジタルスキャン行為の差し止めを求めるのは難しい。グーグルブックサーチ問題が発生した時の全米出版社協会（ＡＡＰ）なみの対応はできない。改正法はこうした点でもアマゾンやグーグルなどのプラットフォーマーに有利な内容になっている。

中川正春議員は、四月四日の衆議院での質問で「電子書籍に対応した出版権の内容として複製権及び公衆送信権が適当であるというふうにされていると私は認識しているんですけれども、この形にしないで、複製権を専有させないということに法律ではなっている。この理由を教えてください」。「二号出版権について電磁的記録としての複製権を専有させないとした場合に、公衆送信については差しどめ可能であるものの、その前提となる電磁的な複製行為、データのコピー等に対しては対抗できないということになりまして、海賊版対策としてこれで十分と言えるのか」と質した。

7　紙と電子の一体的契約を著者に納得させるポイント

1　アマゾンなどの電子配信業者と直接契約すると、独占契約となりアマゾンならアマゾンでしか電子書籍が配信されない可能性が高い。電子書籍について出版社と契約すれば、アマゾン、楽天などすべての電子配信業者に配信され、著者にとって利益となる。

2　電子配信業者と直接契約すると、電子書籍のダンピングで紙の本の売れ行きにマイナス影響が出て、著者も損することになる。

3　デジタル海賊版対策などを可能にするには、一体的契約が必要。

8　一体契約をする以上は電子出版をする必要がある

出版社としては、電子出版権を取得すると共に、当面、電子出版を先延ばしにしようとする考えがある。しかしこれは、当座の弥縫策に過ぎないと思われる。第一号出版権と第二号出版権を一体的に著者との間で契約を交わし、CD‐ROMなどのパッケージ系電子出版物とオンライン系電子出版物を積極的に出していくことが必要だし、そうしないと著者の信頼を得られないし、読者の利益にならない。

(3) 出版の義務・消滅請求（第八十一条、第八十四条関係）

1　出版権者は、出版権の内容に応じて、以下の義務を負う。ただし、設定行為に別段の定めがある場合は、この限りでない。

①原稿の引渡し等を受けてから六月以内に出版行為又はインターネット送信行為を行

う義務

②慣行に従い継続して出版行為又はインターネット送信行為を行う義務

2　著作権者は、出版権者が1の義務に違反したときは、義務に対応した出版権を消滅させることができる。

電子出版をしなければ第二号出版権を消滅させられる。

出版協の「ほんのひとこと」（二〇一四年六月三日付）には以下の説明がある。

改正法でもこれまで通り、別段の定めのない場合を除いて、原稿などの引渡し後六カ月以内に「出版の義務」（改正法第八十一条）が生じる。当然、オンライン系電子出版物の公衆送信義務も生じる。「出版の義務」に違反した場合は、著作権者が三カ月以上の期間を定めて催告しても「出版の義務」が履行されない場合は、著作権者は設定出版権の消滅請求（改正法第八十四条）によって、出版者は設定出版権を失うことになる。たとえば、せっかく電子出版権を著者からもらっても、六カ月以内に電子出版物を配信できなければ、九カ月後には電子出版は他から配信されることになる（筆者注＝この段階ではオンライン系電子出版物を推進するという法改正の観点からこのように述べているが、出版社、とりわけ中小零細出版社の立場からオンライン系電子出版物の出版義務を特約によって延期させることには敢えて触れていなかった）。

9　電子書籍出版とデータ管理問題

出版協の会員社は、書協系出版社に比べて、社内のDTP体制は格段に進んでいて、技術力も高い。出版物最終データの自社所有率はほぼ一〇〇パーセントに近い。書協系の出版社などでもそうした出版社があるが、おおかたは印刷会社や編集プロダクションに依存した本作りを行っている。したがって、出版物最終データの帰属の問題が常につきまとう。印刷会社は自社の所有物と主張するし、そのように主張できるデータ加工を施していよう。

東京地裁平成十三（二〇〇一）年七月九日判決は、雑誌製版フィルムの所有権帰属について出版者の主張を退け、印刷所の所有とした。製版フィルムだから出版物最終データは関係ないという向きもあるが、楽観できるものではない。争えば負ける可能性が高い。事前に所有権の帰属や交付の契約をする必要があり、書協はこの教訓を踏まえ、すでに契約書ひな型を準備している。問題は有料交付になったり、データに特殊な加工が施されていて、簡単に転用できない問題が起こる可能性である。

10　原出版社が単行本の文庫化の許諾ができることに

改正法第八十条第三項「出版権者（注＝出版社）は、複製権等保有者（注＝著者）の承諾

を得た場合に限り、他人に対し、その出版権の目的である著作物の複製又は公衆送信を許諾することができる。」

現行法第八十条第三項「出版権者は、他人に対し、その出版権の目的である著作物の複製を許諾することができない。」（出版社に出版権を設定したため、著者も複製を許諾できないという、いわゆる著作権法上の「両すくみ」の状況も解消された。）

改正法で単行本の文庫化について、紙の再許諾という形で原出版者が文庫出版者に許諾を行えるようになった。この点は書協系の大手文庫出版社が最後まで紙の再許諾を潰しに掛かったことを忘れてはいけないし、今回の法改正において出版協としての独自主張が通った成果と言える。これまでの泣き寝入りは必要ない。この点の細かい諸条項、たとえばセールスレポート方式の採用など文庫化条件の改善などは、出版協・ＪＰＣＡひな型でしか作れない。

11　出版契約書は独自のひな型で

出版協会員社はこれまで設定出版権の書協ひな型、出版協有志が設立した日本出版著作権協会（ＪＰＣＡ）による紙と電子の一体的な独占的な出版契約書ひな型を主に用いてきた。出版社が従来から使用してきた改訂前の書協ひな型は、紙の出版権設定契約を基本に、電子出版についての出版者と著作権者との事前協議を加えたものに過ぎないので、これでは改正法に対応できない。ＪＰＣＡひな型で契約している出版物についてはとりあえず安心である。

出版協としては、改正法に対応した、紙と電子の一体的な設定出版権契約書ひな型と独占許諾型のＪＰＣＡひな型を、ＪＰＣＡと協力して早急に作成し、会員社の利用に供したい。書協も新たなひな型を作成すると思うが、改正法施行までと、施行後六カ月以内に再契約作業を終わらせるには、それを待っていられるかは分からない。

書協ひな型を使っていれば安心だといった権威主義、寄らば大樹の陰主義を続けたい向きはそれでもいいが、今後は内容を見て考えた方が良い。

12　アマゾンなどの動向を見極める必要

二〇〇四年頃から、アマゾンは出版社との直取引を推進し、アマゾンへの依存率を高め、アマゾンの条件を呑ませる「ガジェル・プロジェクト」を推進し、紙本の取引条件の切り下げ、その後は電子書籍化への協力の手段としていく。

二〇〇五年頃から、アマゾンはキンドルの発売までに一〇万タイトルをダウンロード可能な状況にすべく、「サーチ・インサイド・ザ・ブック（注＝なか見！検索）に使うスキャン画像をキンドルに流用」する方法で、タイトルを獲得していった（ブラッド・ストーン著『ジェフ・ベゾス　果てなき野望』、三四七頁、日経ＢＰ社）。

二〇〇七年、アマゾンはキンドルを発売する日まで電子書籍価格を出版社にマル秘にしてきて、お披露目の十一月十九日に、九ドル九九セントと発表した。「居並ぶ出版社上層部は皆一様にだまされたとくやしがった」（前掲書三五八頁）。「人気書籍の電子が低価格で提供された結果、業界は様変わりした。デジタル有利な戦況となり、その結果、リアル書店は苦しくなり、独立系書店は追いつめられ、市場におけるアマゾンの力は強くなった」（同上）。ペンギン、ランダムハウスなど米英の大手出版六社とアマゾンとのその後の熾烈な戦いは、アマゾンによる大手出版社のカルテル嫌疑での米司法省への告発に至り、攻防は現在も続けられている。

日本でも当然行われている。「なか見！検索」に応じている出版社は三桁の数であり（書協情報）、日本の Kindle 版は二〇万タイトル。今後、これらの出版社は早急な対策が必要。

紀伊國屋書店売り上げ上位七社のうち
エージェンシー・モデル契約（出版社が価格を決定）小学館、講談社、集英社、文藝春秋
ホールセール・モデル契約（アマゾンが価格決定）ＫＡＤＯＫＡＷＡ、学研、新潮社
（林智彦「海外電子書籍への消費税課税で何が変わるか」『出版ニュース』二〇一四年五月上旬号）

電子書籍の価格決定権を出版社が失うと、紙の書籍の売れ行きに大きなマイナスの影響がでて、書店も出版社も危機に追い込まれる。力の強い出版社はエージェンシー・モデルで契

約可能だが、ほとんどはホールセール・モデルを選ばざるを得ず、価格決定権を奪われてしまう。

日本の場合、公正取引委員会は、独禁法は有体物が対象で、オンライン系電子出版物は有体物ではないので、非再販商品としている。電子書籍で価格決定権を保持するには、紙と電子の出版権を一体的に契約し、エージェンシー・モデルを認めない電子配信業者とは取引をしないなど防衛策を図ると共に、政治の力によってフランスのような電子書籍の価格維持法のような法律を作って保護してもらう以外に方法はない。しかし、制度改正を待っている時間はない。

「ほんのひとこと」には以下の説明がある。

アマゾン・ジャパンは出版子会社を使って電子出版権の獲得に組織的にすでに乗り出している。単品別の販売データを持っているアマゾンは長期品切れ本ばかりでなく、アメリカで行われたように、改正法施行以前の出版物の著作権者に売り上げ配分で破格の条件を提案して出版物を刈り取っていくことは間違いない。そのうえで、「エブリシング・ストア」として、出版物のダンピング販売によって集客し、さまざまな商品を販売していくであろう。著作権者と出版社の信頼関係などで一体的に契約できるなどと改正法審議では語られたが、そんな浪花節が通用するような世界ではない。出版物を企画編集製作しない、単なるデジタルコピー業者によって、日本の出版社が危機的状況に追いつめられ、日本の出版文化が危機を迎えるのはそう遠いことではない。法的保護が充分ではない以上、自衛策を早急に講じる必要があるが、その時間も少ないし、選択肢もきわめて乏しいことを肝に銘じるべきであろう。

現在、出版協会員社が行っているアマゾンのスチューデント・プログラムにからむ自社出版物の出荷拒否は、紙の出版物をめぐる値引き問題であるが、電子書籍の問題とも密接に絡んでいることは言うまでもない。出版社の大半は、長期化する出版不況の中で自分の頭のハエを追うことばかりに追われていて、確かに余裕がない。しかし、事は出版社の存続そのものに関わっているのである。われわれ中小零細出版社は専門的で採算性の取りにくい専門教養書を中心に出版し、学問芸術の伝達と継承の重要な部分を担っている。だからこそわれわれは、我が国の出版文化の存続のために、一段の努力が必要である。問題点は様々あるが、紙数も尽きたので、別の機会にしたい。

第18章　改正法に対応した出版契約書の作成

1　出版協ひな型と書協ひな型の問題点

改正著作権法の内容の周知と共に、出版実務として改正法に対応した出版契約書を早急に作成することが求められた。以下も会員説明会用に作成したものである。改正法に忠実に作成した出版協案に対し、書協案は改正法を骨抜きにするような出版契約書ひな型を作成した。

改正著作権法に対応する出版契約書ひな型の特徴点

二〇一四年一一月二一日　　出版協／高須次郎

改正著作権法が二〇一五年一月一日から施行されるため、出版界では日本書籍出版協会（書協）、日本ユニ著作権センター、日本出版者協議会（出版協）などのひな型が相次いで発表された。日本文藝家協会などの著作者団体からもひな型が発表されるという。本誌でも吉田大輔氏による本格的かつ専門的な分析が行われている（吉田大輔「出版権の拡大を踏まえた出版契約について」『出版ニュース』二〇一四年一二月上旬号）。

したがって私が改めて論ずるまでもないのだが、大手出版社中心の書協の出版契約書ひな型と、中小零細出版社の団体である出版協のそれとは、基本的なところで異なるところがあるので、その点を明らかにしておく意味はあると思う。ひな型はあくまでもひな型なので、各出版社がどのひな型を採用するか、また各社にふさわしいものに改めるかは、自由であることは言うまでもない。ただ、その場合も著作者が納得できるものであることが求められよう。

●改正著作権法の特徴（略）

●紙と電子の一体型の出版契約の必要性（略）

●「紙と電子の一括契約でも両方出版する義務はない」との書協ひな型

出版権の設定と内容については、出版協のひな型は、第一号出版権並びに第二号出版権を一体型で設定し、改正著作権法第七九条（出版権の設定）、第八〇条（出版権の内容）の規定に沿った内容となっている。

書協の出版契約書（紙媒体・電子出版一括設定用）の第二条第一項は、出版権の内容を、第一号＝紙媒体出版物（オンデマンド出版を含む）、第二号＝パッケージ型電子出版物、第三号＝電子出版物（インターネット系）に分け、それら全部に出版権を設定している。

両者とも一体型の設定であることに変わりはないが、違うのは紙の再許諾と出版義務、継続出版義務などである。

出版協のひな型は、改正法通りに、出版者は原則同じ期間で紙と電子の出版を行う義務（協議で期日変更はできる。）を規定している。改正法は特約がない場合は六カ月であるので、JUCCひな型もその通りの規定になっている。

一方、書協ひな型第八条は、「出版権者は本著作物の完全原稿の受領後　ヵ月以内に、第二条第一項第一号から第三号までの全部またはいずれかの形態で出版を行う。ただし、やむを得ない事情があるときは、甲乙協議のうえ出版の期日を変更することができる。」と定めている。

これは紙と電子の一体型出版契約でも、「いずれかの形態で出版を行う」ならば、たとえば紙媒体の出版物を出すだけでも、出版社の出版義務は果たされたことになるのではないか。出版権の内容を三つに分けている以上、これら三つについて出版の義務が発生するというのが、改正法八一条が定める出版の義務といえる。書協ひな型は一体型出版契約でも三つの出版形態のいずれかをすれば出版の義務を果たしたという、かなり出版者に都合のよい規定をしている。しかも、これが改正著作権法八一条にある「出版の義務」と明確に規定するのではなく、第八条（発行の期日と方法）として定められているのである。これで果たして著作者は納得するのだろうか。改正著作権法の趣旨に沿ったひな型と言えるのだろうか。

●継続出版義務がない書協ひな型

改正著作権法八一条は、従来の継続出版義務を電子出版に対応させながら、「当該著作物について慣行に従い継続して出版行為を行う義務」(第八一条第一項ロ)、並びに「公衆送信を行う義務」(同八一条第二項ロ)を定めていて、出版協ひな型、JUCCひな型も同様の規定になっている。

ところが、書協ひな型にはこれが見当たらない。出版協の会員社は二十年、三十年前の出版物でも在庫して販売しているが、品切れ絶版にすぐしてしまう会員社が書協には多いためなのか知らないが、継続出版義務の規定がない。

文化審議会著作権分科会出版関連小委員会の議論で、漫画家の里中満智子氏らが、出版者が長期品切れにして再版しないいわゆる「塩漬け」を問題にしていたが、これではこうした著作権者側の指摘を踏まえた出版契約書ひな型とは言えないのではないか。設定出版権付与に対する義務がこのようにないのでは、著作者が納得しないのではないか。

●紙の再許諾――原出版社が単行本の文庫化等の許諾ができることに

旧著作権法八〇条第三項は、「出版権者は、他人に対し、その出版権の目的である著作物の複製を許諾することができない。」と定め、他方、著者は出版社に出版権を設定したため、著者自身も複製を許諾できないという、いわゆる著作権法上の「両すくみ」の状況にあった。

しかし改正法八〇条第三項は「出版権者（注＝出版社）は、複製権等保有者（注＝著者）の承諾を得た場合に限り、他人に対し、その出版権の目的である著作物の複製又は公衆送信を許諾することができる。」と定め、第一号出版権権者並びに第二号出版権者による再許諾の道が開かれた。

出版協ひな型もJUCCひな型も、改正法の趣旨に則った再許諾の規定を設けている。ところが、書協ひな型は再許諾については、第二条第三項で「第一項（第一号についてはオンデマンド出版に限る〔筆者注＝第一項の規定は「① 紙媒体出版物（オンデマンド出版を含む）として複製し、頒布すること」となっている〕）の利用に関し、乙（注＝出版権者のこと）が第三者に対し、再許諾することを承諾する」と定めるのみで、紙の再許諾を除外してしまった。

この点について、書協知財ワーキンググループ委員長としてひな型作成の実質的責任者である、村瀬拓男弁護士は『新文化』二〇一四年一〇月九日号で、「書協のひな型では、出版契約におけるデフォルトルールとして、紙媒体の再許諾は外しました。これまで、紙媒体の出版権者による再許諾は『原則不可』という前提でビジネスの慣行が成立しており、それを変える必要がない、変えることによって不測のトラブルが生じる可能性があるという配慮からです。」と述べている。

これまで文庫出版社は、著作者を文庫化すれば多額の印税が入ると説得し、その了解を背景に原出版社には手切れ金のような低額の文庫初版分の補償金を支払って、文庫化を行ってきた。著作者の発掘から出版まで時間と費用を掛けて送り出してきた中小零細出版社は、この問題を何とかできないかと悩んできた。

改正法により、単行本の文庫化について、紙の再許諾という形で原出版者が、文庫出版者に許諾を与えられるようになった。一部の大手文庫出版社が最後まで紙の再許諾を潰しに掛かったのには、こうした事情がある。専ら原出版者（一次出版者、親本出版者）である中小出版社で構成される出版協は、紙の再許諾実現のため、著作隣接権の獲得という会の方針を転換して、この問題に取り組み、ようやく獲得できたものと評価している。

書協が、これまでの「ビジネスの慣行」が文庫出版者に有利だから続けたいという気持は分からぬではないが、だからといって新しい法律ができたのだから、それに従うのが普通ではないだろうか。合理的でない不適当なルールができたため、不測のトラブルが発生するというのである。

その「不測のトラブル」は何かというと、「出版権は、著者と一次出版社との出版契約で設定されますが、その出版契約が終了したら、二次出版社は適法に出版を継続できるのでしょうか」という。著作者と一次出版社の出版契約が終了したら、二次出版社は直接、著作者と契約するか、別の出版社がその著作者と契約しているのであれば、そこから再許諾を受ければいいだけの話である。

「不測のトラブル」の第二は、「一次出版物が事実上絶版となったらどうか」というものだが、絶版になれば著作者は、設定出版権の消滅請求をして、二次出版社と直接、契約をすればいいだけであろう。「不測のトラブル」の第三は、「二次出版社が一次出版社にライセンス料を払っているのに、一次出版社が著者に印税を払っていない場合はどうか」というものである。しかし、これなどは電子出版の著作権使用料の支払いでも同様なことが言えるわけで、再許諾の問題、法律論とは直接関係ない、言いがかりのような理由である。中小零細出版社は貧乏だから、著者に払うべき著作権使用料を払わないのではないか、そうなると二次出版社は払っているのに著作者に払っていないことになる、というレベルの話で、著作権法とは関係ない。このコメントには「こんな屁理屈を理由にするのはどういう見識なのか」という声に代表されるように、多くの中小出版経営者が激怒している。

紙の再許諾の意義は、次の点にある。

1　一次出版者が独占出版を望まなければ、原出版社は自ら出版を継続しつつ、二次出版を正当な対価のもとに複数の二次出版者に文庫化などを許諾できるという新たな出版権ビジネスの可能性が開け、著作権者の利益になる。

2　副次的効果として安易な文庫化を抑制し、出版者の発意と責任によって出版をおこなうという、出版の本来の姿を復活できる。

●二次出版契約書ひな型の特徴

出版協の二次出版契約書は、文庫化などを求める二次出版社に、紙媒体の原出版社が再許諾を与えるための契約書で、第一条は「甲（注＝原出版者）は、著作権法第八〇条三項の規定により、標記著作権者の承諾のもとに、甲に設定された標記著作物の出版権に基づき、乙（注＝二次出版者）による文庫出版について、複製の再許諾をする」と定めている。

第二条の「再許諾の範囲」は、たとえば同じ二次出版社の文庫、学術文庫、新書などに小分けして再許諾を付与できる規定で、並行的で多様な二次出版が可能となる。原出版社は新たな著作権ビジネスを展開でき著者にも有利となる。

第三条は、二次出版社の出版義務を、改正法八一条の趣旨に則り、契約発行後六カ月を適用し、第四条で継続出版義務を定め、二次出版社が継続出版義務を履行できなくなった場合は、二次出版社に対する再許諾を消滅させることができる。これまでは、二次出版社が品切れにしようが、原出版社は関係なかったが、この規定で、そのような場合は再許諾を取り消して、他の二次出版社を探すことが可能になる。この規定は「塩漬け」を防止でき、著作権者に有利な規定となっている。

第五条の「再許諾料および支払方法等」では、①初版渡しきりの許諾使用料ではなく、増刷ごとに許諾使用料が発生する方式、②売れるほど率があがる外国印税方式、③印税対象は総印刷部数を基準とする方式を採用し、原出版社並びに著者に有利な規定とした。さらに第八条の「契約の解除」で二次出版社が、基本事項、経済事項に定める義務を怠ったときは、原出版社は「何等の催告なしに本契約を解除する」ことができる規定にした。これによって、「塩漬け」を防止でき、著作者に有利となる。

●著作権法改正に伴う覚書の特徴

出版協の著作権法改正に伴う覚書は、改正法施行前の紙のみの出版権設定契約をCD-ROM等や電子出版についても拡張するための覚書で、一項は、そのことを定めている。二項では、CD-ROM等や電子出版の出版時期や経済事項について二年以内に著者と協議して決めることを定めている。多数の既刊書を電子出版していくのには時間がかかるため、こうした規定にした。期間は変更できるが、二年以上は、電子出版権を設定する規定である以上、それ以上の延長は出版義務違反となる畏れがあり、好ましくない。

既刊本については、①この覚書によってする方法と②一体型の出版契約書で再契約する方法とがある。紙と電子についてJPCA型ないしJUCC型の独占許諾契約を交わしている場合は、第三者への差し止めができないので、そうしたい場合は、②による出版契約書を改めて交わす必要がある。口頭契約だけで出版契約書を交わしていない出版社は②で契約する必要がある。

●電子書籍販売委託契約書と今後の課題

電子出版については、大手電子配信業者と販売価格を出版社が決定できるエージェンシーモデル契約を結ぶのは、中小零細出版社には難しいので、電子書籍については自社サイトなどで販売する以外は、出版協の電子書籍販売委託契約書ないしその趣旨を承諾する電子配信業者としか契約しないほうが得策というのが、出版協の立場である。

電子出版を電子配信業者に直接取られて、電子書籍の安売りをされたり、出版社が電子出版権を得たとしても、電子配信業者に価格決定権を奪われたり、大幅なポイントサービスを実施されれば、出版社の紙媒体の出版物が売れなくなり、経営危機に陥る可能性がある。

電子書籍販売委託契約書は、出版者が決める価格で販売するための契約である。電子配信業者は、出版権者による公衆送信の再許諾に基づき、電子書籍の公衆送信行為と代金回収を行うだけで、何の危険負担も負っていない。公正取引委員会は「流通・取引慣行に関する独占禁止法上の指針」の「第二部　流通分野における取引に関する独占禁止法上の指針　第一　再販売価格維持行為　2　再販売価格の拘束（6）」で、次のような指針を明らかにしている。

「（6）なお、次のような場合であって、メーカーの直接の取引先が単なる取次ぎとして機能しており、実質的にみてメーカーが販売していると認められる場合には、メーカーが当該取引先に対して価格を指示しても、通常、違法とはならない。

［1］委託販売の場合であって、受託者は、受託商品の保管、代金回収等についての善良

な管理者としての注意義務の範囲を超えて商品が滅失・毀損した場合や商品が売れ残った場合の危険負担を負うことはないなど、当該取引が委託者の危険負担と計算において行われている場合」

この指針を援用し、出版社による電子書籍の価格拘束を行える契約書を作成した。

そんな契約書を大手電子配信業者と結べるのかという意見も当然ある。しかし今回の改正著作権法が出版社の希望通りの内容にならず、①本づくりをするわけでもなく単にコピーするだけの電子配信業者が電子出版者になれる法律、また、②公取委が電子書籍の再販適用がないとしている行政判断、がある中で、③改正著作権法は第二号出版権を得た場合、原則紙と同じ期間で出版する義務を負う規定となっていて、電子出版を行わざるを得ない事情がある。

出版社は、著作者や一般書店の利益をはかりつつ、出版社としてどのように生き残りを図っていくかを考える必要がある。出版社としては、自社で電子書籍を販売しつつ、この電子書籍販売委託契約書の趣旨で契約をしてくれる電子配信業者としか契約をしないという強い意志で、電子出版に対応していく必要がある。そして早急に電子書籍価格拘束法を実現する方向を探る必要があろう。もう出版危機は始まっているのである。

2　電子書籍の価格拘束の要望

最後にある電子書籍価格拘束法を実現する方向は、その後、出版業界では書協などが否定的で、出版協だけで対応せざるを得なかった。二〇一四年八月十二日、出版協は公正取引員会に「著作権法改正に伴う出版物の著作物再販制度上の取り扱い等に関する要望」を提出、公取委経済取引局取引部取引企画課・山田卓課長補佐らと面談、「パッケージ系・オンライン系いずれの電子書籍についても、再販売価格維持契約の対象商品に追加するよう要望し、要望に応えられない場合は、その理由を具体的に説明するよう九月一日を期限に文章での回答を求めた」（『文化通信』ニュース速報八月十九日）。

八月二十五日、山田課長補佐から水野久出版協副会長に電話で、「公取委は従来通り電子書籍は非再販との見解」であると回答、口頭での回答を批判すると、要望書について「文書回答は行わないのが従来通りの対応」と応えた。

これ以外にも出版協として努力を試みたが、一方で、アマゾンの大幅ポイントサービスへの対応、取次の栗田出版販売の民事再生問題、出版物に対する消費税軽減税率問題などに追われ、筆者が出版協会長を退任した二〇一六年三月までに何の成果も得られなかった。深く反省している。

第19章　改正著作権法の再許諾の意義

第18章で触れた第一号出版権の再許諾については、書協が改正法成立後も契約書で抵抗している。改めてその意義を『出版ニュース』二〇一四年八月中旬号で論じているので一部を採録しておきたい。

改正著作権法の再許諾を考える
原出版社と文庫出版社の立場が逆転

高須次郎（日本出版者協議会会長）

●文庫化に原出版者（社）の許諾が可能に

四月二十五日、電子書籍に対応した出版権の整備と海賊版対策を目的とする「著作権法の一部を改正する法律案」が、国会で可決成立し、来年一月一日から施行される。改正内容について多くの問題点があり、日本出版者協議会（以下、出版協）は同日、「出版者の電子出版への対応を可能とし、紙媒体の出版者に文庫化などに対する再許諾権が認められるなどの歴史的側面と共に、主に以下のような看過できない問題点がある」として、「著作権法の一部を改正する法律に対する声明」を発表した。問題点についてはここでは触れないが、喫緊の問題は、出版社、編集者が改正法に対応して、どう対処するかが重要であり、出版協は六月十三日に、日本書籍出版協会（以下、書協）は七月十七日、十八日の両日に会員説明会を行った。

書協の説明会を傍聴して気になったのは、紙の再許諾をめぐる問題である。改正著作権法八十条3項は、旧法を改定し「出版権者は、複製権等保有者の承諾を得た場合に限り、他人に対し、その出版権の目的である著作物の複製又は公衆送信を許諾することができる。」と定めた。電子書籍の公衆送信を規定した第二号出版権には複製が含まれていないので、この複製は、紙の本とCD-ROM等のパッケージ系の電子書籍を併せた第一号出版物の複製を指す。周知の通り旧法八十条第3項は「出版権者は、他人に対し、その出版権の目的である著作物の複製を許諾することができない。」と百八十度反対の規定になっていた。

この規定は、たとえば、著作権者Aが出版を引き受けるB出版社（原出版者＝一次出版者）に対し出版権を設定すると、当然、Aは別の出版者たとえばC文庫出版社（二次出版者）から文庫化の許諾を求められても出版権はB出版社にあるので、出版を許諾できない。またB出版社も、C文庫出版社からその本の文庫化の許諾を求められても、旧法八十条第3項の規定によって文庫出版社に許諾をすることができない。これが、加戸守行の『著作権法逐条講義　五訂新版』が「一種の両すくみの関係にたちます」と指摘する名高い法的な論点である。設定出版権は確実に守られるのだが、柔軟性に欠けるといえる。

●旧法の論点を解消、原出版者のビジネスチャンスへ

文化庁作成の「改正法Q＆A」は、旧法第八十条第三項の改定について、「（答）これまで、出版権者が第三者に複製について許諾することができるかどうかについては、条文上、出版権者は第三者に対し、複製を許諾することができないこととされている一方、複製権者の承諾があれば、出版権者は第三者に対し複製の許諾を行うことができるとする見解など、解釈上、様々な見解がありましたが、今般の改正法により、複製権者の承諾を得た場合に限り、第三者に対して複製を許諾することができることが明確になりました。また、今般の改正法により、電子出版についての出版権者についても、公衆送信権者（引用者注＝著作権者のこと）の承諾を得た場合に限り、第三者に対して公衆送信について許諾することができることとされました。」と解説している。

改正法第八十条三項によって、電子書籍の配信について、第二号出版権を有する出版者はみずから公衆送信を続けるだけでなく、公衆送信の再許諾により、アマゾンや楽天などの電子配信業者に同時並行して公衆送信をしてもらうことができる。同じように第一号出版権を有する出版者は、みずから単行本の出版を継続するだけでなく、複製の再許諾により、講談社、新潮社等々の文庫出版社の求めに応じ同時並行して文庫化等を許諾することが可能となった。それだけの需要があればという条件がつくことは言うまでもない。取引条件が悪け

れば再許諾を拒否することもできる。複製権者＝著作権者の承諾を得た場合に限りという条件がつくものの、契約窓口となる原出版者の発意と責任は大きい。

これまでは、「一種の両すくみの関係」のなかで、著作権者の「承諾」を得てきた文庫出版社の取引条件を一方的に呑まされ、苦労して出版した売れ筋商品を文庫化されて悔しい思いをしてきた原出版社としては、これは革命的なことである。原出版社と文庫出版社の立場が逆転したわけで、原出版社はビジネスチャンスを得たことになる。

●著作物の流通を促進し著作権者にとっても有利

出版協は、今回の著作権法の改正について当初、著作隣接権を主張してきた。しかし書協などの案を基にした「印刷文化・電子文化の基盤整備に関する勉強会」（中川勉強会）の著作隣接権案が原出版社の権利を全く無視する内容であったため、これに反対し、紙の再許諾などを条件に中川勉強会の新たな提言、設定出版権の電子出版への拡大を柱とした「中山研究会提言」を支持することに方針を転換した。著作権分科会出版関連小委の審議が始まると、紙の再許諾が文庫出版社に不利になると見て取った書協の一部は、現状で実務に支障がないなどとして、審議やパブリックコメント、議連対策を通じて、最後まで紙の再許諾を葬り去ろうと努力したが、原案通り成立した。

書協説明会でも、「これまでの実務では、いわゆる二次出版を、『出版権の再許諾』という法形式をとって行うケースはほとんどない」と説明した。これは、これまでは法的に禁止されていたのだから、あったらおかしい話ではないか。実務では、「法律上は出版権者も複製権者もライセンスを出せませんから、形式的には出版権・複製権侵害でありますが、権利侵害についての責任追及はしないことで両者が了解を与え、その代償の意味における補償金として許諾料相当額を受領するという、実質的には複製許諾に近い形になりますけれども、そういう形で出版界の慣行として動いている」(『著作権法逐条講義　五訂新版』)のである。しかしその現実は、原出版社が泣き寝入りしてきた歴史であった。一部大手文庫出版社はこの現状でいいという。

書協説明会は、今改正で、第一号出版権の複製の再許諾という「このような法形式をとることは可能だと考えられるが、(文庫出版社は＝筆者)契約にあたっては十分な注意が必要」などと説明した。あまり理由にならない理由をあげて、第一号出版権の複製の再許諾があたかも不合理なものとの印象を与えようとするのは、原出版社が大多数の書協会員社をミスリードしかねない。第八十条第三項に対応するスキームを作るとも話していたが、「このような法形式をとること」になった現実から出発すべきではないだろうか。原出版社がさまざまな文庫出版社等に再許諾することは、著作権者にとって有利であり、著作物の流通を促進するもので、それは書協の隣接権案が謳い文句にしたものでもあろう。出版協は、現状の文庫化等の取引条件の改善を柱とする「文庫化等に関わる再許諾契約書ひな型」を作成する。

書協は、「二〇一七年版『出版契約書』（ヒナ型1）解説」（二〇一七年六月）でも、再許諾についてこんな風に解説している。これは設定出版権に基づく契約書である。

本ヒナ型では、紙の書籍の文庫化、復刊等の二次出版に関しては、事前の承諾の対象から除外しています。著作者にとってはどの出版社と二次出版を行うかは重大な関心事であり、このような包括的な契約のみによって、出版社が再許諾先を決定することがなじまないと考えたためです。紙の書籍の二次出版においては再許諾によらない商慣行がすでに確立されていることも考慮し、あえて本ヒナ型で事前に承諾を得ることはせず、改めて著作権者と出版社が話し合うべき事項として位置づけました。

紙であれ電子であれ、再許諾は著作権者の承諾が前提であり、電子だけは出版社がアマゾンや楽天に再許諾でき、紙については「出版社が再許諾先を決定することがなじまないと考えた」と解説し、これをデフォルト・ルールにしている。大手文庫出版社に不利だからと言えないからこう言っているだけで、論理的にも破綻している。これでは書協は大手文庫出版社の業界利益団体といわれても致し方なかろう。大手文庫出版社以外の出版社は、出版協・JPCA作成の出版契約書（巻末資料参照）か、日本ユニ著作権センターの出版契約書を使用することをお勧めする。

　このように、改正著作権法の施行を前に、出版界は改正法の周知・説明、出版契約書ひな型などの改訂・説明に追われた。そして、施行後は新たな契約書に基づき改めて著者との間で、改正著作権法に基づく契約書の再契約の作業が続いた。

第20章　出版社はどう生き残るのか

1　最低限何をしなければならないか

二〇一五年一月一日、改正著作権法が施行された。静かなスタートと言えた。しかし問題は山積していた。出版社にとっての問題は、出版社が希望するような内容にはならなかった法改正だったことだ。しかも同じ出版社でも大手文庫出版社と中小出版社では希望する内容も異なっていた。しかし、一度改正された法律をすぐ簡単に変えるなどということはないので、改正法に対応しながら、どのように出版社は存続を図るべきかということが当面の課題であった。

まず第一号出版権に紙の出版物は当然としても、いわゆるパッケージ系電子出版物が含まれたことであった。

電子出版物は、インターネットや衛星通信などによって情報を送受信する「ネットワーク系電子出版物（ネットワーク系）」とCD-ROM、DVD、フロッピーディスク（FD）など、内容が何らかの媒体に固定された形で発行する「パッケージ系電子出版物（パッケージ系）」とに分類される。国立国会図書館長の諮問機関である納本制度調査会（現審議会）は、一九九九年二月「様々な電子出版物をその特性により『パッケージ系電子出版物』（以下、『パッケージ系』と略す）と『ネットワーク系電子出版物』（以下、『ネットワーク系』と略す）とに定義、区分し、パッケージ系は紙媒体等の出版物と同様に納本制度に組み入れることが適当である」（カレントアウェアネス・ポータル図書館調査研究リポート　倉橋哲朗「国会図書館におけるパッケージ系電子出版物の法定納本」）と答申、二〇〇〇年四月七日、国立国会図書館法が一部改正され、パッケージ系電子出版物の納本が義務化された。

また、公正取引委員会は、二〇一〇年十一月二十九日、出版流通対策協議会（高須次郎会長）の再販制度に関する申し入れに対し回答、申し入れを踏まえ公取委のホームページの「よくある質問コーナー」に「電子書籍について一項目を追加した」と答えた。

Q13　電子書籍は、著作物再販適用除外制度の対象となりますか。

A. 著作物再販適用除外制度は、昭和二十八年の独占禁止法改正により導入された制度ですが、制度導入当時の書籍、雑誌、新聞及びレコード盤の定価販売の慣行を追認する趣旨で導入されたものです。そして、その後、音楽用テープ及び音楽用CDについては、レコード盤とその機能・効用が同一であることからレコード盤に準ずるものとして取り扱い、これら六品目に限定して著作物再販適用除外制度の対象とすることとしているところです。

また、著作物再販適用除外制度は、独占禁止法の規定上、「物」を対象としています。一方、ネットワークを通じて配信される電子書籍は、「物」ではなく、情報として流通します。

したがって、電子書籍は、著作物再販適用除外制度の対象とはなりません。

つまり公取委は、納本制度審議会が電子出版物を「ＣＤ-ＲＯＭ等の有形の媒体に情報を固定した」（答申）「パッケージ系電子出版物」（有体物）と「ネットワークを通じて情報を送受信する」「ネットワーク系電子出版物」（無体物）に分けたことを踏まえ、有体物か否かを判断基準に、電子出版物をもっぱら「ネットワーク系（＝オンライン系）電子出版物」と想定して、物ではなく無体物、情報として流通するのだから、そもそも再販制度の対象外とした。では有体物である「パッケージ系電子出版物」はどうかというと、再販商品は書籍、雑誌、新聞、レコード盤・音楽用テープ及び音楽用ＣＤまでの六品目に限定しているので、これ以上の拡大はなく、「パッケージ系電子出版物」は含まれないとの立場をとった。流対協は、パッケージ系・オンライン系をまとめて電子出版物の再販適用を求めていたため、有体物・無体物の矛盾を突いたもののそれ以上には進展しなかった。書協ははなから電子書籍の再販適用を諦めていた。

ともあれ著作権法改正では、「文書又は図画として複製する権利」（第八十条）という従来の紙の出版権が拡大され、「電子計算機を用いてその映像面に文書又は図画として表示されるようにする方式により」（第七十九条第一項）「記録媒体に記録された電磁的記録として複製する権利を含む」（第八十条第一項一）とされ、「パッケージ系電子出版物」を含んだ「第一号出版権」となった。異質の物なのに有体物であるとの理由から「第一号出版権」としてまとめられた。オンライン系電子出版物つまり著作権法的には「インターネット送信による電子出版」を「第二号出版権」とするために、第一号出版権を創設したともいえる。インターネット配信業者を優遇した法改正であったと言われても仕方あるまい。最後に文化庁案で押し切られてしまった以上、出版社としてはそこから対応策を練るしか残された道はなかった。

出版社は、「第一号出版権」で従来の紙の書籍を出版し、「第二号出版権」により「オンライン系電子出版物」つまり電子書籍を発行すると共に、電子書籍の出版が紙の書籍の出版を妨げないように、電子書籍の再販指定がなくとも定価決定権を保持しながら経営をしていく必要を迫られた。

そして、大手文庫出版社による中小出版社の単行本の文庫化、新書化等にまつわるトラブルが続いている。改正法の再許諾を理解していない中小出版社も多く、この点の周知と対策も待ったなしである。具体的には、文庫などを発行していない出版社は、書協版ではなく出版協・JPCA版ないし日本ユニ著作権センター版の出版契約書で出版契約することを推奨し、過去の出版契約の再契約も推進する必要がある。

2　出版義務をどうするか

改正著作権法は第八十一条で、第一号出版権者と第二号出版権者はともに著作者から「著作物を複製するために必要な原稿その他の原品若しくはこれに相当する物の引渡し又はその著作物に係る電磁的記録の提供を受けた日から六月以内に当該著作物について出版行為を行う義務」(第八十一条第一項第一号イ）、あるいは「公衆送信行為を行う義務」（第八十一条第一項第二号イ）を課されている。「ただし、設定行為に別段の定めがある場合は、この限りでない。」（第八十一条第一項）となっているので、「インターネット送信による電子出版」を当面回避することは可能である。しかし出版社としてそれは本来のあり方ではないし、著者も電子出版を望むであろう。

ではどうするか？　アマゾンなどのインターネット配信業者に電子書籍を委託するのが手っ取り早いし多くの出版社がそうしているが、ここでは出版社に価格決定権はないし卸価格も五掛け以下と買い叩かれているのが実態である。しかもセールなどの名目でさらに安売りされその分の負担を押しつけられている。売上げが多少あっても、異口同音に商売になっていないのである。挙げ句に紙の書籍の売上げも芳しくなくなる。

出版社が自らオンライン配信をすれば定価販売は可能であるが、サイトの構築費用からオンライン配信による販売効果まで課題は多い。しかしこの道を強化していく以外に道はないのではないか。しかし、それまでのうちに何か方法はないのだろうか。

3　第二号出版権の問題

「インターネット送信による電子出版」というのにも、少し幅がある。第二号出版権に基づく公衆送信とはどういうものか考えてみよう。第二号出版権は記録媒体に記録された著作物の複製物を用いてインターネット送信を行う権利、つまり法文的には第二号出版権は第七十九条で、著作権者は「著作物の複製物を用いて公衆送信（放送又は有線放送を除き、自動公衆送信の場合にあつては送信可能化を含む。以下この章において同じ）を行うこと（次条第二項及び第八十一条第二号において「公衆送信行為」という）を引き受ける者に対し、出版権を設定することができる。」となっている

著作権法第二十三条は「公衆送信権等」として、「著作者は、その著作物について、公衆送信（自動公衆送信の場合にあつては、送信可能化を含む）を行う権利を専有する。」と定めている。では具体的に公衆送信とはどういうものなのであろうか？

文化庁の『著作権テキスト令和四年度版』は公衆送信権を次のように解説している。

「公衆送信権」は、放送、有線放送、インターネット等、著作物を公衆向けに送信することに関する権利です（第二三条）。このような行為を行えば、著作者の公衆送信権が働きます。公衆向けであれば、無線・有線を問わず、あらゆる送信形態が対象となり、具体的には次の図のような行為が該当します。

として図示しながら次の行為を列挙しています。

1　放送

2　有線放送
3　自動公衆送信
4　その他の公衆送信

つまり公衆送信のうちもっぱらテレビ・ラジオ会社の領分である放送・有線放送をのぞき、3自動公衆送信、4その他の公衆送信の行為を第二号出版権での公衆送信としている。

3の自動公衆送信について、同テキストは次のように解説する。


インターネットのように、受信者がアクセスした情報だけ手元に送信されるような送信形態。自動公衆送信装置（サーバー等）の内部に情報が蓄積されるウェブサイトのような「蓄積型」と、自動公衆送信装置への蓄積を伴わないウェブキャストのような「入力型」に分けられ、蓄積・入力された情報は、受信者からアクセスがあり次第、自動的に送信されるため、「自動公衆送信」と呼ばれています。

また、送信の準備段階として、送信される状態に置く行為（いわゆる「アップロード」等）を「送信可能化」と定義しており、アップロードも「自動公衆送信」に含まれます。


ウェブキャストは、WEBつまりインターネットを通じた映画や動画配信のことである。

3の自動公衆送信は、アマゾンやグーグルなどの電子書籍のインターネット送信がこれに当たり、これについては、これ以上触れない。

では４のその他の公衆送信とはどういうものだろうか？　同じく『著作権テキスト令和四年度版』は次のように述べている。

「その他の自動公衆送信」。電話などで公衆から申込みを受けて、ファックスやメール等を用いて手動で送信するような形態。なお、サーバー等の機器によってこれを自動化したものが「自動公衆送信」に該当します。

具体的にはファクシミリによる同報配信サービス（Ｆネット）などがそれに当たる。

電話、ファックスやメールで、公衆つまり読者から申し込みを受けて、ファイル共有サービスなどを用いて、電子書籍をＰＤＦなりでアップロードしておきダウンロードできるようにしておけば、③ないし④の自動公衆送信にあたる。自社でこうした自動公衆送信を行うと共に、定価販売をしてくれるネットサイトとも連携している出版社もある。

紙の出版物は再販制度によって定価販売を原則としているが、公正取引委員会によって、再販商品は紙の書籍・雑誌、新聞、音楽用ＣＤなどの六品目に限定されていて、ＣＤ-ＲＯＭなどのパッケージ系電子出版物は再販商品として追加指定されていない。同じＣＤでも音楽用はよくて、書籍用はダメというのは論理的にもおかしい。ましてオンライン系電子出版物は公取委によれば、有体物ではなく情報、つまり無体物なので、再販制度の埒外となっている。紙の出版物は定価販売であれば、定価決定権が出版社にあるので、寡占取次に対しなんとか抵抗できるが、パッケージ系電子出版物はすでに買いたたかれている。オンライン系電子出版物は、当然、アマゾンなどの巨大ＩＴ企業の取引条件設定の意のままにならざるを得ない。同じ内容の出版物が紙の出版物で割高となり、ますます紙の出版物の売れ行き不振を招く。出版社、とりわけ中小出版社は必然的に経営危機となるのは必至である。第一号出版権と第二号出版権の区分けには、これは筆者の推測だが文化庁と公取委の調整もあったと考えられる。

著作権法改正が出版社として満足できなくとも出版社としては、存続していかなければならない。第二号出版権の出版義務をアマゾンなどに翻弄されることなくやるやり方がないのかは、新たな課題でもあった。

4　海賊版被害の拡大と対策

海賊版対策は、二〇一四年著作権法改正では、電子出版権の有する出版者は対策を講じられたが、そうでない場合は難しいなど、問題は積み残された。その間に海賊版被害は増え続けた。

海賊版サイト「漫画村」は二〇一六年に開設され、違法コピーしたコンテンツを閲覧させ、被害額三二〇〇億円に上ったといわれる。講談社などの複数の出版社が一七年に、著作権を侵害さ

れたとして海賊版サイトを同法違反容疑で刑事告訴、サイトは一八年四月に閉鎖され、運営者も翌一九年にフィリピンで逮捕された

しかし海賊版サイトはより巧妙化、国際化が進み、中国に拠点をおく「漫画ＢＡＮＫ」による被害も拡大した。

■侵害行為の巧妙化、複雑化による被害が深刻化する中、二〇一六年から知財本部の下の有識者会議「次世代知財システム検討委員会」において、サイトブロッキング、リーチサイト対策を含むインターネット上の海賊版対策について検討開始。

■特に二〇一七年秋以降、運営者の特定が困難で、侵害コンテンツの削除要請すらできない極めて悪質な巨大海賊版サイト「漫画村」による被害が急速に拡大。匿名性の高いサービスを悪用し、国境を越えて被害をもたらす海賊版サイトが社会問題化。早急な対策が必要であるとの認識の下、関係省庁における検討が急速に進められた。(「インターネット上の海賊版に対する総合的な対策メニュー」内閣府知的財産戦略推進事務局、二〇二〇年四月十日)

リーチサイトとは　インターネットの利用者を、著作権者に無断で漫画や映画をアップロードした海賊版サイトに誘導するサイトで、サイトブロッキングはそのリーチサイトへの接続遮断のことである。

二〇二〇年、文部科学省は、リーチサイト対策、著作権を侵害する静止画（書籍）のダウンロード違法化を目的とする、「著作権法及びプログラムの著作物に係る登録の特例に関する法律の一部を改正する法律」案を提出、六月に可決成立した。この改正により、インターネット上の出版物の海賊版（侵害コンテンツ）のダウンロードやリーチサイトが違法となった。

インターネット上に漫画を無断掲載する海賊版サイトで、令和三年に「ただ読み」された被害額が推計で少なくとも約一兆一九億円に上ることが一般社団法人ＡＢＪの調査で分かった。二年の四・八倍に急増しており、同年の正規の漫画販売額（六一二六億円、出版科学研究所調べ）の一・六倍に当たる。（産経新聞二〇二二年一月十五日）

海賊版被害対策はまだ道半ばと言えよう

5　どう生き残るのか

このように著作権法改正に対応した諸対策を講じつつ、厳しい真冬の出版状況を次に概観し、生き残りを考えてみたい。

書店の廃業は止まることをしらず、紙の本の販売ルートがますます弱ってきて、大手取次店は運賃を含め取引条件の切り下げを絶えず版元に迫り、紙でも電子でもアマゾンが圧倒的な力を発揮し、出版社の仕入れ値を買い叩いているなかで、出版社の生き残りは厳しい。

とりあえず現状を見ておこう。まず出版物の市場である。二〇〇〇年に二兆三九六六億円だった書籍・雑誌の販売金額は、二〇一三年に一兆六八二三億円まで毎年減少した。著作権法が改正された二〇一四年から電子出版の売上げが統計にはじめて入り、同年は従来の書籍・雑誌の販売金額は一兆六〇六五億円であったが、電子出版一一四四億円が加わり合計一兆七二〇九億円となり、全体としては下げ止まった。電子出版の販売額は年々増え、直近の二〇二二年のデータを見ると、紙の書籍・雑誌の販売金額は一兆一二九二億円と二〇〇〇年に比べ半減したが、電子出版五〇一三億円を加えると一兆六三〇五億円で、三〇%減に踏みとどまったことになる（出版科学研究所「出版物の推定販売金額」）。

著作権法改正後、大手出版社は紙の雑誌・書籍の売上げ不振を尻目に、コミックスを中心にしたデジタル分野の売上げを急速に伸ばし版権収入なども加わり、二〇一九年頃には業績を完全に回復し売上げを伸ばしている。ある意味、設定出版権の電子への拡大により、もっとも恩恵を受けているのは、コミックスの売上げが多い講談社、集英社、小学館といった大手出版社である。電子書籍分野での展開が難しい一般書、専門書の出版社は、大手といえども厳しい状況が続いている。

例えば「密約三社」の講談社を見てみよう。二〇一四年の売上高一一九〇億円で電子書籍などのデジタル収入はわずかだったが、二〇二一年には電子書籍などのデジタル・版権の事業収入が紙の雑誌・書籍の売上げである製品収入を初めて上回った。二〇二二年は売上高が一七〇七億円と伸び、事業収入は九一〇億円と売上げの半分を上回り、製品収入の一・三七倍に拡がっている。

集英社も二〇一四年五月決算で売上高一二三二億円で、ウェブ・版権収入の「その他」は一割程度だったが、二〇二二年五月決算では、売上高一九五一億円、「その他」収入が名称を変えた「事業収入」は一二六一億円と売上高の六四％を占めている。

このように電子出版権を獲得したことによる恩恵は十二分に現れている。紙と電子の総合出版権などなくとも、実力で事実上、総合出版権契約を得て、電子配信業者などにも対抗し得ていると見られる。

一方、文芸から人文法経、自然科学などを扱うその他の大手中堅から中小零細出版社は、電子書籍化には適したものが少なく、すでに触れたとおり、電子書籍の売り上げは伸びず、紙の書籍の低迷と相まって出版不況のなかで喘いでいる。

一ッ橋・音羽グループなどの大手出版社は、大手取次店の大株主でもあるが、もはや物流比率そのものが低下したいま、取次ルートはワンノブゼムでしかない。出版社→取次店→書店→読者という、かつて出版流通のほとんどをカバーした、いわゆる正常ルートも衰退期を迎えている。取次店数も二〇一〇年に三〇社（日本取次協会加盟）あったものが二〇二二年現在一八社に落ち込んでいる。消えた取次店のなかに太洋社、栗田出版販売などが含まれる。日販、トーハンの寡占が進んだのも事実だが、電子出版に無関係な取次店ルートが出版流通に占める割合も低下している。

ルート別出版物販売額の推移を見てみると、書店・取次ルートは電子出版物の売上げが統計に入った二〇一四年に六四・七％だったが、二〇二一年には五七・六％に低下している。インターネットルートは、八・五％から一九・四％に躍進、出版社直販も一〇・五％から一二・二％に伸びている（出所：販売ルート別推定出版物販売額）。まもなく書店・取次ルートが五〇％を割るのは必至である。中小零細出版社の実感としては、すでに五〇％を割っている。

しかもその物流に占める日販・トーハンの役割も寡占の割には低下しつつある。こうなってしまったことの責任の大半は大手取次店にある。老舗・大手出版社への卸正味の優遇、前払いなど金融的優遇、後発出版社への低正味、歩戻し、支払い保留といった差別的取引条件の強要、新規取引希望出版社への窓口規制、過酷な取引条件の強要がある。この長年の悪弊を指摘するのは筆者など出版協関係の諸論文以外にはほとんどなく、それに譲るが、ここではそういうことが新規出版社の市場参加を妨げ、あるいは書店との直取引ルートの開拓へと向かわせている。かれらの大手取次店に対する批判と怨嗟の声は止まるところがない。

街の書店の閉店にも大手取次店の責任は重い。街の書店への差別的取引条件がその消滅を招いた。取引条件の優遇をもってしても出版不況は厳しく、経営環境を悪化させた大手書店チェーンも、次々と大手取次店やＤＮＰなどに子会社化や系列化された。しかし、大手取次店による書店グループの子会社化は、必ずしもうまくいっているとは思えない。書店員の本の知識に比べれば、数字でものを見る習慣が染みついている取次店の出向社員のそれなどたかがしれている。それらのことをここで論ずるには紙幅がない。

大手取次店に失望した出版社は、正常ルートから直販、ネット販売へと軸足を移していく。そこにアマゾンが割り込み、すでにアマゾンとの直取引は圧倒的かつ当たり前になり、大手中堅出版社による取次外しも水面下で動き出している。

こうした事実は統計にもあらわれている。電子書籍出版物の売上げは伸びていて、二〇二二年の電子出版市場は前年比七・五%増の五〇一三億円であることはすでに触れた。特に電子コミックが同二〇・三%であり、電子市場における占有は九割に迫る勢いという。また、出版市場全体における電子出版の占有率は二七・八%で、前年の二四・三%から三・五ポイント上昇し、三割に迫っている。しかしその売上げの九割近くが『鬼滅の刃』などの電子コミックであり、一般書籍の電子書籍売上は四四九億円（九・六%）で一割に満たない。しかもいわゆる一般書籍の電子書籍は採算にあっていないと言われている。これはもっぱら取引条件の悪さと値引き率が紙に比べ三割から四割以上にもなっているからである。

このような出版物の売上の質的変化、つまり紙の出版物の売上げ減、電子出版物の売上げ増は、街のリアル書店の減少、ネット配信書店の売上げ増に帰結していく。二〇〇〇年には書店は全国で二万一四九五店あったが二〇二〇年には一万一〇二四店まで減少し、半減している。J

出版物推定販売金額

年	書籍		雑誌		電子出版		合計	
	金額（億円）	前年比（%）	金額（億円）	前年比（%）	金額（億円）	前年比（%）	金額（億円）	前年比（%）
1996 年	10,931	4.4	15,633	1.3			26,564	2.6
1997 年	10,730	▲ 1.8	15,644	0.1			26,374	▲ 0.7
1998 年	10,100	▲ 5.9	15,315	▲ 2.1			25,415	▲ 3.6
1999 年	9,936	▲ 1.6	14,672	▲ 4.2			24,607	▲ 3.2
2000 年	9,706	▲ 2.3	14,261	▲ 2.8			23,966	▲ 2.6
2001 年	9,456	▲ 2.6	13,794	▲ 3.3			23,250	▲ 3.0
2002 年	9,490	0.4	13,616	▲ 1.3			23,105	▲ 0.6
2003 年	9,056	▲ 4.6	13,222	▲ 2.9			22,278	▲ 3.6
2004 年	9,429	4.1	12,998	▲ 1.7			22,428	0.7
2005 年	9,197	▲ 2.5	12,767	▲ 1.8			21,964	▲ 2.1
2006 年	9,326	1.4	12,200	▲ 4.4			21,525	▲ 2.0
2007 年	9,026	▲ 3.2	11,827	▲ 3.1			20,853	▲ 3.1
2008 年	8,878	▲ 1.6	11,299	▲ 4.5			20,177	▲ 3.2
2009 年	8,492	▲ 4.4	10,864	▲ 3.9			19,356	▲ 4.1
2010 年	8,213	▲ 3.3	10,536	▲ 3.0			18,748	▲ 3.1
2011 年	8,199	▲ 0.2	9,844	▲ 6.6			18,042	▲ 3.8
2012 年	8,013	▲ 2.3	9,385	▲ 4.7			17,398	▲ 3.6
2013 年	7,851	▲ 2.0	8,972	▲ 4.4			16,823	▲ 3.3
2014 年	7,544	▲ 4.0	8,520	▲ 5.0	1,144		17,209	2.2
2015 年	7,419	▲ 1.7	7,801	▲ 8.4	1,502	31.2	16,722	▲ 2.8
2016 年	7,370	▲ 0.7	7,339	▲ 5.9	1,909	27.6	16,618	▲ 0.6
2017 年	7,152	▲ 3.0	6,548	▲ 10.8	2,215	86.1	15,916	▲ 4.2
2018 年	6,991	▲ 2.2	5,930	▲ 9.5	2,479	19.1	15,400	▲ 3.6
2019 年	6,723	▲ 3.8	5,637	▲ 5.0	3,072	23.9	15,432	▲ 3.0
2020 年	6,661	▲ 1.0	5,576	▲ 1.0	3,931	27.9	16,168	4.7
2021 年	6,804	2.1	5,276	▲ 5.3	4,662	18.5	16,742	3.5
2022 年	6,497	▲ 4.5	4,795	▲ 9.1	5,013	7.5	16,305	▲ 2.6

※出版科学研究所による 1996 年から 2021 年にかけての出版物推定販売金額

出版社数の推移

年	出版社数
1998 年	4,454
1999 年	4,406
2000 年	4,391
2001 年	4,424
2002 年	4,361
2003 年	4,311
2004 年	4,260
2005 年	4,229
2006 年	4,107
2007 年	4,055
2008 年	3,979
2009 年	3,902
2010 年	3,817
2011 年	3,734
2012 年	3,676
2013 年	3,588
2014 年	3,534
2015 年	3,489
2016 年	3,434
2017 年	3,182
2018 年	3,058
2019 年	3,102
2020 年	2,907

総書店数・総売り場面積

年	書店数	カウント店	総売り場面積（カウント店）	平均売り場面積
1999 年	22,296			
2000 年	21,495			
2001 年	20,939			
2002 年	19,946			
2003 年	19,179		1,261,672	
2004 年	18,156	16,239	1,280,384	79
2005 年	17,839	16,065	1,310,545	82
2006 年	17,582	15,821	1,343,649	85
2007 年	17,098	15,472	1,376,560	89
2008 年	16,342	14,961	1,408,870	94
2009 年	15,765	14,417	1,427,202	99
2010 年	15,314	14,059	1,417,863	101
2011 年	15,061	13,780	1,425,397	103
2012 年	14,696	13,498	1,416,543	105
2013 年	14,241	13,076	1,400,826	107
2014 年	13,943	12,831	1,408,837	110
2015 年	13,488	12,430	1,386,728	112
2016 年	13,041	12,084	1,367,464	113
2017 年	12,526	11,616	1,341,977	116
2018 年	12,026	11,167	1,308,227	117
2019 年	11,446	10,625	1,260,872	119
2020 年	11,024	10,234	1,222,302	119

（資料）アルメディア

※面積は坪数　※カウント店とは売り場面積を公表している書店　※各年 5 月 1 日現在

PO（日本出版インフラセンター）の書店マスタ管理センター調べでは、二〇二一年の書店数一万一九五二店のうち店舗を持って営業している書店は八八〇六店という。実態はもっと深刻なのである。書店のない地方の自治体が二六％を超えているといった現実だけではなく、今や首都圏の鉄道駅前でも書店があるのは珍しくなり、ターミナルでは大型書店の閉店が続いている。私の乗降駅でも二十年前は三店ほどあったが、この秋にゼロとなった。八重洲ブックセンターやMARUZENジュンク堂書店渋谷店の閉店を例に出すまでもなく、これからは大型店の閉店・退店の時代になろう。

出版物もネット通販にネット配信が加わると、ますますこの傾向は加速されるであろう。デパートを核とした商店街がなくなり郊外型ショッピングモールも閉店の時代を迎えよう。街の風景は破壊され荒涼としたものとなるのではないか。

こうした現状の中で出版社はどう生き残っていくのか？　とりわけ中小零細の専門出版社はどうすべきだろうか。前掲の書籍・雑誌の販売金額をみると、書籍は二〇〇〇年に九七〇六億円から二二年には六四九七億円に減少しているが、減少幅は三三％で雑誌に比べれは傷は浅いといえる。しかも統計にはでてこないが、中小専門出版社の販売ルートは多様化し、直販ルートが増大してきている。堅い本を販売してくれる書店も全国で二〇〇店前後しか残ってはいまい。従来の取次店、とりわけ大型取次店依存率は明らかに減少して来ている。

その一方でガソリン、輸送費の値上がりなどにより大手取次店からの様々な取引条件切り下げ、とりわけ大手版元・老舗版元との差別的な取引格差を助長するような切り下げの要求が様々ある。しかし出版社とて同様の理由で紙や運賃の値上がりを要請されているわけで、事情は同じなのである。したがってこれらのマンネリ化した要求を拒否し、紙でも電子でも定価販売を履行し、利益率を増やす必要があろう。

出版社は出版取次業者でもないし出版物のコピー業者でもない。出版社はいまこそコンテンツを編集制作し出版物を有する版元であることを自覚し、取次ルートや電子配信業者への依存はほどほどに、自社サイトを整備し直販ルートを強化し、販売ルートの見直し適正化を図っていく必要があろう。

図書館界の動きも出版界に大きな脅威となっている。昨二〇二二年十二月二十三日には国立国会図書館による「デジタル化資料送信」の除外手続期限が締め切りとなった。入手困難な本ということだが、現実には流通している本まで収録されているので、除外手続をしなければオンライン配信されてしまう。どの位の出版社が除外手続きをしたのか不明だが、このあと国立国会図書館から直接読者への書籍雑誌の「デジタル化資料送信」の送信サービスが始まる。「日本国会図書館版グーグル図書館プロジェクト」のスタートである。この影響は出版社の売上げに今後、大きく影響してこよう。

国立国会図書館の配信サービスが本格化すれば、古書店などはもはや成り立たなくなる。民業圧迫そのものである。早稲田の古書店街の惨状にも驚いたが、東京新聞二〇二二年十二月二十日付け記事「街の古書店減少の一途」を読むまでもなく神田神保町の古書店街も危なかろう。しかも深刻なのは、こうしたことに古書店も書店も抗する術がないことである。

既存の出版社団体がほとんど何の抵抗もしない現状に、出版社はいらだちを見せはじめている。当事者である出版社、その利益代表である出版社団体が何もしなければ、出版社は自ら死を迎えるしかあるまい。アマゾン上陸、グーグルブック検索和解騒動を経て二十年、これからが出版社の生き残りを賭けた闘いである

【本文注および章の引用文献】

序章　グーグルブック検索和解の教訓

（1）Googleブック検索和解案、アメリカ合衆国南ニューヨーク地区連邦地方裁判所、二〇〇八年十月
（2）高須次郎「Googleショック」流対協『新刊選』「ほんのひとこと」二〇〇九年三月三十一日付
（3）『読売新聞』二〇〇九年二月二十四日付法定通知
（4）「書協　日本書籍出版協会会報」二〇〇九年二月号、日本書籍出版協会
（5）『Google　Book　Search　クラスアクションの和解に関する解説～その手続と法的効果及び出版文化に与えるインパクト～』（松田政行・増田雅史著）、日本書籍出版協会、二〇〇九年四月

第1章　グーグル問題と脆弱な著作権法上の出版者の権利

（1）「Goggle和解の件についての情報交換会資料」、書協、二〇〇九年三月三十一日
（2）三山裕三『著作権法詳説第8版』レクシスネクシス・ジャパン刊、二〇一〇年
（3）文化庁『著作権テキスト平成二十一年度版』、文化庁、二〇〇九年
（4）『毎日新聞』二〇〇九年五月十七日付記事
（5）日本ペンクラブ声明「グーグル・ブック検索和解案について」二〇〇九年四月二十四日

第2章　出版者の権利と三省デジタル懇談会

高須次郎「出版の危機と出版流通対策協議会」『出版ニュース』二〇一一年三月下旬号
高須次郎『グーグル日本上陸撃退記――出版社の権利と流対協』論創社、二〇一一年

デジタル・ネットワーク社会における出版物の利活用の推進に関する懇談会「デジタル・ネットワーク社会における出版物の利活用の推進に関する懇談会」報告、二〇一〇年六月二十八日

第3章 「電子書籍の流通と利用の円滑化に関する検討会議」での議論

「電子書籍の流通と利用の円滑化に関する検討会議」議事録第一回（平成二十二年十二月二日）〜第一四回（平成二十三年十二月二十一日）、文化庁

第4章 書協提出の「出版者への権利付与」をめぐる論争

「電子書籍の流通と利用の円滑化に関する検討会議」議事録第一回（平成二十二年十二月二日）〜第一四回（平成二十三年十二月二十一日）、文化庁

第5章 「出版者への権利付与」が見送りに

「電子書籍の流通と利用の円滑化に関する検討会議」議事録第一回（平成二十二年十二月二日）〜第一四回（平成二十三年十二月二十一日）、文化庁

吉田大輔「ネット時代の著作権」第一一五回「出版者の権利に関する諸外国の状況（後）」『出版ニュース』二〇一一年十月中旬号

「書協　日本書籍出版協会会報」二〇一一年十二月号

第6章 中川勉強会の発足と勉強会骨子案の問題点

高須次郎「継続審議、『出版者への権利付与』はどうなる？——文化庁『電子書籍の流通と利用検討会議』

を総括」『新文化』二〇一二年二月二十三日号
高須次郎「電子納本と長尾国立国会図書館長構想の問題点」『新文化』二〇一一年二月三日号
高須次郎「日本出版者協議会の発足とその課題」（『出版ニュース』二〇一三年一月上・中旬号
吉田大輔「電子出版に対応した出版権の見直し案について」『出版ニュース』二〇一二年十月上旬号
出版広報センター「『出版物に関する権利』についての基本的Q＆A」二〇一二年九月十九日
高須次郎「出版界を混乱させる怖れのある「『出版物に関する権利（著作隣接権）』について」流対協「ほんのひとこと」二〇一二年十月十九日付

第7章　方針転換への模索

吉田大輔「電子出版に対応した出版権の見直し案について」『出版ニュース』二〇一二年十月上旬号
高須次郎「日本出版者協議会の発足とその課題」『出版ニュース』二〇一三年一月上・中旬号
加戸守行『著作権法逐条講義　五訂新版』四五一頁、著作権情報センター
吉田大輔「ネット時代の著作権№一二四「出版者の権利に関する最近の動向」、『出版ニュース』二〇一二年六月中旬号

第8章　漂流する議論と出版界の方針転換

高須次郎「どうなる出版者の権利と再販制度」『出版ニュース』二〇一三年四月上旬号
出版物に関する権利検討委員会第二回議事録、二〇一三年四月二十六日
日本経団連「提言　電子書籍の流通と利用の促進に資する『電子出版権』の新設を求める」二〇一三年二月十九日

出版協「勉強会『骨子案』への要望」二〇一三年一月十一日
福井健策「出版者の権利『現行出版権拡張』までの経緯」『新文化』二〇一三年六月六日号
高須次郎「経団連の電子出版権案を考える」出版協「ほんのひとこと」二〇一三年四月二日付

第9章　中山提言と文化審議会著作権分科会出版関連小委の発足

中山信弘他「出版者の権利のあり方に関する提言」二〇一三年四月四日
出版協「『出版者の権利のあり方に関する提言』への意見と要望」二〇一三年四月四日
高須次郎「著作権隣接権から設定出版権の拡大への転換」出版協「ほんのひとこと」二〇一三年六月三日付
（1）吉田大輔「電子出版に対応した出版権の見直し案について」『出版ニュース』二〇一二年十月上旬号
（2）「印刷文化・電子文化の基盤整備に関する勉強会」（第7回）議事録

第10章　出版関連小委の「中間まとめ」

高須次郎「日本出版者協議会の発足とその課題」『出版ニュース』二〇一三年一月上・中旬号
高須次郎「中山提言は骨抜きにされてしまうのか——著作権分科会出版関連小委『中間まとめ』を読む」『出版ニュース』二〇一三年十月下旬号
出版協「出版関連小委員会への要望」二〇一三年五月二十九日
出版協「出版関連小委員会への再要望」二〇一三年七月二十三日
高須次郎「どうなる出版者の権利と再販制度」『出版ニュース』二〇一三年四月上旬号

吉田大輔「ネット時代の著作権No.一三九「出版者の権利に関する審議の動向」『出版ニュース』二〇一三年九月中旬号

日本経団連「提言　電子書籍の流通と利用の促進に資する『電子出版権』の新設を求める」二〇一二年二月十九日

「著作権分科会出版関連小委員会」議事録平成二十五年第一回（二〇一三年五月十三日）、文化庁

第11章　紙の再許諾をめぐる攻防

出版広報センター「『出版権』緊急説明会資料」二〇一三年十月九日

出版協「文化審議会著作権分科会出版関連小委員会『中間まとめ』への意見」二〇一三年十月十八日

吉田大輔「ネット時代の著作権No.一五〇「出版権利者による再許諾について」『出版ニュース』二〇一四年九月中旬号

高須次郎「出版者への権利付与はどうなるのか――著作権分科会出版関連小委・最終まとめを前に」出版協「ほんのひとこと」二〇一三年十二月二日付

第12章　文化審議会著作権分科会出版関連小委員会報告書

文化審議会著作権分科会出版関連小委員会「文化審議会著作権分科会出版関連小委員会報告書」平成二十五年（二〇一三年）十二月二十日

『新文化』二〇一三年十二月二十六日号記事「文化庁　来年通常国会に改正案」

第13章　著作権法改正法案をめぐる攻防

出版協「議連案、文化庁案への見解」二〇一四年三月三日
出版協「『著作権法の一部改正案』の修正を求める」二〇一四年三月十四日
佐藤隆信「日本書籍出版協会理事の皆様　書協『声明』に関して相賀理事長との会談報告」二〇一三年三月（日付け不明）
佐藤隆信新潮社社長インタビュー「出版権法制化の経緯と注目点」『新文化』二〇一三年一月二十三日号
「文化庁『著作権法』改悪で日本の出版文化が破壊される日」『週刊新潮』二〇一四年三月十三日号
「『出版文化』の味方とうそぶく『文化庁』の欺瞞」『週刊新潮』二〇一四年三月二十日号

第14章　著作権法改正案の国会審議

第一八六回国会「衆議院文部科学委員会会議録」平成二十六年（二〇一四年）三月二十八日、四月二日、四月四日

第15章　衆参議院での参考人質疑

第一八六回国会「衆議院文部科学委員会会議録」平成二十六年四月二日
第一八六回国会「参議院文教科学委員会会議録」平成二十六年四月二十四日、四月二十五日

第16章　改正著作権法の成立

出版協「著作権法の一部を改正する法律に関する声明」二〇一四年四月二十五日
吉田大輔「ネット時代の著作権№一四六「著作権法改正法の成立」『出版ニュース』二〇一四年五月中・下旬号

第17章　改正著作権法施行までに出版社がすべきこと

高須次郎「改正著作権法施行までに出版社がすべきこと」出版協「ほんのひとこと」二〇一四年六月三日付

高須次郎「紙と電子の再販制度を考える」『出版ニュース』二〇一四年一月上・中旬号

第18章　改正法に対応した出版契約書の作成

村瀬拓男「書協、出版契約書『ひな型』の要点とは？」『新文化』二〇一四年十月九日号

高須次郎「改正著作権法に対応する出版契約書ひな型の特徴点」二〇一四年十一月二十一日、出版協

吉田大輔「出版権の拡大を踏まえた出版契約について」『出版ニュース』二〇一四年十二月上旬号

第19章　改正著作権法の再許諾の意義

高須次郎「改正著作権法の再許諾を考える　原出版社と文庫出版社の立場が逆転」『出版ニュース』二〇一四年八月中旬号

第20章　出版社はどう生き残るのか

倉橋哲朗「国会図書館におけるパッケージ系電子出版物の法定納本」カレントアウェアネス・ポータル図書館調査研究リポート3.3.4、二〇〇九年

加戸守行『著作権法逐条講義　七訂新版』著作権情報センター、二〇二一年

文化庁『著作権テキスト令和四年度版』、文化庁、二〇二二年

【参考文献】

三山裕三『著作権法詳説第8版』レクシスネクシス・ジャパン刊、二〇一〇年
文化庁『著作権テキスト平成二十一年度版』文化庁、二〇〇九年
文化庁『著作権テキスト平成十五年度版』文化庁、二〇〇三年
文化庁『著作権テキスト令和四年度版』文化庁、二〇二二年
「電子書籍の流通と利用の円滑化に関する検討会議」議事録第一回（平成二十二年〔二〇一〇年〕十二月二日）
～第一四回（平成二十三年十二月二十一日）、文化庁
「印刷文化・電子文化の基盤整備に関する勉強会」（中川勉強会）議事録第一回（二〇一二年二月二十四日）
～第九回（二〇一四年二月十八日）
「著作権分科会出版関連小委員会」議事録第一回（平成二十五年〔二〇一三年〕五月十三日）～第九回（平成二十五年〔二〇一三年〕十二月二十日）、文化庁
加戸守行『著作権法逐条講義　五訂新版』著作権情報センター、二〇〇六年
加戸守行『著作権法逐条講義　七訂新版』著作権情報センター、二〇二一年
作花文雄『詳解著作権法〔第4版〕』ぎょうせい、二〇一〇年
作花文雄『詳解著作権法〔第5版〕』ぎょうせい、二〇一八年
中山信弘『著作権法〔第3版〕』有斐閣、二〇二〇年
高須次郎『再販／グーグル問題と流対協』（出版人に聞く3）、論創社、二〇一一年
高須次郎『グーグル日本上陸撃退記――出版社の権利と流対協』論創社、二〇一一年
高須次郎『出版の崩壊とアマゾン――出版再販制度〈四〇年〉の攻防』論創社、二〇一八年

『出版年鑑』各年版、出版ニュース社
日本雑誌協会・日本書籍出版協会『50年史』編集委員会『日本雑誌協会・日本書籍出版協会50年史』二〇〇七年
『出版ニュース』出版ニュース社
『新文化』新文化通信社
『文化通信』文化通信社

あとがき

本書は、二〇〇九年のグーグルブック検索和解問題に始まり、電子書籍に対応する出版権の整備を内容とする二〇一四年の「著作権法改正」と、一五年一月一日の改正著作権法施行までの過程を追った。これまでの設定出版権ではなく著作隣接権を求めた出版社側と警戒する著作者団体、著作権学者、政府文化庁など審議会等での議論や動きを追い、出版権をめぐる攻防を、当時の資料や論文、メモをもとに書いた。とりわけ筆者が会長を務めていた（一社）日本出版者協議会（旧出版流通対策協議会）が、著作隣接権の要求から設定出版権の電子出版への拡大に方針転換した経緯を詳述した。

本書でも繰り返し述べたが、大手出版社が中心の日本書籍出版協会が提案した著作隣接権案は、日本出版者協議会（出版協）の会員社である中小零細出版社の一次出版物を文庫などに安易に刈り取っていく手段となり、アマゾンなどのネット配信業者にも有利となるもので、絶対に承服できなかったし、設定出版権成立の意義を知る学識者からは賛同を得られなかった。改正法では逆に文庫化などに当たっては、著者の了解のもとに原出版社が文庫出版社に再許諾をする権利を確保することができた。

小社が所属する出版協会員社をはじめ版元には、著作隣接権を期待する声も強いが、本書を読んで今後の議論に役立てていただきたいと思う。引用や繰り返しも多く、読みづらい点は恐縮するが、客観的な資料で出版権をめぐる攻防の過程を記録したいと考えたためである。登場される方々も実名である。ご無礼があればお詫びしたい。

二〇一四年の「著作権法改正」は出版界の歴史的事件として今後も議論されていくに違いない。当事者の一人として中小零細出版社の立場から記録に残しておくことが必要と考え、出版不況に喘ぎながら、なんとか脱稿できた。思い違い、誤り等があればご指摘いただければ幸いである。

本書は、『出版ニュース』『新文化』、出版協の「ほんのひとこと」などに寄稿した論文、論説を中心に書き下ろした。二〇一九年に休刊した七十年を超える歴史のある『出版ニュース』は、出版界のさまざまな問題を議論する場であり、ここに寄稿できなければ本書は成立していなかった。清田義昭元編集長に御礼申し上げたい。

同志である出版協の菊地泰博相談役、竹内淳夫前副会長、水野久会長ほか理事・元理事のみなさまにも感謝したい。

今回も畏友、論創社の森下紀夫社長をはじめ内田清子さんほか編集部の方々に大変お世話になった。原稿チェックなどをしてくれた緑風出版の高須ますみや斎藤あかねにも改めて感謝したい。

二〇二三年三月　　高須次郎

#【巻末資料】

改正著作権法の出版権に関する主な条文

第三章　出版権

（出版権の設定）

第七十九条　第二十一条又は第二十三条第一項に規定する権利を有する者（以下この章において「複製権等保有者」という。）は、その著作物について、文書若しくは図画として出版すること（電子計算機を用いてその映像面に文書又は図画として表示されるようにする方式により記録媒体に記録し、当該記録媒体に記録された当該著作物の複製物により頒布することを含む。次条第二項及び第八十一条第一号において「出版行為」という。）又は当該方式により記録媒体に記録された当該著作物の複製物を用いて公衆送信（放送又は有線放送を除き、自動公衆送信の場合にあつては送信可能化を含む。以下この章において同じ。）を行うこと（次条第二項及び第八十一条第二号において「公衆送信行為」という。）を引き受ける者に対し、出版権を設定することができる。

2　複製権等保有者は、その複製権又は公衆送信権を目的とする質権が設定されているときは、当該質権を有する者の承諾を得た場合に限り、出版権を設定することができるものとする。

（出版権の内容）

第八十条　出版権者は、設定行為で定めるところにより、その出版権の目的である著作物について、次に掲げる権利の全部又は一部を専有する。

一　頒布の目的をもつて、原作のまま印刷その他の機械的又は化学的方法により文書又は図画として複製する権利（原作のまま前条第一項に規定する方式により記録媒体に記録された電磁的記録として複製する権利を含む。）

二　原作のまま前条第一項に規定する方式により記録媒体に記録された当該著作物の複製物を用いて公衆送信を行う権利

2　出版権の存続期間中に当該著作物の著作者が死亡したとき、又は、設定行為に別段の定めがある場合を除き、出版権の設定後最初の出版行為又は公衆送信行為（第八十三条第二項及び第八十四条第三項において「出版行為等」という。）があつた日から三年を経過したときは、複製権等保有者は、前項の規定にかかわらず、当該著作物について、全集その他の編集物（その著作者の著作物のみを編集したものに限る。）に収録して複製し、又は公衆送信を行うことができる。

3　出版権者は、複製権等保有者の承諾を得た場合に限り、他人に対し、その出版権の目的である著作物の複製又は公衆送信を許諾することができる。

4　第六十三条第二項、第三項及び第五項並びに第六十三条の二の規定は、前項の場合について準用する。この場合において、第六十三条第三項中「著作権者」とあるのは「第七十九条第一項の複製権等保有者及び出版権者」と、同条第五項中「第二十三条第一項」とあるのは「第八十条第一項（第二号に係る部分に限る。）」と読み替えるものとする。

（出版の義務）

第八十一条 出版権者は、次の各号に掲げる区分に応じ、その出版権の目的である著作物につき当該各号に定める義務を負う。ただし、設定行為に別段の定めがある場合は、この限りでない。

一 前条第一項第一号に掲げる権利に係る出版権者（次条において「第一号出版権者」という。）次に掲げる義務

イ 複製権等保有者からその著作物を複製するために必要な原稿その他の原品若しくはこれに相当する物の引渡し又はその著作物に係る電磁的記録の提供を受けた日から六月以内に当該著作物について出版行為を行う義務

ロ 当該著作物について慣行に従い継続して出版行為を行う義務

二 前条第一項第二号に掲げる権利に係る出版権者（次条第一項第二号において「第二号出版権者」という。） 次に掲げる義務

イ 複製権等保有者からその著作物について公衆送信を行うために必要な原稿その他の原品

若しくはこれに相当する物の引渡し又はその著作物に係る電磁的記録の提供を受けた日から六月以内に当該著作物について公衆送信行為を行う義務

ロ　当該著作物について慣行に従い継続して公衆送信行為を行う義務

旧著作権法の出版権に関する主な条文

（出版権の設定）

第七十九条　第二十一条に規定する権利を有する者（以下この章において「複製権者」という。）は、その著作物を文書又は図画として出版することを引き受ける者に対し、出版権を設定することができる。

2　複製権者は、その複製権を目的とする質権が設定されているときは、当該質権を有する者の承諾を得た場合に限り、出版権を設定することができるものとする。

（出版権の内容）

第八十条　出版権者は、設定行為で定めるところにより、頒布の目的をもつて、その出版権の目的である著作物を原作のまま印刷その他の機械的又は化学的方法により文書又は図画として複製する権利を専有する。

2　出版権の存続期間中に当該著作物の著作者が死亡したとき、又は、設定行為に別段の定めがある場合を除き、出版権の設定後最初の出版があつた日から三年を経過したときは、複製権者は、前項の規定にかかわらず、当該著作物を全集その他の編集物（その著作者の著作物のみを編集したものに限る。）に収録して複製することができる。

3　出版権者は、他人に対し、その出版権の目的である著作物の複製を許諾することができない。

（出版の義務）

第八十一条　出版権者は、その出版権の目的である著作物につき次に掲げる義務を負う。ただし、設定行為に別段の定めがある場合は、この限りでない。

一　複製権者からその著作物を複製するために必要な原稿その他の原品又はこれに相当する物の引渡しを受けた日から六月以内に当該著作物を出版する義務

二　当該著作物を慣行に従い継続して出版する義務

一般社団法人日本書籍出版協会、一般社団法人日本出版者協議会作成（日本ユニ著作権センター作成出版契約書参考）（2014年9月、2015年1月改訂）

出版契約書
（設定出版権等による契約）

別紙付属覚書を含む

著作物名

著作者名

著作権者　　　　　　　　　　を甲とし、

出版者　　　　　　　　　　を乙とし、

上記著作物（以下、「本著作物」という）の出版並びに本著作物のその他の利用等について、次のとおり契約する。

年　月　日

甲（著作権者）
住所
氏名　　　　　　　　　　　　　　　　　　　　　　　　　　　　（印）

乙（出版者）
住所
名称
氏名　　　　　　　　　　　　　　　　　　　　　　　　　　　　（印）

【基本事項】

第1条（出版権の設定）甲は乙に対して、標記の著作物の出版権を以下の通り設定する。

① 本著作物を文書又は図画として複製する権利（オンデマンド出版*を含む）並びにCD－ROM等の電磁的記録媒体による出版を行う権利（以上、著作権法第80条第1項第1号に定める出版に係る権利。以下、「第1号出版権」という）

② 記録媒体に記録された本著作物の複製物を用いて公衆送信を行う権利（インターネット送信等による電子出版。以上、著作権法第80条第1項第2号に定める出版に係る権利。以下、「第2号出版権」という）

2 乙は、本著作物を第1号出版権に係わる出版物として複製し、頒布する権利を専有する。

3　乙は、本著作物を本著作物の複製物を用いて第2号出版権に係わる出版物の公衆送信を行う権利を専有する。

*オンデマンド出版とは、読者の求めに応じて随時、本著作物を印刷・製本し、頒布する出版をいう。

第2条（乙による再許諾）甲は乙に対して、乙が第三者に対し、本著作物を複製（乙以外の出版者による文庫化など即ち第1号出版権に係わる出版）又は公衆送信（乙以外の電子配信業者に対しインターネット送信等による電子出版など即ち第2号出版権に係わる出版）を許諾することを本書により認める。

第3条（甲の責任）甲は、本著作物が完全な原稿（原図、原画、写真などを含む）であることを乙に対して保証する。

2　甲は、本著作物が他人の著作権等を侵害しないことを保証する。

3　甲は、本著作物に登場する人物または団体等が実名あるいはモデルとして実在する時は、本著作物中における変形・改変の度合いに関わりなく、その旨を乙に事前に書面で通知する。

第4条（乙の責任）乙は、甲から完全原稿の引き渡し（電磁的記録の提供を含む）を受けた日より…カ月以内に本著作物を出版する（第1号出版権に係わる出版並びに第2号出版権に係わる出版）。やむを得ない事情があるときは、甲乙協議して、その期日を変更することができる。

2　乙は、本著作物の定価・造本・発行部数・増刷の時期および宣伝・販売の方法を決定する。

3　乙は、慣行に従い、継続して出版する義務（第2号出版権に係わる公衆送信を行う義務を含む）を有する。増刷のつど、その部数を甲に通知するほか、次の期日に本著作物の販売部数（第2号出版権に係わる出版を含む）を甲に報告する。甲の申し出があった場合には、乙はその証拠となる書類の閲覧に応じる。

毎年、…月…日締め、あるいは乙の決算日から…カ月以内

第5条（二次的使用等における乙の優先使用と甲の権利）甲は本著作物の翻訳・ダイジェスト等、また演劇・映画・放送・録音、録画等、その他二次的使用について、乙が優先的に使用することを認める。

2　甲が本条第1項の態様による著作物の利用につき第三者から申込みを受けた場合は、あらかじめその態様を特定して乙に通知する。

3　乙が前項の甲からの通知を受けてから3カ月以内に本条第1項の権利を行使しなかった場合は、以後その態様に関する権利を失う。

第6条（第三者による使用）前条第3項にかかわらず、本契約の有効期間中に、乙の発意と責任に基づいて出版される本著作物が、第三者によって複製、二次的使用、電子的利用に使用される場合、甲は付属覚書によって乙にその運用を委任できるものとする。

第7条（著作権等管理事業者への二次的使用等についての再委託）乙は、第5条第1項および第2項に定める本著作物の二次的使用等について、次に記す著作権等管理事業者にその管理実

務を再委託できる。

東京都文京区本郷二丁目17番5号

一般社団法人日本出版著作権協会（ＪＰＣＡ）

第8条（乙の複写等と著作権等管理事業者への複写等の再委託）甲は、本著作物の版面を利用する複写（コピー）・スキャニング・ＯＣＲ等による読み込み等に係わる複製権の管理を乙に委託する。乙は、前条に記した著作権等管理事業者にその運用を再委託できる。

第9条（貸与権）本契約に基づき、乙が本著作物を書籍として発行するに当たり、甲は、当該書籍の貸与に関する権利の管理を乙に委託する。乙はその管理および運用を乙が指定する第7条に記した著作権等管理事業者に再委託できる。

第10条（類似著作物の出版）甲および乙は、本契約の有効期間中に、本著作物と明らかに類似すると認められる著作物あるいは本著作物と同一書名の著作物を第三者に出版させない。

2 甲は本契約の有効期間中に、自ら、本著作物の全部または相当の部分を、ホームページ等を用いて公衆送信しない。公衆送信する場合は、あらかじめ乙に通知し許諾を得なければならない。

【経済事項】

第11条（著作物使用料および支払方法・時期等）乙は、甲に対して、オンデマンド出版、ＣＤ-

ROM等の電磁的記録媒体による出版を除く第1号出版権に係わる出版について、次のとおり本著作物の使用料を支払う。

著作物使用料　1冊あたり定価の…%

支払い方法　実売部数に応じる。

但し、初版第1刷については初版発行部数の…%

（もしくは…冊）に相当する額を保証する。

支払時期　初版発行後…カ月以内に支払う。

2　保証部数を越えた著作物使用料は、保証部数を越えた実売部数に応じ年1回…月に販売報告書を添えて支払う。

3　納本・贈呈・批評・宣伝・業務などに使用する部数（上限を…部とする）について、著作権使用料の対象から除外する。

4　甲は、流通過程での破損・汚損および在庫調整など、やむを得ない事情により廃棄処分した部数について、著作物使用料を免除する。

5　初版予定部数は………部とする。ただし、乙の責任において、増減できる。

第12条（CD-ROM等の電磁的記録媒体による出版、オンデマンド出版に関する著作物使用料および支払方法・時期等）CD-ROM等による出版（紙媒体の出版を除く第1号出版権に係わる出版）については、著作物使用料は1部あたりとし、定価の…%とする。

2　支払い方法、並びに支払い時期については年1回　月に販売報告書を添えて実売数に応じて支払う。

第13条（第2号出版権に係わるオンラインによる公衆送信の著作物使用料および支払方法・時期等）第2号出版権に係わるオンラインによる公衆送信の著作物使用料に関しては、ダウンロード1件につき、定価の…%とする。

2　支払い方法、並びに支払い時期については前条2項に準ずる。

第14条（費用の分担）本著作物の著作に要する費用は甲の負担とし、製作・販売・宣伝に要する費用は乙の負担とする。

第15条（贈呈部数等）乙は、初版第1刷の際に…部、増刷のつど…部を甲に贈呈する。

2　甲が寄贈などのために本著作物を購入する場合は、次のとおりとする。

定価の…%

【その他】

第16条（校正）本著作物の校正に関しては甲の責任とする。ただし、甲は、乙に校正を委任することができる。

2　甲が指示する修正の増減によって、通常の費用を著しく超えた場合には、その超過額の全部または一部を甲の負担とする。ただし、甲の負担額・支払方法は、甲乙協議して決定する。

第17条（著作者人格権）乙が出版に適するよう本著作物の内容、あるいは表現またはその書名・

題号に変更を加える場合は、著作者もしくは著作権者の承諾を必要とする。また、再版・重版に際して著作者もしくは著作権者から修正増減の申し入れがあれば協議して行い、その協議の結果を第2号出版権に関わる出版物にも反映する。

第18条（契約の解除）甲および乙は、相手方がこの契約の条項に違反したときは、…日以上の期間を定めて書面により契約の履行を催告し、この期間内に履行されない場合には、本契約を解除することができる。

但し、乙が第2号出版権に係わるオンラインによる公衆送信を行わない場合、または第三者に再許諾しない場合、または公衆送信を継続しない状態が続いた場合は、当該契約に関する部分のみが失効するものとする。

2 前項は、乙が以下の場合のときにも、適用できるものとする。

① 差押、仮差押、その他公権力の処分を受け、または会社整理、民事再生手続き、会社更生手続きの開始、破産、あるいは競売を申し立てられ、または自ら会社整理、民事再生手続き、会社更正手続きの開始、あるいは破産の申立をしたとき。

② 自ら振り出し、あるいは引き受けた手形、または小切手につき不渡り処分を受ける等、支払い停止状態に至ったとき。

③ その他資産、信用状態が悪化し、またはそのおそれがあると認められる相当な事由があるとき。

第19条（契約の有効期間と更新）本契約の有効期間は、契約の日から初版発行の日まで、および初版発行後満5カ年間とする。

2　本契約は、期間満了の3カ月前までに、甲乙いずれかから文書をもって終了する旨の通知がないときは、期間満了のときから5年間、本契約と同一条項で自動的に更新され、以後も同様とする。

第20条（契約内容の変更）本契約の内容について追加・削除その他変更する必要が生じた場合は、甲乙両者の協議のうえ、合意の文書同文2通を作り各1通を保有する。

第21条（契約の尊重）甲および乙は、本契約の解釈について意見を異にしたときは、誠意をもってその解決に当たる。

上記の契約を証するため、同文2通を作り、甲乙記名捺印のうえ、各1通を保有する。

一般社団法人日本出版著作権協会、一般社団法人日本出版者協議会作成（2014年9月）

二次出版契約書
（再許諾による文庫化等二次出版契約）

著作物名
著作者名
著作権者名
原出版権者　　　　　　　　　　を甲とし、
二次出版者　　　　　　　　　を乙とし、

上記著作物（以下、「本著作物」）について、甲と乙は再許諾による二次出版につき、次のとおり契約する。

年　月　日

甲（原出版権者）
住所
名称
氏名　　　　　　　　　　　　　（印）

乙（二次出版者）

住所

名称

氏名　　　　　　　　　　　　　　　（印）

【基本事項】

第1条（甲による再許諾）甲は、著作権法第80条3項の規定により、標記著作権者の承諾のもとに、甲に設定された標記著作物の出版権に基づき、乙による文庫出版について、複製の再許諾をする。

第2条（再許諾の範囲）甲が乙に対し行う再許諾は、紙媒体による文庫出版（具体名：……………………………）に限定する。

第3条（乙の責任）乙は、本契約の発効後、6カ月以内に本著作物を原作のまま二次出版する。

第4条（乙の継続出版義務）乙は本契約の有効期間中は、本契約に定める二次出版の継続出版義務を負う。

但し、乙が継続出版義務を履行できなくなった場合は、乙は甲にその旨を報告し、甲は乙に対する再許諾を消滅させることができる。

【経済事項】

第5条（再許諾料および支払方法等）乙は、第1条の再許諾にあたり、甲に対して、標記著作権者の著作権使用料を含め、次のとおり再許諾料を、消費税を加算して支払う。

再許諾料　総印刷部数……部まで　1冊あたり定価の…%

総印刷部数……部から……部まで　1冊あたり定価の…%

総印刷部数……部以上　1冊あたり定価の…%

支払い方法 印刷部数に応じる。

初版第1刷については、初版部数に相当する額を、本著作物発行後1カ月以内に甲の指定する口座に支払う。

第6条（印刷部数の報告義務と支払い）乙は標記著作物の文庫出版の印刷部数について増刷の都度、甲に報告し、報告後1カ月以内に増刷の分の再許諾料を甲の指定する口座に支払う。

なお、乙は総印刷部数の状況について、毎年…月…日に甲に報告する。

第7条（契約の有効期間と更新）本契約の有効期間は、契約の日から3カ年間とし、甲または乙から申し出がない限り本契約と同一条項で自動的に更新され、以後も同様とする。

第8条（契約の解除）乙が、基本事項、経済事項に定める義務を怠ったときは、甲は何等の催告なしに本契約を解除する。

第9条（契約内容の変更）甲乙両者の協議の上、本契約の内容について追加・削除その他変更する必要が生じた場合は、合意の文書を同文2通作り各1通保有する。

第10条（契約の尊重）甲および乙は、本契約の解釈について意見を異にしたときは、誠意をもってその解決に当たる。

上記の契約を証するため、同文2通を作り、甲乙記名捺印のうえ、各1通を保有する。

一般社団法人日本出版著作権協会、一般社団法人日本出版者協議会作成（2014年9月）

著作権法改正に伴う覚書

著作者名
著作物名
著作権者　　　　　　を甲とし、
出版者　　　　　　　を乙とする

…年…月…日に結ばれた出版契約（原契約）に関して、改正著作権法（以下新著作権法という）の2015年1月1日からの施行に伴い、同日以降以下の効力を生じさせることを本日合意する。

1．原契約において、甲による乙に対する出版権の設定および内容は、新著作権法第79条、第80条、第81条における電磁的記録として複製する権利および記録媒体に記録された複製物を用いて公衆送信を行う権利を含むものとする。

2．電磁的記録として複製する権利および記録媒体に記録された複製物を用いて公衆送信を行う場合の時期、使用料とその支払い等については、本覚書作成後2カ年以内に協議し、合意の上文書を作成する。

以上を証するため、同文2通を作り、甲乙記名捺印の上、各1通を保有する。

年　月　日

甲（著作権者）

住所

名前　　　　　　　　　　　　　㊞

乙（出版権者）

住所

名前　　　　　　　　　　　　　㊞

一般社団法人日本出版著作権協会、一般社団法人日本出版者協議会作成（2014年10月22日）

電子書籍販売委託契約書

出版権者：

電子書籍委託販売業者：

出版権者……………………………を甲とし、

電子書籍委託販売業者：……………を乙とし、

甲の発行する電子書籍の委託販売について、甲と乙とは、次のとおり販売委託契約（以下「本契約」という）を締結した。

年　月　日

甲（出版権者）

住所

会社名

氏名　（印）

乙（電子書籍委託販売業者）

住所

会社名

氏名　　　　　　　　　　　　　　　　　　　　（印）

第1条（目的） 甲は乙に対し、甲の発行する別表の電子書籍について、自動公衆送信すること（以下、「電子書籍の販売」と言う）を委託し、乙はこれを受託した。

2　本契約期間中に、甲が新たに発行する電子書籍については、甲乙合意の上で随時別表に加えることができる。

3　別表に記載された電子書籍について、甲はいつでも削除を求めることができる。

第2条（乙の受託業務） 乙は、前条の目的を達成するため、次の業務を行うものとする。

1. 電子書籍の販売
2. 販売代金の回収
3. 前2項に付随・関連する行為

第3条（許諾の範囲） 甲が乙に許諾する自動公衆送信の範囲は、次に記す乙が運営する電子書籍販売サイトに限定する。

サイト名：……………………

同URL：……………………

2　乙は、上記の電子書籍販売サイトでのみ販売できる。

3　乙は、本条第1項に変更が生じた場合には、速やかに甲に通知し、甲の同意を得なければならない。

第4条（販売価格） 乙は、甲の指定する販売価格を順守して販売する。

第5条（納品方法） 別表電子書籍の電磁的記録の納品方法については、甲乙協議のうえ、別途、定めるものとする。

第6条（販売手数料） 甲が乙に対して支払う手数料は販売価格の…％とする。

第7条（報告と支払い） 乙は、別表電子書籍について、…カ月ごとに…日までの販売数を翌月…日までに、甲に報告しなければならない。

2　乙は、前項の報告に基づく商品代金から前条に定める乙の手数料を差し引いた金額を、報告後1カ月以内に甲に送金するものとする。

第8条（譲渡および再委託の禁止） 甲乙は、本契約より生ずる権利の全部または一部を、第三者に譲渡または担保の目的に供してはならない。また、本契約より生ずる義務の全部または一部を、第三者に引き受けさせてはならない。

2　乙は、委託業務を第三者に再委託してはならない。

第9条（契約解除） 乙が、本契約に定める義務を怠ったときは、甲は何等の催告なしに本契約を解除することができる。

第10条（契約解除などに伴う乙の義務） 第1条第3項の電子書籍の別表からの削除、および前条の契約解除を受けた乙は、乙の電子書籍販売サイトにおいて次の義務を履行しなければならない。

1．当該電子書籍の販売停止。

2．当該電子書籍の電磁的記録の確実な消去。

3．当該電子書籍の読者向け販売用リクエスト画面の表示停止および削除。

第11条（有効期間と更新） 本契約の有効期間は、契約の日から3カ年間とする。ただし、期間満了の…カ月前までに甲乙いずれからも何らの申出のない場合は、本契約と同一条件で更に…年間継続するものとし、以後も同様とする。

第12条（契約内容の変更） 本契約を変更する必要が生じた場合は、甲乙協議のうえ、合意の文書を同文2通作成し各1通を保有する。

第13条（契約の尊重） 甲および乙は、本契約の解釈について意見を異にしたときは、誠意をもってその解決にあたる。

第14条（裁判管轄） 甲乙は、前条にかかわらず本契約に関して裁判上の紛争が生じたときには、甲の住所地を管轄する簡易裁判所または地方裁判所を第一審の専属的合意管轄裁判所とする。

以上本契約の成立を証するため、本書2通を作成し、署名捺印の上、各自1通を保有する。

高須次郎（たかす・じろう）

1947年、東京都生まれ。1971年、早稲田大学第一政経学部卒業。中央経済社を経て渡欧、仏ディジョン大学に学ぶ。1976年、技術と人間に入社、月刊誌『技術と人間』編集部を経て、1982年、緑風出版を創業、同社代表。主として環境・政治社会問題に関する出版に従事。
2004年から2016年まで（一社）日本出版者協議会（旧出版流通対策協議会）会長。（一社）日本出版著作権協会代表理事
著書に『出版の崩壊とアマゾン――出版再販制度〈四〇年〉の攻防』（論創社、2018年）、『再販／グーグル問題と流対協――出版人に聞く3』（論創社、2011年）『グーグル日本上陸撃退記――出版社の権利と流対協』（論創社、2011年）。共著に『本の定価を考える』（新泉社、1992年）、『裁判の中の天皇制』（緑風出版、1997年）、『核燃料サイクルの黄昏』（緑風出版、1998年）など。

出版権をめぐる攻防
――二〇一四年著作権法改正と出版の危機

2023年4月20日　初版第1刷印刷
2023年4月30日　初版第1刷発行

著　者　高須次郎
発行者　森下紀夫
発行所　論 創 社
東京都千代田区神田神保町2-23　北井ビル
tel. 03（3264）5254　fax. 03（3264）5232　web. https://www.ronso.co.jp/
振替口座　00160-1-155266
装幀／宗利淳一
印刷・製本／中央精版印刷　組版／フレックスアート
ISBN978-4-8460-2263-1